21世纪高等院校教材

商业物业管理

李文翎　主编

科学出版社

北　京

内 容 简 介

本书是一本体系结构合理、理论逻辑严密、信息量大、可读性强的物业管理类教科书。全书共八章，头尾两章分别是介绍引入与思考拓展部分，中间六章，分别介绍了写字楼、零售商业、批发商业、酒店、会展和会所六类主要商业物业的管理与经营。本书一方面重视各类商业物业之间的区别与联系；另一方面重视结合资料阅读和案例分析，使理论与实践得到更好的结合，将较有效地启发学生的思维和激发学生学习的积极性与主动性。

本书既可作为高等院校物业管理专业的教学用书，又可以作为商业物业服务企业的培训教材，还可以作为广大有志从事商业物业服务工作人员的自学用书。

图书在版编目(CIP)数据

商业物业管理/李文翎主编. —北京：科学出版社，2013. 3
21世纪高等院校教材
ISBN 978-7-03-036906-2

Ⅰ. ①商… Ⅱ. ①李… Ⅲ. ①商业管理-物业管理-高等学校-教材
Ⅳ. ①F293. 33

中国版本图书馆CIP数据核字(2013)第041491号

责任编辑：杨 红 / 责任校对：韩 杨
责任印制：张 伟 / 封面设计：迷底书装

科学出版社 出版
北京东黄城根北街16号
邮政编码：100717
http://www.sciencep.com
中煤（北京）印务有限公司印刷
科学出版社发行 各地新华书店经销
*
2013年 3 月第 一 版 开本：787×1092 1/16
2025年 7 月第十四次印刷 印张：12 1/2
字数：314 000
定价：48.00元
（如有印装质量问题，我社负责调换）

前　言

商业地产的发展已经进入了一个历史新阶段，其在城市中的建筑面积仅次于居住地产，但在体现城市形象方面却有着更为重要的地位。许多商业物业的建筑体量大、造型独特，成为城市中的标志性建筑。商业物业汇集之处，成为城市繁华的象征。因此，商业物业的产生是现代物业管理的催化剂，优质、高效的专业化商业物业管理，成为商业物业的业主追寻的重要目标。然而，商业物业管理在我国尚属探索发展阶段，加上商业物业类型的多样性，个性化要求高，即便是一些成功的管理案例，也未必能够成为直接效仿的典范。因此，需要深入探索不同商业物业类型的管理及其经营方法。为了适应迅速发展的现代商业物业管理对专业知识的需求，本书紧密结合不同商业物业类型的特点与案例分析，每一个商业物业类型都是从概述、基本管理、服务与营销管理、管理模式四个方面深入介绍与分析，保证了各类商业物业管理的规范性与可比性，最后还提出应对企业扩张的商业物业管理的拓展方向。本书旨在为各高校物业管理专业的学生、从业人员，以及广大有志从事商业物业服务工作的人员提供一本理论性和实践性兼备的专业教材。

全书共分八章，具体内容包括：绪论、写字楼物业管理、零售商业物业管理、批发商业物业管理、酒店物业管理、会展物业管理、会所物业管理，以及商业物业的拓展管理。本书采用“总—分—总”的写法，注重体现“理论—理论指导实践—回归理论”的总体思路。

本书由李文翎独立撰写完成，不过绪论、写字楼物业管理、零售商业物业管理等章节的思路和设计受宋建阳教授《商业物业管理》的启发。此外，滕丽老师在设计与指导课程实践方面给予了较大的帮助；许行、李杏筠、李久兰、何佳伟、袁水平、廖洁英、刘静然等多位同学在案例搜集和资料整理方面也都做了大量的辅助工作。在此对各位老师、同学表示衷心的感谢！

本书在撰写过程中，参阅了大量的相关著作、论文及网络资源，并将引用的资料列于书后的参考文献中，如有遗漏，恳请谅解。在此向参考文献中的所有编、著者表示真挚的谢意！

同时还要感谢广州市重点扶持学科（地理学）、广州市属高校科研项目（编号：10A139）、广州大学教材出版基金、广州大学教育研究项目给予的经费支持。

由于编者水平有限，书中不妥之处在所难免，恳请同行专家、学者及读者朋友批评指正。

李文翎

2013年1月

目　录

第一章　绪　　论

一般认为,“物业”一词是由香港传入内地的,其英文用“estate”或“property”,其含义是“财产”“资产”“拥有物”“房地产”等。这是一个广义的范畴。而我们通常所说的物业,则是一个狭义的范畴,是指已建成并投入使用的各类建筑物及其设备、设施和相关的场地。可见,物业的范围相当广泛,几乎可以包括所有的建筑物,如住宅小区、高层楼宇、宾馆饭店、工厂厂房、仓库、码头、车站等。而实际上,这些建筑物的功能和需要管理、经营的内容是各不相同的,因此,可以根据不同的分类标准把物业分成不同的类型。

有关物业的分类,国外一般都普遍采用“四分法”,即把物业划分为居住物业、商业物业、工业物业和特殊用途物业四种。其中,商业物业在国内也有人称为“商务物业”或“收益性物业”。商业物业在物业管理行业内通常泛指除住宅物业之外的如购物中心、写字楼、酒店(服务式公寓)、展览馆、运动场等直接用于商业用途的建筑。

商业物业在城市中的建筑面积仅次于居住物业,但在体现城市形象方面却有着极其重要的地位。许多商业物业的建筑体量大、造型独特,成为城市中的标志性建筑,商业物业汇集之处,成为城市繁华的象征。因此,商业物业的产生是现代物业管理的催化剂,优质、高效的专业化商业物业管理,成为商业物业的业主追寻的重要目标。

第一节　商业物业概述

一、商业物业的含义与性质

(一) 商业物业的含义

商业物业是指建设规划中必须用于商业性质的房地产,是为商业流通、经济活动的交易提供服务平台的物业。准确地说,商业物业就是指房地产开发商(或业主、租赁者)作为投资主体直接参与的、为生产和消费提供交易平台的商业场所。商业物业包括:零售市场、批发市场、娱乐休闲消费市场、社区服务市场等商业场所。其内容包括:策划、招商和日常营运管理。其任务是为生产者和消费者提供交易平台,并为企业获取未来不确定的收益。

商业物业也有广义与狭义之分。广义的商业物业是指用于商业用途或者具备商业功能的物业,它包含:购物中心、商业街、商场、写字楼、酒店、批发市场等;而狭义的商业物业是指用于商业服务的物业形式,主要有零售、批发、餐饮、娱乐、休闲等商业业态。

(二) 商业物业的基本性质

明确商业物业的属性,对于深刻理解并掌握商业物业的本质,了解商业物业管理的内涵,掌握商业物业管理运行规律,搞好商业物业管理有着十分重要的意义。

商业物业的属性主要包括经营性、公众性和服务性三个方面。经营性是指业主或租户付出租金而获得物业永久或一定期限的使用价值,其主要的目的是直接或间接从事经营活动,通过商品的服务经营活动,获取利润或进行商品展示,经营活动的赢利目的非常明显。公众性是指该类物业是面向公众服务,为有现实需要或潜在需要的顾客服务,因而,原则上是向公众开放的。不过，也有些企业制订了准入“门槛”，如麦德龙、山姆会员店等，属于会员制俱乐部，但这种门槛只能是“消费门槛”，凡具有这种消费能力和消费需要的会员消费者，都应该可以进入。服务性是指该类物业主要从事第三产业，即服务业的经济活动，而不是从事第一产业或第二产业的生产活动。

作为商业物业，必须同时具备以上三种属性，也可以说，这就是划分商业物业的标准，只具备其中一个或两个属性的物业，则不能认为属于商业物业。例如，政府机构的办公楼，虽然也具备服务性和公众性，但不具备经营性，因此只能被划分为“特殊物业”或“其他物业”。一般的工业厂房和工业大厦，则只具备经营性而不具备公众性和服务性；至于储运仓库，则具备了经营性和服务性，但缺乏公众性，因为允许其出入的仅是物流而非人流，所以只能属于“工业物业”。

从上述三个属性来界定商业物业，只能从该类物业的总体特征来进行分析，而不能只考虑物业的局部情况。例如，有些私立学校、私立医院等，我们不能否认它们均具备了经营性、公众性和服务性等属性，但作为占该类物业大多数的公立学校和公立医院，是不具备经营性的。因此，我们没有必要，也没有理由在这类物业中划出一些作为“商业物业”。

二、商业物业的类型

根据第三产业部门划分和商业物业的三个属性，商业物业大致可分为办公物业、酒店物业、商贸物业和娱乐休闲物业四种类型。

（一）办公物业

办公物业是指各种商业机构用于从事经营管理的场所，又称为商务楼或写字楼。严格地讲，写字楼是不能用于住人的。写字楼原意是指用于办公的建筑物，或者说是由办公室组成的大楼。写字楼市场目前流行两大评定标准，一是甲级写字楼，一是5A写字楼。也有人从建筑面积大小、功能特征和现代化程度等方面划分办公物业的不同类型。

（二）酒店物业

酒店（或饭店）是为大众准备住宿、饮食与服务的一种建筑或场所。具体地说，酒店是以它的建筑物为凭证，通过出售客房、餐饮及综合服务设施向客人提供服务，从而获得经济收益的组织。它已经从古代简陋的小客栈发展到今天聚集吃、住、玩、购的“小社会”、“小城市”。酒店常常根据星级或消费动机可作进一步的划分，并且随着私人汽车的普及化以及个性化要求的不断加强，也开始出现汽车旅馆和酒店式公寓等特殊类型的酒店物业。

（三）商贸物业

根据税法的定义，商贸企业的原意仅指商业零售企业，而包括了批发、零售、企业性单位和个体经营者的企业称为商业企业。为了防止同本书提到的广义的商业物业混淆，我们把所有从事商业贸易的活动的企业通称为商贸企业。即商贸物业是指为商品流通、销售而进行经济活动的场所，根据其商业活动集聚的形态，主要有零售商场、批发市场、街区商铺和会展中心等类型。

（四）娱乐休闲物业

娱乐休闲物业主要指为人们提供娱乐休闲活动的场所。随着现代生活节奏的加快和社会竞争的日趋激烈，在紧张工作之余，娱乐休闲已经成为都市人调节心理、恢复精力的重要手段。因此，该类物业发展迅速，按照设施与功能，可分为综合性的娱乐休闲物业（如社区会所、会员制俱乐部、主题公园等）和专项性的娱乐休闲物业（如舞厅、卡拉 OK 厅、保龄球馆等）。

三、商业物业的特点

（一）需要有良好的商业氛围

商业物业的建设一定要与周围地区的人口、交通、购买力、消费结构、人口素质、文化背景等相适应，规模大小与档次高低相适应。但也有共同的地方，所有商业物业首先都讲究良好的地理区位和便利的交通条件，包括便捷的公共交通、足够的停车位，甚至免费的接送工具；其次，经营者还要利用集聚效应，通过成行成市的布局来扩大有效商圈和辐射范围，还利用户外广告、霓虹灯饰和巨幅招牌来营造气氛，吸引消费者的眼球。

（二）追求设施设备的先进性

随着生活水平的提高，人们的消费习惯已发生了质的变化，都希望在舒适、高雅、方便的气氛中，享受消费的乐趣。因此，只有新颖的、舒适的、高档次的先进设施，才能更好地吸引众多消费者前来消费，保证业主的物业出租率及租客的营业收入。很多有名的商业中心和商业街，虽然历史悠久，但仍长盛不衰，除了其良好的商业信誉外，更为重要的原因之一就是：不断地更新设施设备，确保其先进性和消费环境的舒适。

（三）具有较高的租赁比例

很多商业物业的业主或管理者都会把物业的全部或大部分出租给中小商户进行商业活动，以收取租金作为投资收益。例如，商业中心、批发市场、专业市场等商业物业，大多是通过出租铺位或摊位来进行物业经营的。当然，也有很多开发商建成商业物业后，希望将所有商铺销售出去，对商铺的租赁不予重视，实际上这种做法的后遗症不小，容易因为物业产权的过度分散而无法实现统一管理，最终导致商业物业经营的失败。

（四）以出租为主的商业物业具有价值不能库存的特点

以出租为主的商业物业中，房屋建筑物及其设备设施的价值是不能库存的，若当天租不出去，就失去当天的价值和费用回收补偿的机会。例如，商务楼的房间数是固定的，即使这个月的出租率达到 100%，也无法挽回上一个月空置所造成的损失。另外，不论物业的出租情况如何，其物业的管理服务支出的固定成本，一般不会因物业的空置而有太大的变化，如管理处的人员数量、公共照明、电梯服务等，都不会因租客的减少而削减。

四、商业物业管理的目标

商业物业的租户一般以能实现高效率的工作为主要目的，同时能提供相应的管理与服务。因此，物业服务企业对商业物业实施管理与服务时，应确立以下目标。

（一）创造与保持一种安全、舒适、快捷的工作与生活环境

安全是指让业主及用户在物业里工作、生活有安全感，具体包括：人身安全、财产安全和消防安全。一旦发生意外，要及时救护，报告并保护现场。舒适是指在物业内创造一种优美的环境，让业主及用户在大楼内工作、生活都能感觉到舒服、方便。具体做法是要确保大厦内各种设备处于良好运行状态的同时，利用物业的裙楼、地下室等，开辟必要的停车、商场、会议、娱乐、餐饮等生活服务设施，满足租户的基本要求，进而为其创造方便、舒适的工作和生活环境。快捷是指让业主及用户在大楼内，可随时与世界各地联系，交换信息，抓住商机。

（二）确保延长大楼的使用年限及其功能的正常发挥

物业建成后，由于使用和自然力的作用，会发生一定的损坏。另外，设计、施工质量差，建筑材料不合格，使用不当等，也可能造成人为的加快损坏。因此，随着时间的推移，房屋结构各部位和设备、设施等，都可能由于损坏或功能不能正常发挥，以致影响用户工作、生活的正常进行。实施良好的、不间断的专业管理服务，不仅能确保物业在整个使用周期内作用和功能的正常发挥，还可以延长物业的寿命，保障物业的经济效益。

（三）使物业保值、增值

物业管理就是通过不间断地维修养护，进行旧楼更新改造、室内装修等，不仅能使物业及其设备处于完好状态和正常运行，而且可以提高物业的档次和适应性，使物业保值、增值，也更容易招揽顾客，出租或出售这些物业可以获得更多的租金和利润，从而产生较高的经济效益。

【案例】 因装修提高出租率——使物业保值、增值

Kimco Realty Corporation 于 1958 年成立，早期仅从事地产开发业务，20 世纪 80 年代，转而开始收购商业中心，90 年代后期，以合资公司方式重新进入地产开发业务。2001 年，公司开始国际化拓展，先进入加拿大，然后成为墨西哥最大的零售地产商，接着进入智利、巴西和秘鲁，并计划成立一支南美基金专门开拓这些市场。目前 Kimco 正与澳大利亚投资基金洽谈合资地产基金事宜。截至 2007 年底，公司共在 1973 处物业中拥有权益（其中 946 处为自有），总权益面积 1.83 亿平方英尺（1 英尺＝0.3048 米），以露天式社区购物中心为主。

Kimco 的扩张手段是，先以低价收购那些租金水平低于当地平均水平的商业地块，如空置率很高或盈利能力较低的商业物业，然后通过法律手段解除原合约，重新装修后再转租给那些已经建立战略合作关系的大型连锁超市、折扣店、药店等，如家得宝、TJX、西尔斯、KOHL、沃尔玛、百思买等，这些大型零售商已经与 Kimco 建立了良好的合作关系。家得宝已经在 Kimco 旗下的商业中心设立了 41 家连锁店面，西尔斯设立了 53 家、沃尔玛 36 家、百思买 44 家，服装和时尚家居用品零售商 TJX 更是高达 128 家。对于这些大型零售商来说，在 Kimco 的新商业中心中设立分店是安全的选择，而对于 Kimco 来说，与这些大型零售商的合作降低了它收购改造那些经营不善物业的风险。实际上，Kimco 的很多再开发计划都是在事先确定租户的情况下为其量身装修的，不仅风险更低，而且能够在最短时间内提高出租率，并使规模效应得以充分发挥。

（资料来源：http://www.360doc.com/content/11/0321/17/2901133_103233373.shtml）

第二节　中国商业物业的兴起与发展

一、中国商业物业的发展历程

中国的商业物业从 20 世纪 80 年代末至今发展迅猛，期间主要经历了三个阶段。

（一）第一阶段（20世纪80年代以前）：自然消化

这时发展商的开发经营具有盲目性，不够理性，而市场购买力存储了很长一段时间，因此自然消费占大多数，商用物业销售也较容易成功，不需要进行促销或广告，市场经历了一个不理性的投资消化阶段。这一阶段的商业物业仍处于以自建自管为主的经营模式阶段。

（二）第二阶段（20世纪80年代～20世纪90年代）：强调地段商业价值

在地段优越的基础上，一个商用物业要被市场成功吸纳，还要根据地段进行主题定位，于是商用物业开始围绕地段定位经营形象，偏重环境设计，并在20世纪90年代末出现了供应高潮。这一阶段的经营模式由于市场经济体系的逐渐建立，商业物业的专业分工越来越细，并已经处于租赁经营管理、委托经营管理等多种模式并存的阶段。

（三）第三阶段（进入21世纪以后）：强调商用物业的超值性和营销包装

进入21世纪之后，商业物业的发展不再是区位好、广告好等就可以了。此时，经营商用物业要改变整体规划设计理念，只考虑销售不考虑经营已经难以维持。所以商用物业开始注重营销包装组合，多种概念开始风行。但是尽管类型多样，由于出租经营的比例大，经营与管理并重仍然是商业物业管理的共同特点。

二、中国商业物业的发展趋势

未来中国商业物业的发展趋势必然由盲目发展向理性发展转变，并且紧紧围绕着创造新的生活方式进行调整。

（一）几种有开发潜质的商业地产

根据中国目前的生产水平、居民消费习惯与消费能力，较具开发潜质的单项商业地产业态有以下几各种。

(1) 中等规模的购物中心。虽然中国人口基数较大，但人均消费能力还处于较低的水平。中国消费者还没有形成在集中时间、集中地点进行集中消费的消费文化，而是根据实际需求，分别选择相应的购物消费场所，使本来就不高的消费能力更加分散化。建立在人均消费能力高和汽车文化普及基础之上的欧美等发达国家常见的郊区大型购物中心，除在少数城市外，在我国的生存经济基础还不成熟，而粗放型的商业网点、底商等供应量已经趋于饱和。因此，中等规模的购物中心无论在档次还是消费容量方面都适应现阶段的国情。

(2) 社区商业。社区商业是近几年开始盛行并发展起来的商业地产形式。不是住宅社区内的商铺都是社区商业，只有以服务社区住宅为目的，满足住户日常生活的需要，进行统一的规划设计，位置相对集中，具有一定的规模、所辐射的服务面积是社区和周边地区范围内的物业才能称为社区商业物业。社区商业空间与社区住宅唇齿相依，它的消费者群体直指社区住户。

(3) 旅游地产。目前市场上比较认可的旅游地产包括：旅游景点地产、旅游商务地产、旅游度假地产和旅游住宅地产四类。以“旅游带销售的模式”是旅游地产发展的主流。随着国民收入地提高，旅游在家庭支出的比重逐渐放大，人们开始转向以休闲置业、度假置业、运动置业为代表的舒适住宅。旅游地产正是基于消费者的这种消费变化开始蓬勃兴起的。

(4) 具有休闲功能的商业地产。调研数据显示:一些大城市商业场所的客流有65%以上是为了娱乐旅游和休闲。例如,在茶座、冷饮店、酒吧、快餐店的消费,在网吧、影院、游乐园甚至主题公园的消费,参与抽奖、表演、杂耍、街头画像、蹦极的消费,仅三成多的人是为购物而来,而体验与消费客流量的比例仍在不断提高。显而易见,体验式的消费购物将成为未来消费模式的新宠。因此,在客流量充足的一级城市开发商发展针对这种商业模式的地产将有很大的利润空间。

(二) 高端商业地产开发的主流模式——城市综合体

随着城市的发展,城市人口日益膨胀,土地资源日益稀缺,个人生活成本加大、经济运行效率降低,在这种情况下,城市综合体逐渐成为高端商业地产开发的主流模式。

城市综合体(hopsca)是酒店(hotel)、写字楼(office)、公园(park)、购物中心(shopping mall)、会议中心(convention)、公寓(apartment)首个英文字母的缩写。也就是说,每个城市综合体至少组合了上述功能中的三种,在各部分间建立了一种相互依存、相互助益的能动关系,是以一种功能为主、多种功能配套的多功能、高效率综合体。因其规模宏大、功能齐全,城市商业综合体常被称为"城中之城"。城市综合体引领了集约型城市开发的浪潮。各种经济活动在城市综合体内互动,各种资源有效整合,物业资源获得优化配置,从而发挥更大的空间效益,既省地又节能。另外,城市综合体还可以带动大量就业和巨额税收,推动一个城市地区的经济发展,在城市规划建设方面起到巨大作用。纽约的洛克菲勒中心、巴黎的拉德方斯、东京的六木本、香港的太古广场、北京的东方广场和深圳的信兴广场,都是与城市高度融合的开放式城市综合体。

不过,城市综合体虽然具有很多优势,但并不是所有开发商都能开发此种产品,也不是所有城市都适合开发城市综合体,它对开发商和城市有着极高的要求。城市必须具备足够的终端消费能力。城市综合体要求与优越的地段、交通、商圈配套,因为几乎所有的城市综合体建筑都是建在一个城市的中心区域、核心位置,交通便利、商圈繁荣。开发商须具有雄厚的实力和高素质。城市综合体作为高投入、多功能、大体量建筑群,对开发商的资金实力要求较高。此外,城市综合体的开发建设从定位、前期规划设计、中期开发建设、后期运营管理每个环节都涵盖了大量的技术专业知识,要求开发商有控制开发节奏能力和一定的资源配套能力。

【阅读资料】

世界首座城市综合体——法国巴黎拉德方斯(La Defense)

拉德方斯位于巴黎市的西北部,巴黎城市主轴线的西端。目前已建成写字楼247万平方米,其中商务区215万平方米、公园区32万平方米。法国最大的企业一半在这里。建成住宅区1.56万套,可容纳3.93万人;建成了面积达10.5万平方米的欧洲最大的商业中心,内有欧洲最大的商业中心,亦是欧洲最大的公交换乘中心。建成67公顷的步行系统、集中管理的停车场设有2.6万个停车位,交通设施完善;建成占地25公顷的公园,种植有400余种植物,建成由60个现代雕塑作品组成的露天博物馆,环境的绿化系统良好。庞大的资源互相影响、互相作用,拉德方斯已具备小型城市的基本功能,她带给人们的不仅是商务、居住、办公等一站式的完备生活,更成为巴黎次中心区,享誉世界。

北京东方广场

东方广场雄踞于北京市中心,坐落于东长安街1号之绝佳位置,北京东方广场占地10万平方米,总建筑面积达80万平方米,是目前亚洲最大的商业建筑群之一,是真正的北京"城中之城"。东方广场包括了八幢写字楼(东方经贸城)、两座豪华公寓(东方豪廷)、一座大型开放式商场(东方新天地),以及一间豪华五星级酒店

(东方君悦大酒店 Grand Hyatt)。东方广场的建筑风格巧妙结合传统四合院概念和现代建筑构思,完美再现东方古韵的同时,又不失雄丽典雅。其内圆外方、门内有门、楼中见楼的设计更象征着无限商机。无论室内与室外,东方广场均开辟了市中心罕有的绿化空间,常年绿意盎然的环境,带给人一些闹中取静、市内绿洲般的由衷喜悦。

(资料来源:城市综合体 HOPSCA——城市的新形态,http://jz.zhulong.com/topic_HOPSCA.html)

(三)主题和特色商业地产

从世界其他国家的成功项目来看,建筑形式及风格特色在很大程度上决定了商业地产对消费者吸引力的大小。因此,其主要发展方向是:

(1)挖掘地方文脉。目前中国大多数商业地产项目效仿的是现代国际式或欧美风格,明显对本土特色的挖掘还远远不够。从发展的眼光来看,越是民族的才越是国际的。本土风俗文化传统的发扬光大是世界各国建筑文化的共同发展目标。历史文脉在商业地产项目中地传承也当仁不让,况且这也是其长久生命力的保证。上海新天地的成功,实际上就是对本土文化特色充分挖掘的成功。

中国有很多历史文化名城、古城、古镇,但由于历史的原因,大多遭到严重的破坏。旧城老商业街区随着时代的发展而逐渐没落,但它们作为宝贵的历史建筑和民俗文化遗产,亟须复兴其原有活力,这是打造独特城市名片的重要举措,也给商业地产开发提供了可利用的基本素材。

从世界范围来看,任何商业地产都不能忽略当地的经济发展水平和地域特色。在这方面,欧洲的旧城保护及改造经验和做法值得我们学习,其核心指导思想就是保护性开发。而这种有限度地开发不仅不会降低开发带来的商业价值,而且可以带动对旅游资源的挖掘。老商业街区的复兴,不仅仅是旧有建筑功能及设备的更新,更是综合环境的整治,包括建筑外观、街道空间、广场空间、环境绿化的整体性规划。

(2)重视商业地产的城市景观职能。商业地产产品的外在表现形式是:各种建筑物、构筑物及广场和街道空间。其外观形式色彩的丰富性和多样性远胜其他单一的建筑类型,如写字楼、酒店、住宅等。因此,商业地产开发除了满足商业利用价值,其对城市景观的影响也是至关重要的,体现了经济价值和社会价值的统一。特别是中国目前处于城市建设的高峰期,尤其需要重视商业地产项目的城市景观功能。如有可能,与政府合力打造城市标志性建筑,将有助于获得更多的政府支持,有利于项目的融资和运营管理。

三、商业物业发展中存在的问题

(一)经营理念和管理技术落后

商业物业里常有上百个所有权独立的商家,通过统一管理树立商业物业的整体形象至关重要。但是商业物业的管理比其他物业的管理难度大得多,如所有商家是否接受统一营业时间,是否接受进行统一的促销活动等。由此,无论是物业管理企业还是业主或使用人,由于经营理念和管理技术的落后,都会使商业物业形象受损,导致顾客失去光顾的兴趣,进而影响商业物业的发展。

(二)商业物业重复建设

在商业地产迅速发展的同时,商业物业的空置率也备受人们的关注。居高的空置率,一方面折射出商业地产发展的盲目性，另一方面也反映了重复建设、同质化严重的现象。原因在于商业地产丰厚的回报，吸引了大批投资商进入，但在投资和建设中缺乏统一规划，不可避免地带来了重复建设和空置率高的问题。

（三）商业与地产的脱节

目前，大多数的开发商只重视开发，而将开发好的商场直接出售给中小投资者，再由投资者直接或间接出租使用。所以，开发商重视的是商场有多少面积出售了，并不重视出售后整个商业物业的运营状况。结果，房地产将其作为物业来做，商业把它当做商场来做。两种资源没有有机结合，地产商找不到合适的商业主体，而商业主体找不到好的商业物业项目。从运营稳健的国内外商业项目看，他们几乎无一例外地采用出租的方式。

（四）商业经营缺乏特色

目前大量的商业项目存在目标经营市场不明确，缺乏商业的准确定位，商户组合缺乏竞争力和协调性等问题。开发商为了招商指标，不能全面考虑商户的组合，使多数商场经营没有特色，给人“千店一面”的感觉，缺乏对顾客的吸引力，往往出现“开盘时火爆，开业时冷清”的现象。客流量不旺，致使商业物业中的商户像走马灯一样地更换，使顾客难以产生信任感，更谈不上培养忠诚性顾客，从而落入恶性循环的局面。

（五）未形成商业物业品牌

商业物业缺乏发展特色，未能在行业真正形成品牌效应。品牌虽然只是一个名称、术语、标记、符号或图案，或是他们的组合，用以识别某个产品或服务。然而，品牌的巨大力量可以通过意识层面，最终落实在行为上，即通常提到的品牌忠诚。用户对一个品牌的信赖、认同、亲近和推崇，会通过反复购买以及推荐他人购买形式来传达。

【案例】　品牌商业物业企业之一——怡城物业

广州怡城物业管理有限公司成立于1997年，是越秀城建集团旗下从事写字楼、商业广场（购物中心）、城市广场等经营管理的专业公司，2003年获得物业管理企业二级资质，2006年获得物业管理企业一级资质，是广州市物业管理协会常务副会长单位、广东省物业管理协会副会长单位、广州市天河区物业管理协会副会长单位和中国物业管理协会理事单位。

怡城公司目前受香港房托基金委托，为其在广州的上市房地产项目，城建大厦、财富广场、维多利广场等物业提供经营管理服务，同时受越秀城建集团委托，经营管理其属下的宏城商业广场、广源文化商业广场、新疆证券大厦、宏发大厦、星汇国际、越秀城市广场、装饰大厦、达·芬奇大厦、越秀新都会、越荔大厦等15个项目，直接经营管理面积达80多万平方米，并先后为锦汉大厦、江门海滨花园、新创举大厦、白云大厦、湛江金地豪苑等物业提供物业管理顾问服务，是目前广州市高端商业物业管理规模最大企业。

怡城公司本着“为客户创造价值”的服务宗旨和“卓越无限、真诚永远”的质量方针，吸纳国内外先进经验，结合实际情况，持续完善管理机制，健全规章制度，提高服务水准，逐步构建了一套具有自身特色的经营管理模式。1999年成功导入并通过了ISO9002:1994国际质量管理体系认证；2003年通过ISO9001:2000版质量管理体系国际国内双认证。

怡城公司凭借雄厚的技术力量，优秀的人才队伍，科学的管理模式在行业内占据了一席之地，多年来屡获殊荣，在社会上树立了良好的企业形象，吸引了不少国内外同行纷纷前来交流取经。今后，公司将利用房托上市后所形成的有利平台，争取不断承接基金公司购进注入的新的物业项目，扩大物业管理规模，努力使‘怡城’成为高端商业物业经营管理一体化的营运商，成为‘管理一流、服务一流、效益一流’的行业典范。

（资料来源：http://www.wyfwgw.com/Companys/6138.html）

【案例】 品牌商业物业企业之二——中海物业

中海物业创立于香港,壮大于内地,于1991年在同行业中首家引进香港的成功物业管理经验和先进的物管模式,并在之后的多年实践中将其与内地的实际情况进行了充分的融合与提升,在目前的管理中仍始终保持与香港及国际同行业同步,不断推陈出新、与时俱进。作为全国物业管理第一品牌,与其他物业公司相比无论在品牌竞争优势、管理经验的积累、服务品质的控制、人力资源的储备等各方面都独具特色。

中海物业倡导的文化价值观,是以文化推动企业核心能力的持续成长,推动资源的持续经营,推动企业效率、效益的持续提高,推动企业及员工价值的实现。中海物业的企业文化是崇尚规范化、标准化管理的企业文化,其精髓是"精细、专业、诚信、和谐"。

中海物业管理模式已输出至杭州、南京、天津、重庆、珠海、贵阳、武汉、南昌、长沙、石家庄、沈阳、郑州、南宁等60个大中城市逾100多个项目,在深圳的全委管理的高档住宅、写字楼、商场等各类业态的高档物业达50余处,管理面积逾5000万平方米,在中国物业管理行业创造了系列第一,始终引领着行业的潮头,成为中国物业管理行业的"旗舰"。中海物业的美誉度、管理规模的覆盖力,在多年的市场化运作中不断探索与创新多样化管理模式,被业界和社会尊称为"中国第一大管家"。

目前公司拥有十几个涉及物业管理的专业部门,包括:土建、工程、强电、弱电、社区环境管理(安全管理、清洁管理、绿化管养),社区服务部(社区文化、会所管理),质量管理部,顾问管理部,信息中心。中海物业目前拥有下属三个专业子公司:中海楼宇科技公司(专营楼宇智能化系统的设计、安装,强电、弱电系统的维护),中海电梯工程公司(具有国家A级电梯安装、维修保养资质,销售代理名牌电梯和各种型号电梯配件),中海社区环境工程公司(专营楼宇外墙、生活水池的清洗和专用清洗制剂的研发)。顾问与代管项目执行当中遇到的实操问题驻场经理可以在最短的时间内反馈给公司总部,在三个专业子公司强有力的技术支持下,同时辅之以涉及物业管理的十几个专业部门资深专家组成的顾问团,各种实操问题可以得到及时有效的解决,确保服务的高含金量,为发展商极大限度地节约物管成本,提高经济效益。

2002年初,中海物业于同行业中首家专门成立了顾问管理部,项目经理对顾问/代管项目进行全程跟踪和管理,为合作伙伴提供全方位的顾问/代管服务,使服务质量得到了更强有力的保证。2008年11月29日,国务院发展研究中心企业研究所、清华大学房地产研究所、中国指数研究院三家权威研究机构在北京中国社会科学院社科会堂隆重召开"2008中国物业服务企业发展研究论坛暨首届中国物业百强研究成果发布会",研究成果显示:中海物业凭借领先其他企业的服务规模、经营绩效、服务质量、发展潜力等系列指标,获得中国物业服务百强企业(第一名)、中国优秀物业服务企业服务规模TOP10(第一名)、中国优秀物业服务企业服务质量TOP10(第一名)三项殊荣,并获得这三家机构联合签发的证书,确认中海在全国物业服务行业中的领先地位。

(资料来源:http://baike.baidu.com/view/2908175.htm)

第三节 商业物业管理的内容

针对不同用途,商业物业可以分为写字楼管理、商场管理、酒店管理、会所管理、会展管理等更加专业化的领域,并根据各类物业的特点、委托人的要求等确立相应的物业管理侧重点。但无论哪一种商业物业的管理,基本上都包括以下几方面的内容。

一、制订管理计划

在接管一宗物业管理工作后,首先要制订一份管理计划并获委托方认可。管理计划是对将进行的管理行为在经济上和行动策略上的行动纲领。为制订管理计划,一般应遵循以下工作步骤。

(一) 进行调查研究

它包括对本地区市场和周边地区市场的分析。主要是分析本地区市场的消费群体特征、交通与公用设施状况、同类物业的租赁情况，以及周边地区的经济气氛。市场分析的最主要目的在于确定待租物业的最佳价格。

1. 消费群体特征

商业活动的活跃与否首先取决于本地区消费群体的消费能力与消费倾向，一般可以通过对人口属性的调查来进行分析。

人口的收入状况和分配状况决定了消费能力和消费水平。收入水平高，则消费领域广，享受性、发展性消费较多，从而消费结构层次较高；收入水平低，则消费领域窄，较多地集中于基本生活消费方面，从而消费结构层次也较低。同时，国际经验也表明，掌握大量财富的少数富人的消费倾向要远远低于中低收入者的消费倾向，而中等收入阶层才是社会消费的"主力军"。所以，商业活动最适区域应该首选中等收入人口比重高的地区。

不同年龄段的人口往往具有不同的消费行为和消费习惯。年轻人的消费较为激进和大胆；相对而言，老年人的消费则较为保守和谨慎。消费者的这种随年龄而变化的行为特征，在很大程度上是因为他们处于家庭生命周期的不同阶段：50岁以上人群需要医疗保健和社区服务；30～50岁人群在保险、医疗保健、奢侈品、度假等方面消费更多；20～30岁人群消费集中于住房、家庭耐用消费品、奶粉等婚育需求，以及一些电子商务、互联网消费。所以，20～50岁的商业消费强势群体在区内人口结构中所占比重的大小，对商业大小规模与档次的定位有重要的影响。

此外，地区的人口数量及增长速度、产业结构状况、政府相关政策、人们的消费心理等，都可能影响到消费行为的产生。

2. 交通与公用设施情况

地区的公共交通与停车场状况对商业物业都是相当重要的。首先，交通的便利程度是商圈规模的重要影响因素之一。从商业物业的角度来定义商圈，就是商业物业吸引顾客的地理区域，它是以商业物业为中心向四周扩展构成的一定辐射范围。这个范围不仅受空间距离地制约，在交通方式与网络迅速发展的今天，一定时间能到达的距离也将成为其辐射的范围。这将大大扩大并改变原来的空间辐射范围的大小与形状。因此，交通条件将成为决定商业物业中心引力的直接外部条件。其次，商业物业中的员工和顾客，很多都依靠公共交通工具来上班或消费，但停车场的车位数量对吸引一些消费量较大、消费能力较强的顾客也不可忽视，特别是大型购物中心的定位与发展更是严重受到停车场规模的制约。停车位置的严重不足已经成为中国许多大城市老城区的、令商业物业感到十分头疼的问题，甚至直接影响了这些物业的经营效益。

交通布局可能发生的变化也值得注意，道路的扩宽工程、地铁的兴建、高架路的建设、桥梁的启用与关闭、新规划道路的方案等都可能改善或破坏一个地区原有的交通格局和商业氛围。广州市的一些购物中心因为成为地铁上盖物业，极大地促进了商业活动的发展；而一些旧商业街，因兴建了高架路面而使商业物业贬值的例子也并不鲜见。此外，商业圈内的地理特征，如与公园的距离、休闲地带的大小、市政公共设施的状况、与进出城市交通通道的关系，甚至是区域地形与河流等自然环境，也都将影响到商业物业未来的发展。另外，大型商业物业往往也是用电大户，高压线路是否能满足其负荷的需要、给排水管道的管径能否适应商业物业的要求等，都会影响到商业物业的建造成本和日后对租户的吸引力。

3. 同类物业供求状况

在特定的环境下，区域的消费总量基本是固定的，因此，商业物业的经营实际上也是同类物业的竞争。为了确定某一特定种类的商业物业的租金与出租率是上升、下降及其变化速度，应该寻找可比性强的类似物业加以比较，及对位于邻近地区的类似房产就其建筑类型、年代、大小、位置、特征和租金状况，以及出租率的变化等方面加以分析，并将租户与有效租用房屋综合起来考虑，通过对潜在租户的数量、租户的实际能力与意愿、租户的经济来源等方面进行考察，预测未来出租率的变化。较高的出租率意味着该类房源的短缺，租价就可能上涨。如果招租的牌子随处可见，出租率就不会很高。

4. 经济发展状况

制订商业物业的管理计划，不仅要考虑中观的区域经济发展态势，还要考虑更大区域范围乃至全国、全球的宏观经济环境，以及圈内的产业结构等微观因素。宏观经济发展迅速，必然会导致服务业的比重逐渐升高，利润空间扩大；抵押贷款利率与经济活动的活跃程度成反比，利率提高则经济增长速度放缓，并影响商业物业的建设融资；通货膨胀与次贷危机，会限制中小企业的发展，从而影响作为低层次产业链条组合行业和微利行业的物业管理企业，导致物业管理服务成本越来越高、能耗支出越来越大，最后使物业企业利润减少，企业生存空间缩小。在中观环境中，除了要考虑区域的经济发展状况，也要重视区域的经济组合。一个由不同产业有机组合的周边环境比单一产业支撑的周边环境要理想得多。在微观环境中，物业工程不合理，环境不匹配，配套的设施设备与销售合同的承诺不一致，公用设施与设备维修专用基金不能落实等，都将引起物业市场竞争激烈化，随着物业管理成本提高，盈利空间遭到挤压，没有新的利润空间，最终导致物业管理行业的两极分化。

（二）业主目标分析

业主目标是制订管理计划的基础。管理者若没有弄清并分析物业所有者对委托管理物业的具体目标，是很难制订出有针对性的物业管理计划的。

根据投资回报目标的不同，通常物业所有者可以分成两类：一类是投资房产用于获利，如房地产开发公司、信托投资公司；另一类是为了本身的利益，保护物业的价值，如政府部门的物业、大公司总部的写字楼等。有些物业所有者有明确的书面文件，以制度或投资指南形式界定其投资每一物业的目标，这种形式使物业管理者较容易接受和领会。但有些物业所有者并没有制订长远的目标和规划，甚至有些物业所有者提出的是一些相互矛盾的目标，如同时提出最小维护费用和最大增值两个不相容的目标。所以，物业管理者要与物业所有者磋商，在管理目标方面达成共识，并且要明确物业所有者授予管理者的权力范围。有些物业所有者只对重大决策问题发表意见，而有些业主可能希望对有关细节亦予过问。这些问题明确后，物业管理者就可以根据调查分析的结果和物业管理者的要求，确定物业管理的目标。

（三）物业资质分析

市场分析的目的在于确定待租物业的最佳价格，对物业的资质分析可使物业管理者对所管物业的质量和条件取得全面的了解，确立某物业在当地市场上同类物业中的地位。为此，物业管理者必须对物业进行详细的考察，利用可比物业的相关数据与该物业的相应部分进行比较。

“你不会有第二个机会来获得第一印象”，这句话对物业管理者来说尤其重要。潜在的业主或未来的租户都以他们对建筑的第一印象作为购买或租赁的决策基础。出于“晕船效应”的考虑，考察应从建筑的整个外部面貌的检查开始，包括其年代、风格、走向和周边环境等。如果与周围其他建筑相比，对所考察的建筑外观感觉很差，物业管理者就要建议对其外表进行整改。

对建筑物内部的考察，首先应注意可供租用的房源数量和单元面积。最适合的出租不仅依赖于户型的设计，而且在于设施的质量。无论哪一类商业物业，室内的给排水、通风机空气调节、电梯、高低压配电房、管线，甚至小五金配件等方面都不能忽视。要注意设备设施的工作状况和新旧程度，陈旧的地毯和不洁的墙面是不可能留住租户的。物业管理者要考虑所有必要设备的添置、更换、维修或油漆，使建筑物保持一定的特点、独特的设施，并能够同当地市场同类物业进行竞争。

对建筑物的外部和内部及其设施的细致考察为物业管理者确定下一年度对物业的维护与经营所需费用提供了依据。另外，还必须认真检查门窗、屋檐及屋顶装饰物、阳台、车库、草坪、餐厅、球场和安全通道、消防设施等方面的缺陷，确定哪些是必须立即加以维修的项目。对建筑物内部，如门厅、走廊、地下室和其他公共区域同样不可忽视。通过这些检查，可以估算出对房屋及设备设施进行维修保养所需的费用。

对物业进行考察时，物业管理者不可忽视室内环境污染问题。近年来，室内空气污染已引起各方的热切关注，室内空气中源于建筑、装饰材料的有害气体，甚至致癌气体达20余种。所以，物业管理者要注意是否有含铅油漆、石棉、地下储气罐及装饰板材中的气体氡，以及木质复合地板、压层木质板家具和粘胶剂中的甲醛、苯、二甲苯、芳香烃等对健康造成威胁的因素存在。如果物业管理者怀疑物业含有某种潜在的有毒或不安全因素，应该立即向业主提出并要求在签约管理前请专业公司对其进行彻底检查和处理。

（四）形成租金方案和出租策略

1. 形成租金方案

出租实际上是出售一定期限的物业使用权，只有在业主和租户均满意的情况下，租约才会继续下去。从某种意义上讲，为物业的出租和提高出租率而进行的努力是永无休止的。

从理论上说，物业租金的确定要由物业出租的经营成本、税费和业主希望的投资回报率来决定。但在市场经济条件下，物业租金水平的高低主要取决于同类型物业的供求关系。维护较好的旧物业，由于其融资费用和建造成本相对较低，一般在租金定得较低的情况下，也常常能使投资回报率超出预期水平，从而限制了同类型的新物业的租金，使之不能定得太高，除非市场供求关系矛盾突出，否则就会面临物业空置和出租率下降的危险。因此，对旧的商业物业而言，市场上建造成本和融资费用上升越快，租金收入超出回报率的状况就越明显。

从总体上说，物业租金收益必须能抵偿投资成本，并能为投资者带来一个合理的投资回报，否则就不会有人来进行建设投资。物业管理者还必须了解市场，过高或过低的租金都有可能导致业主利益受损。过高的租金令租客望而止步，而过低的租金，虽然可能使出租率达到100％，但可获得的总租金收入并不理想。

对于大型物业管理企业来说，一般都较容易确定租金水平和出租方案，因为他们往往拥有大量类似物业出租的租金数据，使得物业管理人员很容易确定物业合适的租金水平。当然，为了准确地判断物业的市场租金水平，需要比较已出租的类似物业和待出租物业的市场租金水平。此外，物业的租金水平还与其物业的具体特征有关。例如，物业的地理位置，距商业中心区的距离；物业建造设计的结构，即物业的楼层、朝向、面积；物业装修档次；建筑设备状况；所提供服务的内容；康乐设施的完备状况；有效使用面积系数；物业维修措施等。有时还会受出租策略的影响，如租期长短、承租面积的大小、承租人的资信状况，以及附属设施的组成等。

2. 出租策略

在商业物业租赁的实践中，对租金的确定与收取有毛租金、净租金、百分比租金三种计租方式。

在毛租金的情况下，承租户支付固定的租金，而业主支付物业经营过程中的费用，包括房地产税和其他有关物业的税收、保险费、维修费等，也就是说在所收取的租金中要包括这些费用。至于水电费由租赁双方协商，可由承租户支付，也可由业主支付。毛租金经常用于公寓的租赁，也用于写字楼的租赁。

净租金是相对于毛租金而言的，此时的承租人除了支付租金外，还要另行支付一些物业的经营费用。业主提供的净租金的形式决定了业主要支付哪些费用。例如，哪些是属于代收代缴的费用，哪些是按承租人所承担的面积占整个物业总出租面积的比例来收取，哪些费用主要取决于承租人对设备设施和能源的使用程度。净租金的形式一般有以下三种：①除租金、水电费外，承租人要按比例分摊与物业有关的税项；②除租金、水电费外，承租人要按比例分摊与物业有关的税项和保险费；③除租金、水电费外，所有的经营费用，包括与物业有关的税项、保险费、公共设施设备使用费、物业维护维修费用、公用面积维护费、物业管理费等都由承租人直接支付，而业主一般只负责建筑结构部分的维修费用。不论哪种情况，承租人在租金外还需支付的费用项目都要在租赁合同中详细规定。在商业物业和工业物业的租赁中，一般采用净租金。

百分比租金用于公共商业物业的出租。此时，业主分享了作为承租人的零售商的部分经营成果。百分比租金以年总营业额为基础计算，但可以按月或按季支付。通常先协商一个基本租金、年最低营业额和具体的百分比，对超过该营业额以外的部分才按百分比收取超额租金。例如，某承租人的基本租金为 10 万元/月，最低年营业额为 2400 万元，如果营业额的 5% 作为百分比租金，则只有当年营业额超过 2400 万元时，才对超过部分的营业额收取百分比租金。当然，如果营业额低于 2400 万元时，仍按 10 万元/月的基本租金收取。百分比的确定主要取决于物业的性质、地点、承租人生意的类型及市场状况，双方协商确定。百分比租金的计算还可以采取固定百分比和变动百分比两种方式。变动百分比是租赁双方商定的百分比随销售额的数量增加而减少，以达到承租户提高营业水平、扩大销售的目的，以便租赁双方都获得相应的好处。

3. 租金收取方法

制订租金收取方法的目的是尽量减少由于迟付或拖欠租金而给业主带来的损失。物业管理企业应尽量体谅和考虑租户的特殊困难，并想办法尽力为其解决这些困难，以达到按期足额收取租金的目的。也就是说，租金的收取要尽量考虑到租户的方便，在物业管理企业和租户之间要建立起良好的信任关系，尤其是经济不景气或租户的业务发生困难时，这种弹性策略尤为重要。当然，这并不排除诉诸法律的可能。

在制订租金收取方法的过程中，物业管理企业通常对按时交付租金额租户实行一定额度的优惠，而不是对迟交者予以罚款。经验表明，激励比惩罚更有效。此外，租金收取的方式和时间的选择亦很重要，要根据租户收入的特点采取灵活的收租方式，合理确定收租时间。物业管理企业应提倡主动的收租服务，通过电话、信件，甚至亲自访问来提醒租户按时交纳租金，对租户主动交纳租金的行为，要表示感激和鼓励。

（五）提出经营管理预算

预算是经营管理计划的核心，主要包括经营预算、合同期内的预测、投资与回报的对照分析等三部分。

1. 经营预算

经营预算首先预算的是预期的经营开支。对未来一年中经营管理开支的计算，可通过类似的物业的实际需要费用获得，包括房地产税及其他各项经营管理税费、员工工资、水电费用、耗材和日常维护费用、保险和广告招租费用等。对于接管的旧物业，物业管理者可以研究原来的物业管理企业在上一年各项费用的水平，并比较上一年本地区及周边地区的普遍支出水平，分析其超出预算的部分或可以削减的部分。预算支出计划反映了管理者制订现实可操作的特定经营计划的能力。其次，要估计允许的空置率水平。在商业物业的经营预算方案中，还应估计物业的空置率水平。因为在各种各样因素的影响下，物业出租率不可能每天都能达到100％，应该允许有一定的空置率。空置率水平会影响到预期收益和费用的计算，因此，允许的空置率的估计应合理。最后，估计预算收益。预算收益主要包括预期的租金收入、管理服务费的收入和各种经营服务项目的收入，如停车费、自动售货机、洗衣房、客户服务等。这些增益性服务收入与租赁收入构成了整个年度总收入。其中，租金收入是根据租金水平和物业面积及估计的出租率等计算取得的。

以上这些估计数字构成了物业经营管理预算的量化指标，当然这些量化目标不是固定不变的，由于实际情况会发生变化，如空置率水平提高会导致租金收益较预期减少。因此，对预算方案要根据实际情况的变化作相应的调整，此外，还要对实际发生变化的原因作出分析、总结和探讨，以便为今后的预算方案的制订积累经验。

2. 合同期内的经营预测

物业管理者除了要做好一年期的经营预算外，还要对整个合同期(国内一般为 2～3 年)可能发生的变化情况进行预测。管理者要仔细考虑每种收入的来源及市场变化对其可能造成的影响。在确定年均收入时，管理者应把握当前本地租金上涨的速率，考虑潜在的租金涨跌的可能性以及由于对物业整修所引起的租价提高等因素。

在经营期内作经营预测之前，必须先设定一些假设：假如租金的上涨率保持在目前的10％的水平，所有的租约都是一年期的，同时假设客源的损失是稳定的，每年宏观经济增长率限定在一定范围内变动，合同期内的营业支出必须在实际观察发展趋势的基础上进行现实的估计，应在考虑范围内的影响是通货膨胀率、劳动及价格上涨，税率和原材料的价格上涨以及保险费增加等。

3. 投资回报对照分析

经营管理计划中，最后的内容是通过改造、装修项目费用的计算进行投资回报对照分析的。它们包括经业主同意的和为保证物业的市场竞争力或迎合市场需要的项目。这一工作需要对施工、材料、人工费等各项费用加以准确地核算，并分析和计算由于改造所带来的收入增加和开支节约。最后，应把所得结果与不作任何改造时的预期收益进行比较，以确定改造的效益和必要性。通过分析核算，管理者可以向业主提供翔实的材料，以显示投资的回收周期以及改建后收入的增长率。

制订管理计划需要一定的时间和精力，很多管理者只有确定能够中标或者已经签订合同才会去做。但是在今天的市场竞争中，迫于竞争的压力，无论能否中标，物业管理企业都不得不将制订管理计划作为投标书的一部分。

二、签订管理与租赁合同

（一）签订物业委托合同

业主与物业管理企业签订的委托管理合同，必须明确物业管理的权利与义务，以免物业管理企业事无巨细都要请示业主。

一般的物业管理委托合同，主要包括物业管理服务内容、质量要求、物业管理服务费用、酬金标准、物业管理企业的权利义务、物业管理服务费的调整和违约责任等。而商业物业管理很多都有经营责任，面临瞬息万变的市场环境，因此，还应在一般物业管理委托合同的基础上，明确规定需定期向业主呈送的文件和报告。一般而言，物业的规模越大，档次越高，求租人的数量越多，则物业管理企业所提供的服务内容就可能越多。因此，在合同中必须明确，哪些服务项目是包括在管理费之内的，哪些服务项目是需要另行收费的，在合同中不应有无偿无限期的服务承诺。

签订物业管理委托合同后，随即就应启动物业维修养护、公共环境管理、安全保卫及合同中规定的其他管理服务项目，使物业管理服务迅速转入正常运作阶段。

（二）签订物业租赁合同

1. 物业租赁合同的签订

物业租赁合同是出租人与承租人签订的、用于明确租赁双方权利义务关系和责任、以房屋为租赁标的物的协议，是一种债权合同。合同的主要内容包括以下内容。

（1）物业状况：主要介绍物业的位置、产权、面积及其他必要状况说明等。

（2）租赁用途：明确用于何种经营。

（3）租赁期限：明确起止日期。

（4）验收和接管：明确接管日期、标准，以及交接验收手续与约定。

（5）相关费用标准及支付方式：明确租金类型与标准、支付日期与支付方式。

（6）乙方租赁期间权利与义务：明确装修要求与修缮责任。

（7）产权转移与损害赔偿：明确现有物业产权转移以后对承租户应承担的责任，以及承租户可能产生的对物业的损害赔偿。

（8）保险：参考律师意见，签订双方应承担的保险责任。

（9）续租：原租赁期满后要求续租的手续。

（10）提前退租与补偿：租赁双方在租赁合同期满前要求解除租赁合约分别应负的责任。

（11）合同变更与终止：说明合同出现变更或终止责任方应负的责任。

（12）退租与交付：租期期满或合同终止时，对物业的接受要求与退（缴纳）款规定。

（13）免责条款：对出现免责条件的说明。

（14）税收：强调合同双方必须缴纳因履行本合同所产生的税费的义务。

（15）商业操守及保密：约定对合同内容的保密。

（16）本合同之附件：作为本合同不可分割的部分，对双方均有约束力的文件，可列为附件。

（17）生效及其他：说明合同需经登记，取得《房屋租赁证》后才生效。

（18）法律适用及争议解决：约定一旦合同在履行中发生争议，可采取的法律方式。

（19）通信：明确合同传送的双方责任人、通信地址和电话号码。

2. 物业租赁的一般程序

中国执行的是房屋租赁登记备案制度。根据《城市房屋租赁管理办法》的规定，房屋租赁登记备案制度，一般要经过以下几个环节。

（1）申请。凡是签订、变更、终止租赁合同的当事人，应当在租赁合同签订后30日内，持有关证明文件到房屋所在地的市、县人民政府房地产管理部门办理登记备案手续。申请房屋登记备案手续应当提交的证明文件包括：书面租赁合同、房屋所有权证书、当事人的合法证件和城市人民政府规定的其他文件。

出租共有房屋，必须提交其他共有人同意出租的证明。出租委托代管的房屋，还必须提交委托代管人授权出租的证明。

（2）审查。房屋租赁登记备案不同于简单的备案，登记本身包含审查的含义。房屋租赁审查的主要内容包括：审查合同的主体是否合格，即出租人和承租人是否具备相应的条件；审查租赁的客体是否允许出租，即出租的房屋是否符合法律、法规所允许出租的房屋；审查租赁合同的内容是否齐全、完备；审查租赁行为是否符合国家及房屋所在地人民政府所规定的租赁政策；审查是否按有关规定缴纳了有关税费等。

（3）颁证。只有上述条件均具备后，才能登记备案，否则，作为主管部门有权行使否决权，判定租赁行为无效，不予登记。经主管部门审查合格后准予登记的，由房地产管理部门核发房屋租赁证。房屋租赁证是房屋租赁行为的合法凭证，租用房屋从事生产经营活动的，房屋租赁证可作为经营场所合法的凭证。未经登记备案的租赁合同是无效的经济合同，只有通过登记的租赁活动，才受法律的保护。

三、进行物业日常管理

（一）安保管理

安保管理主要包括了治安管理、消防管理和车辆的停放与管理三个方面的内容。

治安管理是维护物业正常的工作、生活秩序而进行的一项专门性的管理与服务工作，它包括物业管理区域内的安全、保卫、警戒，以及对排除各种干扰的管理。其目的是为了保障所管物业区域内的财物不受损失、人身不受伤害，工作、生活秩序维持正常。治安管理具有以下特点：①综合性强。许多商业物业不但楼层高、建筑面积大，而且进出口多、物业区内公司多，餐厅、歌舞厅、电影院等人口密集场所也较多，造成区内人流量大、人员复杂，所有这些都给制订和落实安全措施带来一定的困难。同时，有些物业内的单位又有各自的管理部门，物业管理公司不可能干预过多，只能和有关单位密切合作、协商处理，才能较好地完成管理工作。②服务性强。从本质上看，物业的治安管理就是一种服务，即提供保安服务，为保障物业内的人身和财产安全服务。作为保安人员，要树立“服务第一、用户至上”的思想，既要有公安人员的警惕性，又要有服务人员的和颜悦色；既要坚持原则、按制度办事，又要文明礼貌、乐于助人。③法律性强。商业物业多属公众场所，自然也有一个遵守和维护公共秩序的问题。中国的《民法》《刑法》《治安处罚条例》等行政法规及一些地方性法规，都对各种“违法”、“违约”行为的构件作了明确的规定。因此，在物业管理中，对安全保卫所遇到的个案处置，都必须有高度的法制意识，既要保障物业内部的治安秩序，又要明确自身的职责，切忌越权执法。

消防管理也是为维护物业正常的工作、生活而进行的一项专门性的管理与服务工作。它是指预防物业火灾发生，最大限度地减少火灾的损失和火灾中的应急措施。物业管理公司要广泛开展防火宣传教育活动，树立消防安全意识，群防群治，要采取一切行政的、技术的和组织的措施，防止火灾的发生。因此，要从人力、物力、技术等多方面充分做好灭火准备，具体包括：配备专职消防人员、培训一支兼职队伍、订立消防制度、保证消防设备处于良好待用状态。消防管理工作重要的是防患于未然，加强防范措施，同时还要让业主或租户具有人人防火和自救的意识。

车辆的停放与管理是商业物业管理一件十分琐碎而又不可避免的工作。伴随着大量的人流和物流的进出，有很多各类车辆需要在商业物业的停车场停放。汽车属于贵重物品，如果对停放的车辆管理不善，在停车场内被碰撞损坏或被盗，这不仅是车主的损失，而且在某些情况下，物业管理公司也要负过失责任，影响物业的声誉和公司的经济效益。因此，物业管理公司必须重视对车辆停放的管理。

（二）清洁绿化管理

清洁绿化管理是为了净化和美化物业环境而进行的管理与服务工作。物业清洁绿化是物业管理的重要组成部分，是体现物业管理水平高低的一项重要标志，一般包括保洁、绿化两方面。

商业物业的保洁可分为外部环境保洁和内部环境保洁。外部环境包括楼宇的外墙、附属建筑设施，以及周围的绿地、广场、停车场等；内部环境包括过道、扶梯、电梯、卫生间、会议室、餐厅等一切公共场所，以及业主或租户的铺内、办公室内等非共用部位。搞好环境卫生的主旨在于创造整洁优美、和谐宜人的商业氛围，为业主、租户与客户提供一个理想的、轻松愉快的工作和休闲环境。

绿化工作也分为外部绿化和内部绿化。外部绿化就是要做好所属物业区域范围内的草地和花木的养护工作，定期修剪、施肥、浇水、防治病虫害，更换花木，营造园林绿地等。内部绿化则要考虑如何在适当的位置摆放适当的绿化盆栽，不仅要取得“绿”的效果，还要进一步给人们美的感受。因此，必须对植物的种类、造型、赏色等进行仔细选择、合理搭配。做到眼中有绿，见缝插绿。

（三）设施设备管理

物业设备是指物业建筑物内附属的和相关的各类市政、公用设备、设施的总称，它是构成物业建筑实体、发挥物业既定使用功能的有机组成部分。没有附属设施、设备配套的建筑物，也就丧失了其必要的功能与价值；附属设施、设备不配套，或配套的设施、设备相对落后，或经常处于损坏待修状态，也会降低建筑物的效用与价值。

供水、排水、供电、供气、通风等附属设备是最基本的附属设备。随着现代物业建筑设施功能的不断完善，供暖、空气调节、电梯、建筑防雷，以及一些智能化、高技术含量的物业设备的不断推陈出新，不但使人们对物业建筑设备的功能与装修要求逐步提高，也对物业设备的维修与管理提出了更高的要求。

由于各种设备的特点不同，其管理的内容也各不相同，一般包括设备的选型购置、安装调试、接管验收、运行管理、更新改造，以及安全管理、经济管理等方面；也可分为物业设备的基础管理、运行管理、安全管理、维修管理、更新改造及设备购置等环节。

（四）租金收取与档案管理

租金收取是一个十分细致而又复杂的工作，需要编制预算、收支账目、定期收取费用、处理在收取费用过程中的各种矛盾，还要定期公布账目，接受监督与监察等。

业，如零售中心、批发商场等，在决定一些重大的物业管理事项时，可以让租户代表列席参加业主委员会会议，倾听租户的意见。对租户有关物业管理服务方面的投诉，同样认真对待，落实人员负责处理，并做好回访。总之，协调与租户的关系，既是物业管理企业管理服务水平的标志，也是作为委托代理维护业主利益的职责要求。

（三）协调业主与租户之间的关系

业主与租户之间也会因任何一方违约出现矛盾。在业主方面，比较常见的是未能按期交付被租用的物业，或是没有提供租赁合同中承诺的营商环境及服务设施；而作为租户，则多是拖欠租金、损坏物业内的设施等。作为物业管理者，必须设法建立三方经常沟通的渠道，通过物业管理企业这个中间媒介，使某方的希望、需要和抱怨能及时地让另一方了解，通过协商解决矛盾。

（四）协调租户之间的关系

对于一些商业物业，由于租户众多，租户之间难免会因商业利益或其他原因发生纠纷，作为物业管理者应尽力协调租户之间的一些矛盾。如某些租户在营业时发出过量的噪音，货品堆放不当而影响相邻的租户，包装废弃物没有及时清理等，这些矛盾和争端都没有必要付诸法律程序解决，物业管理企业作为解决矛盾的中介，一方面可以要求租户按管理合约各自约束自己的经营行为，另一方面要求各租户对于对方的一些疏忽能够给予谅解和包容，使不同的租户之间能够和睦相处。

第四节　商业物业管理的层次与模式

一、商业物业管理的层次

（一）商业物业管理的层次类型

商业物业的经营管理分为物业管理和设施管理、房地产资产管理、房地产组合投资管理三个层次。其中，物业管理和设施管理以运行管理为主，房地产资产管理和房地产投资组合管理以策略性管理为主。

物业管理的核心工作是对物业进行日常维护与维修，并向租户或业主提供服务。设施管理是一种新型的房地产服务业务，其主要功能是为某一机构（企业或事业单位）创造一个良好的生产、办公环境。对于收益性明显的商业物业，一般除了物业管理外，还要进行相应的资产管理和组合投资管理。

（二）物业经营管理不同层次之间的关系

物业管理和设施管理定位在现场操作层面的管理，其主要作用是为租户提供及时的服务和保证物业的持续收入和现金流。物业管理的主要职责是：租户关系管理、物业维护、控制运营成本、财务报告和记录的保存、资本性支出计划、危机管理、安全管理、公共关系。

资产管理公司通常不在现场，它们作为物业投资者或业主的代表，管理在现场的物业管理企业。资产管理一般按照物业类型、地理位置或两者结合起来的分类原则来管理物业。资产管理的主要职责是：制订物业发展战略计划、持有并出售分析、物业更新改造等主要开支决策、监控物业绩效、管理和评价物业管理企业、协助物业管理的租户关系工作、定期进行资产的投资分析和运营状况分析。资产管理公司通过监控物业的运行绩效，来聘用、解聘和调配物业管理企业。资产管理公司通过考察物业管理企业提出的物业更新改造等资本改良投资计划是否能有效提升物业价值来决定是否批准该项计划。

房地产组合投资管理公司以投资者的目标和风险/回报参数特征为基础，详细制订和执行投资组合战略。房地产组合投资管理公司会在物业类型或地域分布上努力分散投资，以减少投资组合的整体风险。投资组合管理的主要职责是：制订投资组合目标与投资准则，制订并执行组合投资战略，设计和调整物业资产的资本结构，负责策略资产的配置和衍生工具的应用，监督购置、处置资产管理和再投资决策，负责投资组合的绩效，客户报告与现金管理。

为了实现投资者拥有的房地产资产价值最大化的目标，三个层次的物业经营管理必须进行有效的协调，并根据市场需求的变化主动调整经营策略。

二、商业物业管理的模式

（一）自建自管

在商业物业中，有些开发建设单位投资兴建物业后，在即将竣工时则开始筹建班子，准备日后的经营与管理。凡适用于自建自管的物业，首先，开发建设单位本身是唯一的业主，物业中没有出售的部分；其次，应该是以自用为主，只有部分出租，这样就不会产生区分所有权的问题，没有共同部分，也甚少共同事务；最后，该类物业需要自建自管，是因为它们的经营活动与管理服务的同步性极强，管理服务中的微小失误，都可能导致经营活动的损失。

该类型物业多为酒店物业，尤其对小型、低档次的酒店物业比较适用。而对于较高级酒店，则最好按现代管理理论的要求，实行所有权与经营权分离，委托专业的酒店管理公司进行经营管理。

（二）自营与专业物业管理相结合

这种模式是由开发建设单位负责商业物业的出租经营和产权产籍管理，而聘请专业物业管理企业提供日常管理与服务。一些大机构投资兴建的商务楼常用这种模式，建成后部分楼层作为机构总部用来办公，其余大部分用于出租经营，不过对邻居（承租人）的选择比较慎重。另外，有些零售中心和批发中心，由于开发建设单位掌握了较多的租赁客源，为了降低出租经营成本，也常采用这种方式。

（三）委托经营

由开发建设单位把建成的商业物业委托给物业管理企业，由其承担出租经营和日常管理服务工作。这种模式要求受委托的物业管理企业有一定的商业物业管理经验，如果缺乏这方面经验，一般都会在开业时聘请一些水平较高的专业物业管理企业担任顾问工作。

也有些开发建设单位把出租经营业务委托给房地产代理公司。这可以充分利用代理商的营销经验和租户网络，较快地完成物业租赁工作，取得较好的经济效益。

目前大部分的商业物业都是委托经营型的，这是当前商业物业管理的重点。国内外都有一批专门从事酒店管理的品牌公司，如美国的希尔顿酒店公司、假日酒店管理集团公司、喜来登饭店公司、香港的新世界酒店管理集团、广州的珠江物业酒店管理公司等，在管理国内一些星级酒店过程中都有良好的业绩。由香港新世界酒店集团管理的广州中国大酒店，是国内首批评定的五星级酒店，于 1983 年 12 月试营业，1993 年就完全偿还了外商投资的本息，经济效益居全国酒店之首。

第二章　写字楼物业管理

第一节　写字楼概述

“写字楼”一词原是粤港一带对办公楼宇的称谓，20 世纪 80 年代以后，随着“物业”和“物业管理”等名词及相关行业的引入而广泛运用。写字楼泛指为商业类型的公司、商社、财团、企业、办事处、联络处所提供的用于商务、办公的楼宇及配套设施、设备、场地，是以出租、出售、自用为目的的单元性房地产。对于写字楼来说，物业管理至关重要。在写字楼硬件质量有保障的前提下，高品质的软件服务——物业管理的重要性更加凸显。

一、写字楼的含义

写字楼就是指供各种企事业单位的员工和政府机构的行政管理人员从事商业经营活动并办理行政事务的大厦。写字楼是商品经济发展和社会专业化分工的产物，已成为现代城市发展的重要组成部分，其主要功能是为业主和租户提供高档次的办公场所及管理服务。有的写字楼由业主自用，有的用于出租，有的则部分自用、部分出租。

许多写字楼除了设有办公室，还设有展示厅、会议室、洽谈室等，可以进行包括办公在内的各种商务活动，这类写字楼又称商务楼。还有一些写字楼将办公、住宿、商务活动等功能综合在一起，称为综合型写字楼。

现代化的写字楼大都具有比较先进的设备，如有电脑控制的楼宇自动化系统、中央空调系统、通风设备、保安监控设备、自动给水滤水设备、消防自动报警设备、应急自备电力设备，以及自动控制的高档电梯与升降梯等。另外，现代化的写字楼环境优越、通信快捷、交通便利，拥有宽阔的停车场或地下车库。这种现代写字楼主要是大公司或大企业从事各种业务活动的场所。

随着建筑材料的不断改进和技术水平的不断提高，加之城市中心地价的不断上涨，致使城市中心的写字楼越来越向高层和超高层发展。在写字楼集中的地区往往形成了城市的“中心商务区”，为社会各行各业、各部门提供集中办公的场所，从而大大缩短了社会各行业、各系统部门、公司机构人员的空间距离，为他们集中办公，进行商务、公务往来等提供了极大的便利。

写字楼一般建筑规模较大，设备设施先进，对管理服务要求较高，而且多数写字楼有很多业主和客户，因此客观上需要写字楼提供专业化的物业管理。

二、写字楼的发展

最初的写字楼，是因商务活动的需要而集中在一群小房子中的各自独立又相互紧密联系的相关业务群体。建筑师从土地的集中有效利用和减少风雨中的交通时间与距离考虑，开始将这些分散的小房子堆在一起向高发展，把银行、律师、会计师、商业客户集中在一起。随后发现当这些工作人群集中之后，还需要解决他们喝咖啡、吃饭、休闲、健身、合并使用公共服务功能等问题，于是就开始在写字楼中增加相应的功能设施。因此，写字楼有了其特定的含义及概念。

当前，中国写字楼产品已经经历了四次换代。第一代写字楼是指计划经济体制下的行政办公楼或一些国有企业在工厂内建成的小办公楼。这种办公楼一般高度只有4～6层，只能满足单位内部员工基本办公需求，其实施的是一种只对内进行行政管理的封闭式办公方式。第二代写字楼是指改革开放以后由于外企进入中国引发的出租型写字楼。因为外企刚进入中国时起初都在酒店里办公，所以后来兴建的写字楼也与酒店分布相似，这类写字楼除了满足大量外企和中小企业的基本办公需求，还满足了他们生活、交流的需求。第三代写字楼是在第二代写字楼的基础上开始考虑以客户的贴身需求为导向，大大提高了智能化水平，提高了企业办公效率。这类写字楼满足了客户国际化商务办公的需求。第四代写字楼是在第三代基础上提高人性化、舒适度、环保性的绿色办公空间。第四代写字楼强调以客户需求为中心，旨在提供低成本、高效率的商务平台，提倡人性化的沟通与交流，注重办公空间对企业文化和员工素质的培养及提高，引导智能化，强化绿色环保办公理念。与第三代相比，第四代写字楼目标客户明确，景观环境良好，办公空间更加开放和模糊，提倡绿色环保，办公智能化也预留了较大升级空间。

三、写字楼的类型

目前，中国对写字楼的分类尚无统一的标准，专业人员主要依照其所处的位置、规模及功能进行分类。

（一）按面积分类

按建筑面积大小，可将写字楼分为以下四种类型：

超大型写字楼的建筑面积一般在十几万甚至几十万平方米以上。如香港的中环中心大厦，上海浦东的金茂大厦、摩天大厦环球金融中心，北京国贸大厦、西环广场，广州西塔（广州国际金融中心）、中信大厦等都属于超大型写字楼。美国芝加哥于2004年建成并投入使用的南迪波恩大厦(South di Bonn Building)，高达609.75米，建筑面积17.65万平方米，共108层，其中最高的13个楼层为数字电视设备楼，32个楼层为办公区，40个楼层为公寓套房，11个楼层为停车场，其余是购物和商务区。

大型写字楼的建筑面积一般在3万平方米以上。中型写字楼的建筑面积一般在1万～3万平方米。小型写字楼的建筑面积一般在1万平方米以下。中小型写公楼一般为低层或多层砖混结构建筑，平面布局常采用中间走道、两边办公室的内走廊式或一边走道、一边办公室的外走廊式布局，平面设计主要是合理选择开间尺寸和布置门厅、楼梯；大型办公楼的结构形式多采用钢筋混凝土框架或钢结构、剪力墙、筒体结构等，以利抗风、防震，平面布局有由几幢多层建筑组合成一组办公楼群的分散布局和由高层建筑或高层建筑与局部低层建筑相结合的集中布局。

（二）按功能分类

按功能，可将写字楼分为三种类型：综合型写字楼以办公为主，同时具备其他多种功能，如兼做公寓、商场、餐厅、展厅等，甚至舞厅、健身房等。上海瑞金大厦、广州世贸大厦都属于这种类型。商住型写字楼是既能提供办公环境，又能提供住宿的客住大厦。它又分为两种形式，一种是办公室内有套间可以住宿，如上海启华大厦；另一种是楼的一部分办公，另一部分是公寓，如北京国际大厦。单纯型写字楼基本上只有办公一种功能，没有其他功能。

（三）按现代化程度分类

按现代化程度，可将写字楼分为两种类型：一类是非智能型写字楼，即传统的、不具备自动化功能的一般写字楼；另一类是智能型写字楼，即具有高度自动化功能的办公大楼，通常包括办公自动化系统（OA）、通讯自动化系统（CA）、消防自动化系统（FA）、安保自动化系统（SA）和楼宇自动控制系统（BA），故又称为5A写字楼。5A写字楼的具体标准有以下几个。①黄金区位。房地产开发有三大要素，第一是区位，第二是区位，第三还是区位。这对于酒店来说可能并非个个是真理，但对于写字楼来说，几乎无反例，这无疑是投资和购买写字楼的第一要素。②超大规模。这里所说的超大规模，不仅是指建筑体量本身比较大，而且更强调其规模的伸展力及拓展性。一方面，不仅写字楼建筑本身的规模要大，而且必须要有强大的综合配套，经营成一个集写字楼、公寓、商住、星级酒店、会展中心、休闲娱乐及购物中心于一体的大空间。另一方面，交通便利，四通八达的交通一定是写字楼规模的重要支撑。③建筑文化。对于写字楼而言，与其说是世贸中心、国贸中心这样的品牌文化，倒不如直接说成是摩天大楼的建筑文化。无论西方还是东方，无论发达还是落后，一谈到写字楼，都有明显的摩天大楼的情结。④硬件设施。写字楼追求的硬件，更多的是科技与创新，主要体现在建筑设计和建筑功能的创新上。⑤软件服务。软件服务一方面体现在高效的物业管理上，另一方面体现在对入住企业的专业化商务服务上。智能型写字楼将成为现代化写字楼的发展方向。

（四）按国际惯例分类

按照国际惯例，可将写字楼分为甲、乙、丙三级写字楼。

甲级写字楼具有优越的地理位置和交通环境，建筑物的自然状况优良，建筑质量达到或超过有关建筑条例或规范的要求；其收益能力与新建成的写字楼相当；有完善的物业管理服务，包括24小时的维护维修及保安服务。其具体标准见表2-1。乙级写字楼具有良好的地理位置，建筑物的自然状况良好，建筑质量达到有关建筑条例或规范的要求，但建筑物的功能不是最先进的，有自然磨损存在，收益能力低于新落成的同类建筑物。丙级写字楼一般建筑物已使用较长时间，建筑物在某些方面不能满足新的建筑条例或规范的要求。建筑物存在较明显的自然磨损和功能陈旧，但仍能满足低收入租客的需求并与其租金支付能力相适应。相对于乙级写字楼，丙级写字楼虽然租金较低，但仍能保持一个合理的出租率。

表2-1　甲级写字楼的标准

地点	交通方便，处于公交和地铁沿线，多幢写字楼集中于一个区域
停车位	平均每200平方米楼面建筑面积至少配有一个车位，多用途项目另需配有额外或邻近车位
整体质量	装修、管道网、楼面承重等符合标准，电力供应充足，且有自备发电机组
楼层高度	超过206米
电梯	平均每5层有一部电梯服务，等候时间不超过30秒
电话线	平均每20平方米楼面建筑面积配有一条电话线
管理	由经验丰富及信誉良好的公司负责
只供租用	只限出售多层相连的楼层，租金应交给单一业主
实际使用率	七成或七成以上

资料来源：任长江，2007

四、现代写字楼的特点

（一）多建于大城市的中心繁华地段

现代写字楼多位于城市中心的繁华地段，有多种便利的交通条件可供选择，并有足够的停车位可供使用。大城市的中心地带交通方便、经贸活动频繁、信息集中通畅，因此，各类机构均倾向于在大都市的中心地带或新建的开发区内建造或租用写字楼，以便集中办公、处理公务和经营等。以金融、贸易、信息为中心的大城市繁华地段，写字楼更为集中。

（二）办公单位集中，功能配套齐全

现代写字楼多为高层建筑，楼体高、层数多、建筑面积大，办公单位集中，往往能会集中几十，甚至上百家国内外大小公司机构。同时，写字楼往往还提供各种功能，如服务前台、大小会议室、小型酒吧、车库等。综合型的写字楼还设有餐厅、商场、商务中心、银行、邮电等配套服务设施，因此，能为客户的工作和生活提供很多方便，满足他们高效办公工作的需要。

（三）设施设备先进，管理科技含量大

为吸引有实力的公司机构进驻办公，满足他们体现身份、高效办公的要求，写字楼都外观宏伟、装饰考究，内部专配有先进的设施设备。现代化的写字楼本身规模大、功能多、设备先进，加之进驻的多为大型客户，因此对各方面的管理要求都比较高。特别是现代的智能写字楼，因为采用的全部是最先进的技术和设备，所以对物业管理人员提出了更高的要求。物业管理人员不仅要具备管理知识，更要具有与之相配套的专业技术知识。

（四）人员复杂、流动性大，安全保障要求高

一般来说，写字楼物业使用时间比较集中，多数都是在早上 8 点以后、下午 6 点以前。上班时间，整个物业人来人往、川流不息，有来自多国籍、多行业、多背景、多层次的员工与客户；下班后则人去楼空、冷清异常。正是由于人员复杂、流动性大的特点，加上写字楼内的设备系统、建筑结构的复杂性，消防安全工作显得非常重要。

因此，许多客户在选择楼宇的时候不但重视楼宇的地段、质量、价格，而且十分重视管理队伍，现代化的大楼应该有一支训练有素的管理队伍，能向客户提供规范、优质的服务。

五、写字楼管理的要求

（一）科学化、制度化、规范化、高起点

因为现代化的写字楼的技术含量高、管理范围广，所以绝不能只凭经验办事。物业管理公司要积极探索制订并不断完善管理制度，使整个管理工作有章可循、有据可依，让写字楼管理走上科学化、制度化、规范化的道路。高素质的员工队伍、高技术的管理手段和高标准的管理要求才能达到好的管理效果。

（二）加强治安防范，严格出入制度，建立客户档案

写字楼的安全保卫工作十分重要，它不仅涉及国家、企业和个人财产与生命安全，还涉及大量的行业、商业、部门机密。因为写字楼一般在办公时间是开放的，所以治安管理难度非常

大，必须加强治安防范，建立健全各种值班制度。坚持非办公时间出入写字楼的检查登记制度，坚持定期检查防盗与安全设施制度，坚持上下班交接检查制度。同时，应全面建立客户档案，熟悉客户情况，确保客户的人身和财产安全。

（三）加强消防管理服务，做好防火工作

写字楼规模大、功能多、设备复杂、人员流动频繁、装修量大，加之高层建筑承受风力大和易受雷击，火灾隐患比较大，因此对防火的要求很高，应特别注意加强对消防工作的管理。一定要教育员工和客户遵守用火、用电制度，明确防火责任人，熟悉消防基础知识，掌握防火、救火的基本技能，加强防范措施，定期检查、完善消防设施，落实消防措施，发现问题及时处理，彻底消除事故隐患。

（四）重视清洁服务

清洁与否是写字楼物业服务水平的重要标准之一，关乎写字楼的形象。因为写字楼一般都采用大量质地讲究的高级装饰材料进行装饰，所以清洁难度很大，专业要求高。物业管理公司要制订完善的清洁细则，明确需要清洁的地方、材料及清洁次数和检查方法等。

（五）加强设备管理和设施的维修保养

保证设备、设施的正常运行是写字楼运作的核心任务。物业管理公司应重视对写字楼水电设施的全面管理和维修，供水供电要有应急措施，还要特别注重对电梯的保养和维修，注重对消防系统的检查、测试和对空调系统的保养、维修。要有健全的检查维修制度，对公共场所和设施，如走廊、大厅、电梯间等地方进行定期检查与维修维护。对客户的设备报修要及时处理，并定期检查。要做到电梯运转率不低于 98%，应急发电率达到 100%，消防设备完好率达到 100%。

（六）设立服务中心，完善配套服务

写字楼的管理实际上就是一种服务。为方便客户、满足客户的需要，写字楼应设立服务中心。服务中心负责提供前台服务、会议室、小酒吧、车库等，以及餐厅、商场，甚至卧室等各项配套服务。提供问询、商务、委托等服务。

第二节　写字楼的基本管理

一、安全消防管理

安全消防管理主要包括治安保卫、车辆管理和消防管理三方面的内容。

（一）治安保卫

安全是物业服务企业各种服务活动的基础，其目的是为了保障写字楼物业区域范围内的财务不受损失，人身不受伤害，维持正常的工作和生活秩序。

1. 写字楼安保工作的主要岗位

根据写字楼治安保卫工作需要以及写字楼结构实际情况，写字楼的治安管理除设立保安领班外，一般还需要设置外围巡逻保安员、机动巡逻保安员、写字楼内巡逻保安员和大堂岗保安员等岗位。所有的保安人员都要保持良好的精神状态，注意仪容仪表及礼节礼貌，留意对讲机呼叫情况，与其他岗位保持联系，防止各种治安、消防事故发生，完成上司交办的其他工作任务。

2. 治安管理的主要任务

治安管理主要做好门卫、安全巡检、控制室值班和停车场管理的工作。

门卫工作主要任务是维持写字楼门口秩序，疏导车辆，为客户开门，指引楼内方位及提送行李服务，同时应高度警惕进出人群中可能出现的不法分子，防止各类案件的发生。安全巡检需要定时和不定时地对楼内外各部位进行巡视检查，发现并及时处理不安全因素。控制室值班是运用监控手段对各重要部位进行电视监视和录像，及时有效地发现和控制犯罪，同时密切注意消防报警系统的设备运行情况，一旦发生警报，应立即按规定处理。停车场管理主要是检验车辆进出情况，收取临时停车费，疏导车辆进出停车场，对所停车辆进行消防和安全管理等。

3. 保安人员的职责权限及处理问题的方法

保安人员的职责权限主要有：有权制止一切违法犯罪行为，对现行违法犯罪分子有抓获并扭送公安机关的责任，但没有权力实施拘留、关押、搜查、审讯或没收财物、罚款等行为；对发生在所辖区的刑事案件或治安案件，有权保护现场、保护证据、维持秩序、提供情况，但无勘察现场的权力；在防范和打击犯罪活动时，保安人员可以配备和使用非杀伤性防卫械具；对违反治安管理条例行为的人，保安员有权劝阻、制止和批评教育，但没有罚款、裁决等处罚的权力；违法分子不服制止，甚至行凶、报复的，可采取正当防卫措施；对携带和运送可疑物品，身带匕首、三棱刀等管制刀具和自制火药枪及其他形迹可疑的人员有权进行盘查、监视，报请当地公安机关处理，但无权侦察、扣押、搜查；对出入写字楼的人员、车辆及所携带、运载的物品，按规定有权进行验证、检查；按照规定，有权制止未经许可的人员、车辆进入写字楼区内。

保安人员处理问题，对一般违反法规和管理规定的问题，如民事纠纷，可通过说服教育的方法解决，主要是分清是非，耐心劝导；对一时解决不了又有扩大趋势的问题，应按照"可散不可聚，可解不可急，可顺不可逆"的指导思想，尽力劝解，把问题引向缓和，尽力不要使矛盾激化。在处理问题上，坚持教育与处罚相结合的原则，如违反情节轻微，不需要处罚的，可当场教育，或协助所在单位、家属进行教育；如需要治安处罚的，交公安机关处理；违反其他行政规定的，交行政机关处理；对于犯罪行为，应及时制止，并把犯罪分子扭送公安机关。

（二）车辆管理

写字楼的车辆管理是指写字楼物业服务企业对于进入所管辖物业区域车辆的存放与行驶的管理。

1. 停车场的类型

写字楼的停车场一般只有车库和路边停车两种类型。作为高层建筑的现代写字楼，往往在建筑的地下层都修建了车库，或在相邻的场地建有多层室内车库以满足需求。这类车库一般都按标准规范设置，有充足的光线、足够的信号指示灯和指示标语，完善的消防设备、给排水设备、通风设备等。一般车库都实行封闭式管理，仅留一个入口和出口，并设置管制性的栏杆、自动计费设施等。路边停车是指在写字楼前的空地或者拓宽的道路上设置的车位。这种办法在某种程度上可以解决部分停车难的问题，但是难以保证车辆的整洁与安全，而且多以牺牲绿地为代价，影响环境。再者，写字楼一般位于繁华地段，采用这种方式停放车辆容易造成交通安全隐患。

2. 停车场的管理规定

内部管理规定主要包括:停车场车管员必须 24 小时值班,建立健全各项管理制度和岗位责任,并将管理制度、岗位责任人姓名及照片、停车场负责人、营业执照、收费标准悬挂在停车场出入口明显位置;停车场内按消防要求设置消防栓,配备灭火器,由车管员负责管理使用,物业部消防人员定期检查;停车场一般需设三名工作人员,一人登记收费,二人指挥车辆出入和停放。

车辆管理规定主要包括:进入停车场的车辆须具备一切有效证件,尤其是行驶证;进入停车场的司机,需按进出场各种程序办理停车手续,并按指定的车位停放;车辆停放后,司机需配合车管员做好车辆的检查记录,并锁好门窗,带走贵重物品,车管员没有替司机保管物品的义务;进场车辆严禁在场内加油、修车、试刹车,禁止任何人在场内学习驾驶车辆;进场车辆和司机要保持场内清洁,禁止在场内乱丢垃圾和弃置废杂物;进场司机必须遵守安全防火规定,严谨载有易燃易爆、剧毒等危险品的车辆进入停车场,禁止在场内吸烟;禁止超过停车场限高规定的车辆及漏油、漏水等病车进入停车场;进场车辆如不服从车管员指挥,造成本身车辆受损时,由司机自行负责。

3. 车辆进出的管理程序

已租车位的车辆驶入停车场,电子收费系统会识别车上的电子出入卡自动放行,车管员通过电脑进行记录;临时停放车辆进入停车场,司机需按电子收费系统上的出入键取得临时停车磁票,然后电子收费系统的栏杆自动升起放行。

已租车位的车辆驶出停车场时,电子收费系统会识别车上的电子出入卡自动放行,车管员通过电脑进行记录。临时停放车辆离场时,司机要到收费处交电子磁票,核实停车时间和收费金额,交款后取回磁票,出场时将磁票插入收费系统,检查交款情况后即自动放行。

(三) 消防管理

现代写字楼往往楼体高且结构复杂,机电设备多,人员流动大,火灾的隐患多,而且一旦着火容易蔓延,不易扑救,靠自身消防设施自救成为重要任务。所以,消防管理的原则是以预防为主,宣传先行,防消结合,做好防火工作。

1. 建立消防管理机构

写字楼消防管理应设立消防中心,建立三级防火机构,任命三级防火机构责任人,明确职责。

物业管理公司总经理为公司消防责任人。总经理负责消防组织机构的建立和消防工作的组织及安排。总经理要负责成立公司防火安全委员会,确定委员会成员人选,并明确其职责,同时,还要负责有关消防法规的贯彻,消防规章制度的建立,研究解决消防人员及设备中的重大问题,定期组织消防安全检查及消防演习。管理处经理作为第二级消防机构的责任人。管理处经理负责管理处各部门消防责任制的制订和日常消防工作的监督、指导。各部门主管作为第三级消防机构的责任人。各部门主管负责本部门的消防监督、检查和日常管理工作。

物业部在办理交楼手续时,要将《写字楼消防手册》发给业主及租户,并要求驻写字楼各公司设一名消防安全责任人和联系人,负责本单位的消防、安全工作及与物业公司的联系。工程部负责建立《消防设备设施一览表》,并负责对疏散出口指示灯、应急灯、灭火器、防火门进行维修、保养工作。

2. 消防管理的要求

(1) 明确防火责任人,设专职消防人员。为了加强写字楼的消防管理,除了建立三级防火机构,还应组建一支专职的消防队伍来负责消防工作。这些消防人员应熟悉消防基本知识,掌握防火、救火等基本技能,还有必要建立起义务消防队伍。义务消防员由年轻、身体素质好、责任心强的物业管理员工组成。公司全体保安员都是义务消防队员。

(2) 加强消防设施的装备和完善,定期检查、试验。消防设施是指用于防火和灭火的器材、设施和设备,包括水带、水枪、水喉、水泵接合器、灭火器、防火门、自救逃生器、逃生绳、应急照明、疏散指示标志、消防电梯、消火栓系统、自动喷水灭火系统、火灾自动报警系统、防排烟系统等。消防设施日常使用由专职管理员负责。专职管理员要每日检查消防设施的使用状况,保持设施整洁、卫生、完好。消防设施及设备的技术性能、维修保养和定期技术检测由消防工作对口管理部门负责,设专职管理员每日按时检查了解消防设备的运行情况,使设备保持良好状态。

(3) 设立消防监控中心,实行 24 小时值班监控。消防监控中心是掌握写字楼消防设备及发现火灾、指挥灭火、控制消防机电设备的重要部门。消防中心实行专人轮班 24 小时值班制度,值班员要有高度的责任感和警惕性,不得随意离开值班室,并要做好值班记录。具体监控的主要内容包括:严禁其他无关人员进入消防中心;每天要检查消防系统是否正常;出现报警信号,立即检查信号真伪情况;值班室内严禁吸烟,杜绝一切火种,严禁存放易燃易爆等危险品。消防中心内的电话属于专用报警联系电话,任何人不得占用,以免影响消防联络。此外,消防中心应配有手持灭火器材、消防扳手、消防斧、消防头盔等消防器具。

(4) 制订消防管理制度,落实消防措施。消防管理制度是按照写字楼物业管理和消防安全管理的要求,对消防安全管理的范围、内容、程序和方法所作的规定,是指导开展消防管理活动的准则和规范。消防管理制度一般包括:消防安全教育与培训制度、防火巡查检查制度、安全疏散设施管理制度、消防控制中心管理制度、火灾隐患整改制度、用火用电安全管理制度、易燃易爆危险品和场所防火防爆制度、灭火和应急疏散预案演练制度、消防安全工作考评和奖惩制度等。

(5) 做好消防宣传工作,加强楼宇全体人员防火意识。经常开展消防知识普及活动,以创办消防知识宣传栏、开展知识竞赛等多种形式,教育员工、业主与租户遵守用火用电制度,提高全体人员的消防安全意识。

二、清洁绿化管理

(一) 清洁管理

清洁工作是写字楼管理中一项至关重要的工作,管理公司往往要向客户承诺为其提供安全、舒适、整洁的办公环境。

1. 写字楼清洁管理的特点

写字楼对清洁工作要求很高。业主在写字楼办公、客户到写字楼办事,均希望看到一个干净、整洁的环境,并由此去评判一个管理公司的管理水平,所以,高质量的物业清洁保养既可以为用户提供整洁、舒适、优美的工作与生活环境,也可以提高大厦的形象和声誉。同时,只有对写字楼的公共环境、公共设施设备做好定期清洁、维护和保养,才能保持其正常的使用功能并延长其使用寿命,从而达到使物业保值增值的目的。然而,写字楼的清洁难度大,专业化程度高。现代写字楼使用的装饰装修材料考究,故而对清洁工具和清洁方法都有特殊的要求。此外,高层外墙清洗具一定的危险性、复杂性,因此要求专业化程度高。

2. 写字楼清洁工作的主要任务

(1) 大堂保洁。大堂是写字楼的进出口,是物业使用者和外来客人进入写字楼的第一场所,是显示写字楼形象的重要区域,人流量比其他区域多,使用率也最高,因此大堂的清洁保养也是最重要的。大堂的清洁要求是:地面保持无脚印、无污迹、无烟蒂、无垃圾;大堂内的各个部位保持光亮、整洁、无灰尘;玻璃大门无手印及灰尘,保持干净、明亮、完好无损;大堂内放置有烟灰缸,并保持光亮、无烟灰迹。

(2) 公共区域保洁。写字楼内的走道、人行楼梯、电梯、扶梯和室外场地等是客户进出的公共区域,由于人员往来频繁,经常处于不间断使用状态,很容易被脏污,因此必须注意清洁保养。公共区域的清洁要求是:地面保持清洁、光亮,无污迹、无水迹、无脚印;走道的四角及踢脚板保持干净、无垃圾;烟灰缸保持清洁、无污痕,及时清理烟蒂,茶水间保持清洁、整齐,保证整个大楼的茶水供应,保证饮水卫生;楼面垃圾间内垃圾箱放置整齐,垃圾箱四周保持无垃圾、无异味;墙面及走道设施、门框、通风口、灯管保持干净、无积灰;安全扶梯台阶保持清洁、无污物、无垃圾,扶杆上保持光亮、无积灰;保持电梯门光洁、明亮,轿厢及四壁、地面干净、整洁;室外场地的地面无垃圾、无灰尘、无烟蒂、无纸屑,使人感到清洁、明亮、舒畅。

(3) 卫生间保洁。卫生间是写字楼内使用最频繁、最易脏污的部位,因此,卫生间的清洁保养也是显示写字楼清洁保养水平的重要方面。卫生间的清洁要求是:卫生洁具保持清洁,无水迹、无污物、无异味;金属器具保持光亮,无浮灰、无水迹、无锈迹;镜子保持明净,无灰尘、无污痕、无手印、无水迹;墙面四角保持干燥、无蛛网,地面无脚印、无杂物;卫生用品保证齐全、无破损;保持卫生间内空气清新。

(4) 玻璃保洁。玻璃是高档写字楼不可缺少的装饰材料,因此,玻璃清洁也成为清洁工作一个很重要的方面。玻璃的传统清洁方法是用抹布揩,既费时又效果不理想。目前多用刮窗器,速度快效果又好。通常情况下大堂玻璃等每月要大揩一两次,如果雨后玻璃被脏污应及时补做。

(5) 地毯保洁。地毯清洗分为干洗和湿洗两种形式。干洗的优点是清洗完毕即可使用,缺点是价格昂贵。目前常用的方法是湿洗,价格比较便宜,正常清洗后 6～7 小时即可干透。由于写字楼夜间不工作,这种方法比较适合。

(6) 外墙保洁。许多高档写字楼都装设玻璃幕墙、铝合金、大理石等新型材料,这些外墙表面很容易附着灰尘,经日晒雨淋,表面污迹遍布,极不雅观。另外,由于环境污染,城市上空充满各种废气和带有酸性或碱性的微粒,这些物质附在大楼外墙表面,如果不及时清洗,时间一久,外墙表面就会被腐蚀。为了保持大厦的整洁、美观及物业价值,应定期对外墙进行清洗。外墙清洗的危险性大,专业性强,操作时必须具备以下条件:应在良好的气候条件下进行;从事外墙清洗的员工应具有良好的身体条件和心理素质;作好安全保护措施;严格遵守高空作业的安全操作规范。

(二) 绿化管理

写字楼内外的绿化美化管理也是写字楼物业管理的日常工作之一。绿化美化管理既是一年四季日常性的工作,又具有阶段性的特点,必须按照植物的不同品种、不同习性、不同生长周期,确定不同的养护重点,安排不同的落实措施,保证不破坏及随意占用绿地。

写字楼绿化的主要工作包括:①摆设。注意绿化花草、盆景、盆栽的摆设、陈列是否妥当,并及时进行养护、更换。②剪裁。注意室内外盆栽、乔灌木的及时剪裁处理,使其造型整齐美观，及时剪除枯黄枝叶，保持青绿和生机；同时注意草坪、草地上杂草、杂花的拔除和保持草坪、草地是否整齐。③浇水。适时或定时浇水，检查绿化植物是否干枯，对流到地面或设施上的水要及时抹干，保持周围环境整洁、干净，并防止造成设施的腐蚀和霉坏。④施肥。施放有异味的肥料要在非办公时间内进行，并以花泥覆盖，不得裸露，以免影响周围环境。⑤杀虫。对室内公共场所绿化喷杀虫药要在非办公时间内进行，并使用高效低毒的农药。在室外喷药后若4小时内下雨，则天晴后要重喷。⑥去尘。检查花池、花基、花盆、绿化带是否有烟头、纸屑等杂物，定期用湿软布对植物茎叶进行除尘。⑦补缺。绿化植物如有枯死现象，要及时进行补植或更换。

写字楼因其着重综合使用的实效和建筑方面的限制，使得可绿化的区域和面积较小，因此常在写字楼内放置盆栽。写字楼内需要放置盆栽的地方一般是：写字楼的前庭、中庭、电梯间、走廊、边角位及卫生间等。不同地方要选择不同特性的花木来摆设，因为不同的花木所需的水分、空气、光照、温度等稍有不同。如喜欢阴湿或水分的花木，应摆放在卫生间或边角位；需要光照较长的花木，则摆放在近阳光或灯光较强的地方。

因为绿化是大厦建筑环境及其功能与美观结合的整体，所以，绿化工作以适用、经济、美观、大方为原则，统筹规划，合理布局。

三、设备管理

（一）写字楼的主要设备

写字楼的主要设备设施有：供电系统、空调系统、运载系统、给排水系统、消防系统、通信网络系统和其他配套设备设施。其中重点设备设施的管理有特殊要求。

水电设施包括高低压变电房、备用发电房、水泵房、上下水管道等。水电设施是写字楼的基础设施，也是重要设施，必须实行24小时值班监控，供水供电要有应急措施。一般应保证两路供电，当一路供电发生故障时能自动切换至另一路。有的楼宇还配置备用发电机，供断电时应急使用。必须按规定进行检查维护，发现问题及时检修，应急发电率须达到100%。

通信系统包括电话、传真、电传、电报、卫星通信、信息网络等。通信手段是现代办公的主要工具之一，大楼的档次和它的通讯设备的档次是相匹配的，越是现代化的大楼，其通信设备也应越是现代化的。

空调系统类型有中央空调、分体式空调和窗式空调等几种。现代写字楼基本上是用中央空调或者是以中央空调为主，部分区域根据需要配装分体空调机组。中央空调系统有专用机房，该系统是保证写字楼办公环境舒适宜人的重要条件，也应实行24小时值班监控。

运载系统是指电梯和其他升降设备。电梯按用途有客梯、货梯、消防电梯之分；按运载高度有高层电梯和底层电梯之分；按升降速度有高速电梯和低速电梯之分；按运载方式有自动扶梯和厢式电梯之分。布局合理、性能可靠的电梯是现代写字楼所不可缺少的组成部分。应注重电梯的保养与维护，保证电梯运转正常，电梯运转率不低于98%。在上、下班人员比较集中的时候，必须保证电梯运行无阻。

写字楼对消防系统要求很高，大楼的各个部位都应安装有温感器和烟感器等感应装置，一旦有火警，一方面可以自动发出警报，另一方面也可以自动启动消防泵喷水灭火。另外，每个楼面装有消火栓，供消防人员灭火用；每个房间和公用走道还应放置手提灭火器。为保证人员及时疏散，大楼应设消防通道及避难层。所以应特别重视写字楼消防设备和管网的管理，定期检查、试验，保证管网处于良好状态，紧急情况下能及时投入使用。消防设备完好率应达100%。

为了确保大楼的安全，建立监控系统是非常必要的。在出入口、电梯、停车场和各个楼面过道等重要部位安装监视器，中央控制室电视屏幕显示该部位情况，保安人员可以通过屏幕监视各个点的情况。

（二）写字楼设备管理要求

设备管理一般由物业服务企业的工程设备部门负责，可以分为设备的基础管理、设备运行管理和设备维修管理三大部分。

设备的基础管理是指为实现管理目标而提供的信息依据、管理准则和管理手段，其中主要是建立设备的档案资料，包括购置登记卡及维修记录等，以保证设备管理的规范性与连续性。此外，基础管理还包括规章制度的建立、员工的教育培训等。

设备的运行管理是指设备在日常运行和使用过程中的各项组织管理工作，具有日常性、安全性和广泛性的特点。写字楼的设备种类繁多，涉及面广，稍有疏忽小则影响工作的正常运行，还具有一定的危险性。因此，运行管理的关键问题是设备的安全问题。其安全管理可以从两方面着手：一方面对维修操作人员进行培训，对业主或使用人进行安全宣传；另一方面建立设备的安全管理措施和相应的责任制度。

设备的维修管理包括设备的日常保养、定期检查和更新改造。日常保养是一种养护性质的工作，其目的在于及时处理在设备运转过程中由于技术状态的变化而引起的常见问题，及时改变设备的使用条件或状况，保证设备的正常运行，延长设备的使用寿命。设备日常保养的措施有清洁、润滑、紧固、调整、防腐等，同时，应根据不同设备的技术特点、使用条件，分类采取保养措施。定期检查是对设备的运行情况、工作精密程度和磨损程度进行检验，通过检查及时发现和消除设备的隐患。针对发现的问题，拟订改进的工作措施，有目的地做好修理前的准备工作，以提高维修质量和缩短维修时间。设备的使用有一定的寿命，通常又可分为物质寿命、技术寿命和经济寿命三层内涵。设备的物质寿命是指设备从开始使用到报废所经历的时间，这主要取决于设备的自身质量、运行过程中的使用和保养；设备的技术寿命是指设备从开始使用到因技术落后而被淘汰所经历的时间，这主要取决于社会技术进步的速度和周期；设备的经济寿命是指设备从开始使用到因经济上不合算而停止使用所经历的时间。经济上不合算往往是指设备继续使用所需的维修费大于其继续使用所产生的效益。当设备的使用年限到期后，就要考虑设备的更新、改造。国际上通常以设备的经济寿命来判断设备更新的最佳时期。

第三节　写字楼的服务与营销管理

一、服务管理

写字楼的功能越多，相应配套的服务就越多。提供优质服务是写字楼管理的基本要求，也是写字楼营销的重要策略，所以必须加强写字楼的服务管理。

（一）前台服务

写字楼的前台服务与宾馆相似，主要为客户提供一些日常服务，包括接待客人，帮助他们解决有关问题，如问讯服务、留言服务、接传电话服务、个人行李搬运与寄存服务、信件的收发与递送服务、外币兑换服务、出租车预约服务，以及酒店预订、车船票预订、文化体育节目票订购、花卉代购、代订报纸杂志、代办保险等委托代办服务。

（二）综合配套服务

1. 商务中心

商务中心是写字楼常设的基本服务部门，是为了方便客人、满足客人需要而设立的商务服务机构。商务中心须配备主要的办公用品。商务中心设备的正常使用和保养，是提供良好服务的保证。商务中心的主要服务内容有：为用户提供打字、复印、传真、电传等服务；处理各类文件等文秘服务；文件、合同等翻译服务；商务会谈与会议安排；电脑、电视、录像、摄像、幻灯机等租赁服务；临时办公室租用服务；承接各种培训服务；客户外出期间保管、代转传真、信件；邮件、邮包、快递等邮政服务等。此外，商务中心还提供许多与商务活动有关的其他服务，如商务咨询、商务信息查询、文件与名片等印刷服务、报刊与杂志订阅服务、客户电信设备代办与代装服务、办公系统自动化服务等等。

2. 团体膳食服务

现代写字楼，一般都集聚着成百上千的职员，因此，办好客户餐厅，尤其是解决好午餐问题，是写字楼管理的一项十分重要的服务工作，也是物业管理档次高低、服务好坏的重要标志之一。这是因为：膳食服务直接影响物业的出租率，在维系老顾客、增加新顾客方面起着重要作用；膳食服务是与租户接触率较高的服务项目，更能体现物业的管理水平；搞膳食服务有利于物业保值和物业清洁管理。

3. 康乐服务

写字楼里的用户多是各公司、机构的办公职员，他们每天大部分时间是坐在办公室里处理各种业务，缺少活动、锻炼的机会，为他们提供健身活动的场所不仅是必要的，也是必需的。因此，大多数写字楼都设有康乐中心，为租户提供氧吧、健身房、乒乓球厅、台球厅、游泳池、桑拿浴等康乐项目。康乐中心越来越受到办公人员的欢迎，成为写字楼重要的配套功能。

4. 其他配套服务

在搞好以上几种基本配套服务的基础上，物业管理公司还应不断增加服务项目，拓宽服务领域，增强写字楼功能。例如，开设小购货点，为客户批购办公用品，以方便用户；开设茶饮厅，为客户提供饮品、小食品；举办舞会、卡拉 OK 等文娱活动，以活跃用户的文化生活。

（三）特约服务

管理公司可以针对个别用户的特殊需要提供单独服务，这种服务一般不是管理公司事先设立的，服务形式、价格都是临时约定的，如洗衣送衣服务、入室清洁服务、提供保安服务等。

随着社会的发展，写字楼功能不断增强，还会有更多的服务项目出现。当然，写字楼不能盲目追求服务项目的增多，要根据写字楼的自身特点而定，如开设哪些服务项目应根据写字楼所处的地理位置、档次定位、租户业务特点等确定。

写字楼的经营服务既要注意服务项目的开设、增设，更要追求服务的优质高效，加强服务质量管理。物业管理公司应专门设置服务部负责对业主和租户的服务工作。服务部应设置有关服务岗位，制订各项服务、管理制度及岗位操作规程，招聘有经验的业务骨干与合格的服务人员，并经过专业技术培训，考核合格后上岗，进行服务与管理。

二、租赁管理

写字楼除了少部分自用外，大部分都用于出售和出租。所以写字楼物业管理重点关注的是租户对所使用的物业环境是否满意，是否会继续租用该物业，能否吸引新租户等。物业服务企业需要在对写字楼市场调查分析后，进行市场宣传与推广，选择租户，签订租约，实施租赁期间的租户与租约管理，适时收取并调整租金。

(一) 营销推广

写字楼作为收益型物业的特性，决定了营销推广是一项经常性的经营管理内容。其主要工作内容包括：

(1) 市场调研，制订营销策略。写字楼营销的成功与否，影响因素是多方面的。在一定的市场条件下，产品、价格、管理、促销手段等，就成为影响写字楼营销策略的主要因素。写字楼产品的核心内容包括写字楼的地理位置、总体布局设计、设施设备、配套功能等。价格是营销成功与否的中心问题，营销人员应分析多种情况，制定出合理的、有一定竞争性的价格政策。写字楼良好的物业管理，对写字楼的营销租赁起到了相当的推动作用，是写字楼经营的决定性因素。因此，采取多种促销手段搞营销是非常必要的。

(2) 对写字楼宣传推介，树立良好的楼宇形象。对写字楼进行产品推介、形象宣传是促销的重要手段。其常用的手段主要包括广告宣传和开展公共关系活动。可采用广播、电视、杂志、报纸、户外广告及各类印刷品等媒体进行产品宣传，扩大影响，迅速提高并不断维持企业声誉。在广告宣传方面还存在时间策略问题，如集中时间策略、均衡时间策略、周期性时间策略等。同时，定期或适时组织的公共活动能使写字楼与公众建立良好关系，为写字楼树立起良好的社会形象。

(3) 与租户谈判签约，处理用户投诉与要求。写字楼营销人员找到目标客户后，还要负责与他们联络、谈判、签约。由于转变投资地点、方向，兼并、破产等各种原因的影响，写字楼客户变动的情况时有发生，所以办理入住、退租手续是写字楼营销服务的经常性工作。固有的客户对办公空间重新布置、面积增减、改变设备配置与服务等方面的要求也经常存在。因此，为吸引招进和留住客户，营业部应予以认真解决，以维护企业的良好形象。

(二) 物业管理费与管理公约

写字楼的租赁与管理的联结应做好：第一，确定物业管理费。租赁合同中，除了要规定租金价格外，还应规定物业管理费用，通常在租赁合同中注明物业管理费的标准，按月收取。第二，制订管理公约。在签订租赁合同之前，要先将管理公约请客户过目并确认；签订合同时，作为租赁合同的附件之一，同样以法律的形式保证管理公约的实行。

(三) 租赁管理实务

写字楼作为收益性物业的一种，在大多数情况下，业主采用出租方式来逐期取得该物业的投资回报和利润。租赁合同是有期限的，这使得日常性的租赁业务成为写字楼经营管理必不可少的环节，也是保证业主经济效益的一个基本组成部分。

1. 写字楼的租赁

写字楼的出租可以由业主进行，也可以由管理者代理进行，还可以委托代理商进行。在实践中，由管理者兼负责租赁经营的情况比较多。一方面是因为租赁经营与日常管理关系密切，并贯穿于写字楼的整个生命周期；另一方面，管理者接触的客户比较多，有利于客源市场的开拓。

2. 租赁管理的要点

租赁作为物业管理企业的一项重要日常工作，主要包括以下几点。

(1) 承租人选择。像承租人选择写字楼非常慎重一样，物业管理企业或业主对于选择什么样的承租人，并长久与之保持友好关系也应该很重视。因为这会直接影响物业管理企业的租赁经营活动和日常管理服务活动是否能顺利进行。①要考虑的是承租人的经营业务类型要与大厦相符，其商业信誉要良好，以免影响整个物业的价值，此外，还要分析它的财务稳定性和长期盈利的能力。因为这关系到承租人在租赁期间能否履行合约中规定的按期支付租金的义务。②要考虑的是写字楼内是否有足够的空间来满足某些特定承租人的需求。例如，建筑结构是否可能提供承租人需要的面积组合；是否能满足承租人的空间位置及采光、朝向等要求；是否能满足承租人将来可能的办公空间扩展要求等。③要考虑的是承租人要求提供的物业管理服务。有些承租人可能需要物业管理企业提供特殊服务，如要求更高标准的保安服务；办公时间与大楼内其他承租人有较大差异；要求的服务同物业管理企业现已提供的标准服务有较大差异；对电力等系统有更高要求等。如果物业管理企业没有适当考虑这些问题，在将来的管理过程中就可能出现很多矛盾。

(2) 租金确定。租金确定方案是否恰当关系到物业的出租率和出租收入，进而关系到业主的投资回报率和物业管理企业的经济效益。因此，租金的确定是租赁经营管理中的很重要的环节。租金一般是指承租人租用每平方米可出租面积需按月或按年支付的金额。从理论上讲，租金是由运营成本、固定税率和业主希望的投资回报率决定的。而实际上租金的高与低主要取决于同类型物业的市场供求状况。在市场竞争情况下，新写字楼的租金水平往往受旧的写字楼限制，投资成本也是决定租金水平的重要因素，因此管理企业在确定租金水平时，要考虑投资成本，可将物业总投资成本折算为年投资成本，然后再确定租金水平；市场上一般的租金水平也决定着物业租金水平，因而要进行市场调查分析，预测市场发展趋势，以制订合理的租金水平。此外，大到社会经济状况和供求关系，小到地理位置、物业类型、租客类型、物业管理水平、出租面积计算、出租策略等，都能影响到租金的制订。

(3) 租约。租赁契约是业主将物业出租给承租人使用时，双方签订的书面租赁合同，简称“租约”。租约对承租人与业主的权利和义务都有具体规定，是租赁双方共同签署的法律文件，双方都应严格遵守。物业管理企业也常常参与租约谈判，虽然它一般代表业主利益，但可以利用其特殊的身份向业主阐明承租人的意见，协助租赁双方寻找一些折中方案。

租约中的标准内容及条款包括：出租方与承租方概况、标的物、租赁用途、租赁期限、租金及支付方式、抵押、租费承担、拖期与迟延利息、内装修、增建与建设、损坏、出租方的权利与义务、承租方的权利与义务、续租、违约责任、免责条件、争议的解决，未尽事宜的约定、合同生效条件、公证机构证明等。租约一般都要持续几年，所以租约中也包括规定租金定期增加方式的租金调整条款。业主与承租人一般商定一个固定的年租金增长率或增长量，并在整个租赁期内有效。为了令租赁双方共同承担通货膨胀带来的风险，有时租约规定租金可以按消费者价格指数调整，但同时规定上调的最高限，由承租人承担最高限以内的风险，业主承担最高限以外的风险。

此外，写字楼的租约中，还应写明管理费用收取办法。采取“毛租”方式，业主要支付物业经营过程中的所有费用,并且在所收取的租金中包括这些费用;采取"净租"方式则承租人按所租面积交给业主租金,写字楼经营费则由承租人直接分担。

(4) 租户守则。租户守则也叫管理守则,是约束租户的规范性文本,包括通则、安全、保卫、用电、防火、停车场等内容。写字楼要搞好管理,就必须有一套健全的管理规则,入住的承租人都必须遵守守则的各项规定。在签订租赁合同前,一般物业管理企业要将租户守则请承租人过目并确认。签订租赁合同时,租户守则往往作为合同附件之一,以法律形式确保管理守则的实行,以便物业管理企业租赁管理活动的顺利进行。

(5) 租金收缴。租金收缴工作是物业管理企业在写字楼租赁管理工作中的一项重要工作。在租约中,应明确规定租金的交付日期,租户须在约定期限内缴清租金,否则按拖欠论处。

对拖欠租金的租户应按程序追讨欠租,以免造成坏账、死账,先给拖欠租金的租户发提示信,拖欠一个月发催款单,拖欠两个月发催款信函,拖欠三个月则发法律追讨信,这些信函要求措辞婉转中肯、通情达理,使欠款人考虑自身名誉、自尊、信誉及切身利益。一般来讲,对拖欠期的最高限度是三个月,超过三个月就会出现赤字,使业主蒙受损失,所以对拖欠款到第四个月的租户要发清盈算通知。

坏账、死账会影响企业的生存和发展,因此,租金收缴顺利是写字楼管理正常运作的生命线。

3. 租户入住与退租

租户入住的一般程序是:①签订租赁意向书并交付定金,当然,可以直接由签订租赁合同取代签订意向书。②签订《租赁合同书》。《租户守则》可单独签订,可作为租赁合同附件。③缴付押金和首期租金。④验收房屋、交付钥匙,并将《租户指南》交给承租人。⑤帮助承租人办理入住人员所需的事项。例如,帮助办理电话、传真等通讯事项;帮助解决室内装修中遇到的一些问题;介绍有关停车方面的问题;介绍委托服务事项及食堂等人员生活的有关事项等。

租赁客户合同到期有两种选择,一是终止租赁合同,二是续签。这是租赁客户的一个重要决策,也是写字楼租赁管理工作的一件大事,一般程序是:①发送合同到期通知,一般在合同到期前两个月以书面形式发出通知,提醒对方就续签或退租事项进行商论。②进行合同终止的确认。如果租户或写字楼管理企业任何一方决定不再续签,那么合同终止即被确认。在合同终止时,必须确认合同终止的时间。如果租户要求提前退租,谈判中应就赔偿事宜取得一致,如空置期间的赔偿以及原合同中所规定的其他赔偿押金一般不再退还。通过谈判确认合同终止后,要及时向财务部、保安部、工程部等有关部门发出书面通知,通报该用户合同终止的时间,并提醒抓紧做好各未了事项。③发送退租手续书,这是明确租户办理退租的程序文件。④进行房间恢复。房间恢复是租户退租时的一件较大的事项。写字楼的租赁合同中一般规定,租户退租时应将写字间恢复原状。一种处理方式是租户自己恢复,采取这种方式,管理企业应规定恢复的期限,一般来说不应超过合同到期的时间,工程结束后,管理企业还应该验收;另一种方式是租户委托管理企业代为恢复,采取这种方式则先要对写字间进行验收检查,确定恢复内容和费用,租户一次性付清费用。⑤提供搬家服务。租户办完退租手续即可按预定时间搬家,写字楼的管理企业应将《搬家通知》交给租户,帮助租户确定搬家时间和办理使用电梯的申请,帮助推荐介绍或联系搬家公司并作好搬家现场管理。搬运结束后,收回写字间的钥匙。

第四节　写字楼的管理模式与组织架构

现代写字楼及其物业管理是现代市场经济发展的产物，一些发达国家和地区在写字楼建设和管理方面处于领先地位，积累了丰富的经验。通过十余年的管理实践，国内写字楼物业管理也展开了管理模式的有益探索。

一、发达地区写字楼物业管理模式

（一）发达地区的写字楼物业管理

1. 欧美国家的写字楼物业管理

物业管理于19世纪60年代起源于英国，随后迅速在世界各国特别是欧美发达国家发展起来，并受到普遍重视。经过一百多年的发展，欧美国家在物业管理方面取得了很大成就，积累了许多宝贵的经验。它们常见的做法是：①建立物业管理监管体系。在欧美国家，物业管理属于完全市场化的民事行为，通常不设立专门的物业管理监管机构，政府对物业管理的监管仅限于立法和司法。例如，美国政府设立了房产管理局来负责制订房地产法规并进行相关的监督检查，同时，成立了物业管理的行业管理机构，形成了从政府行政管理到行业组织管理，再到物业服务企业内部管理的纵向管理体制。②设立物业服务企业。因为物业管理在欧美国家是完全市场化和社会化的服务行业，所以物业服务企业的设计比较简单，任何企业只要具备了相应的条件，领取营业执照以后就可以从事物业管理。在美国还必须取得相关行业协会颁发的资质证书，通常美国物业管理协会颁发的注册管理组织成员证书是最好的物业服务企业资质证明。③采用物业管理的方式。欧美国家写字楼物业管理通常由业主聘请专业的物业服务企业进行管理，管理方式非常灵活。一般日常的小工程和小项目由物业服务企业的内部人员负责；较大、较复杂的工程项目由物业服务企业通过签订合同的方式承包给其他专业服务公司，如清洁公司、保安公司、设备保养维修公司等。④重视物业管理从业人员的管理。欧美国家的物业管理人员队伍建设走的是职业化的道路。例如，美国的物业管理人员分为经理人和操作人员两类，对管理岗位的经理人的管理采用的是注册物业经理制度，由物业管理协会颁发权威的职业注册经理证书；而对一般合格的物业管理人员分别颁发注册物业经理、注册住房经理和注册管理组织成员三种证书。⑤明确物业服务企业的服务与收费。欧美国家成熟的物业管理市场的服务内容十分广泛，项目繁多，从物业建设前后到物业使用全过程都有相应的管理项目，主要可以划分为空间管理、家具和设备管理、电讯和布线管理、运行管理、设计管理、房产和租赁管理六个方面，全方位、细致、周到地为物业的所有者和使用者服务。

2. 日本的写字楼物业管理

日本的物业管理始于第二次世界大战结束后，1952年驻日美军将部分楼宇委托给日本人管理。而日本真正意义上的物业管理则始于1957年，即日本第一座高层楼宇建成并委托物业服务企业管理。此后，物业管理的监管体系迅速在全国发展起来。在管理体制上，1962年日本成立了东京大楼管理业协会；1966年在此基础上又成立了社团法人全国物业管理协会；1979年还成立了日本高层住宅管理业协会。与此同时，日本完善了物业管理的相关法律，对物业管理涉及的从业企业、人员资格、管理者与业主的权责关系作出了更加明确的规定，使物业管理工作更加规范化。

日本物业管理的特点：①标准化和专业化。日本写字楼物业管理专业化程度较高，呈现出管理水平标准、整齐的特点，主要表现为服务内容和服务质量的全面、规范和统一。②政府依靠社会中介组织实现物业管理行为的规范和管理。日本成立了许多全国性的组织,如高层楼宇管理协会、电梯管理协会、住宅管理协会等。这些协会一方面为会员提供市场信息、人员培训等服务,另一方面也承担规范行业的工作。③科技化管理。日本现在新建的大厦更趋向大型化、复合化、多功能化、尖端技术化,这样对大厦物业管理的要求就要既安全又舒适,同时对于大厦周围环境、卫生状况也有更高要求。

3. 香港地区的写字楼物业管理

香港的物业管理始于20世纪70年代初期,伴随着房地产业的发展,香港借鉴了发达国家的经验并结合本地实际情况,逐渐形成了独具特色的物业管理模式。第一,建立物业管理的法制化监管体系。香港的物业管理形成了私人自由缔约和政府制定法律相结合的物业监管模式。对私人物业管理采取的是公共楼宇契约,契约一经注册登记,就成为一份有约束力的法律文件,不因业主、租户或物业服务企业的更换而失效。此外,香港特区政府还制订了一系列物业管理的法律,包括《房屋条例》《多层大厦(业主立案法团)条例》《规划条例》《建筑物条例》《消防条例》《公共卫生条例》《防止贿赂条例》等,体现出香港物业管理的法制化和规范化。第二,形成多元化的物业管理组织形式,主要包括开发商自设下属物业服务企业、市场化的专业物业服务企业和大厦业主立案法团自行组织的管理机构。第三,形成两种物业管理的方式。一类是一体化、全能性的物业服务企业,其内部设有各种专业服务队伍,能满足物业管理和服务的全部需要;另一类是专职管理型的物业服务企业,这类企业只有少量的管理人员,专门负责物业管理的统筹安排,具体管理和服务实务则交给专业服务公司。第四,明确物业管理的目的是为所有业主、租户和使用者提供安全、方便、舒适的办公环境,保障业主的利益,提高其物业投资回报率。第五,明确物业服务费用的收取与使用。香港物业服务费用采取量入为出、独立核算的原则,全部来自于向业主或租户收取的费用。一般由以下部分组成:①聘用物业管理员工的薪金、福利补贴等,这部分约占服务费总额的25%~40%;②楼宇设备的维修保养费用;③公共水、电、煤及通信费用;④楼宇火灾保险,公共责任及劳工保险费;⑤楼宇清洁及保安、绿化、美化环境等费用;⑥企业的行政开支;⑦储备金,用于房屋及设备的大修。

(二)发达地区写字楼物业管理的特点

纵观许多发达地区的写字楼物业管理,都采用市场化的物业管理机制,其运作特点是:完全按市场化原则将物业委托给物业服务企业运作,政府基本上不参与,行业的职业培训、资质管理由行业公会组织实施和监管。其具体特点有以下几个方面。

(1) 写字楼物业管理的市场化。第一,写字楼物业服务企业的市场化。市场化物业服务企业的特点是:独立核算、自主经营、自负盈亏。现在,各种写字楼越来越多地委托专业的物业服务企业管理。第二,写字楼物业管理委托方式的市场化。业主是通过招标或协议等方式选择物业服务企业,并将物业管理委托给物业服务企业。第三,物业管理及收费标准由市场形成。各国政府一般不规定具体的服务和收费内容及标准,费用由业主与物业服务企业协商决定,视市场供求状况、地区环境、房屋数量与质量、服务水平等情况而定。

(2) 写字楼物业管理内容的拓展和深化。第一,适应经济发展,针对业主和租户的新需求拓展服务项目,开展网络、通信、办公设备保养等新兴服务。第二,由传统的服务型管理向价值管理转变。传统的写字楼物业管理主要是为业主和租户提供服务以及提高写字楼使用户寿命,而现在则侧重对写字楼整体价值的管理,使其保值增值,提高写字楼投资者的回报。

(3) 管理方式和管理技术不断创新。第一，运用现代先进的管理方法。管理学中最新方法常被迅速、有效、充分地实施于写字楼物业管理中。例如，香港富城集团以美国 Malcolm Baldrige 优质管理七大领域为模板，创造了“富城卓越管理模式”。第二，运用现代科技设备，提高管理效率。大量采用最新的自动化、网络化、信息化设备，为客户提供更加优质、快捷的服务，既提高了效率，又降低了成本。第三，高效、专业的管理人员。物业服务项目尽可能聘请外部的专业技术人员或者承包给其他专业服务公司，既可减少固定人员的开支，也能实现高效与专业。

(4) 管理模式结合国情，符合各自特点。欧美国家的经济发达，市场经济体制成熟，专业化分工水平高，因此实行统一法律规范下的完全市场模式；日本因土地资源稀缺而形成了政府统筹与市场相结合的物业管理模式；香港则采用了大厦业主自主管理与市场化的物业服务企业管理相结合的管理模式。

(5) 写字楼物业管理法制化。政府一般不直接干预物业管理的服务内容和收费的具体标准，而是依照详尽、完善的法规来规范物业管理各个关系人的行为与责、权、利，减少矛盾和纠纷，使得写字楼物业管理走向规范化和法制化。

二、中国写字楼物业管理模式

中国的写字楼是近三十年来逐步由国有企事业单位办公的单一类型，发展到现在政府办公写字楼、公司和企事业单位商务写字楼、投资出租型写字楼等多种形式。与之相对应的，写字楼的物业管理也由传统计划经济体制下单一的自主管理模式，逐渐发展到委托服务管理模式、专业化经营公司管理模式等多种模式并存的格局。在市场化经济还不太成熟、法制化正在不断完善的今天，各种物业管理的模式在中国仍各有其发展的优劣势和生存空间。

(一) 自主管理型的物业管理模式

1. 自主管理型物业管理模式及其特点

传统的自主型物业管理模式实际上就是业主自己进行物业管理。这种模式的最大特点是写字楼物业的所有权与管理权不分离，业主既是写字楼的所有者，同时也是物业管理者。该模式使写字楼的主要业务职能和写字楼的物业管理职能混在一起，物业管理内容比较单一，管理方式一般采用行政命令。在这种模式下，业主一般是通过建立一个内部管理部门来全面负责写字楼的清洁、安全、设施管理等事务。这种模式是与中国传统计划经济体制下各个单位、各个部门条块分割的格局分不开的。

2. 自主管理型物业管理模式的优缺点

传统的自主管理模式是市场经济尚未建立、写字楼物业产权不清晰条件下的产物，这种模式的存在有一定的合理性，同时也存在比较复杂的问题。因为采用内部物业管理方式，物业管理部门一般对本单位拥有的写字楼物业比较熟悉，并且了解自身的能力与需要，所以可以根据需要随时增减管理项目和调整服务标准，物业管理的针对性比较强。但与此同时，这种自主管理模式的弊端也是显而易见的，主要表现为：①单位内部成立的物业管理部门不是独立的法人，缺乏市场竞争，未能形成良好的约束与激励机制来不断提高服务质量，一般管理效率比较低下；②物业管理部门不是独立的物业服务企业，业务职能和物业管理职能容易混淆，经济上不独立，无法对其进行有效的监督与成本控制，管理成本较高；③管理的范围狭窄，只着眼于日常管理事务，而忽略了写字楼整体使用年限及其功能的发挥，也易忽视对写字楼整体价值的管理。

目前,上海的金茂大厦、北京的国贸中心、深圳的招商银行大厦等高档写字楼,仍然采用自主管理模式。

（二）委托服务型的物业管理模式

1. 委托服务型物业管理模式及其特点

委托服务型物业管理模式是一种由传统的自主管理模式向专业化经营型的物业管理模式转变的过渡模式。其中有代表性的方式是联合共同管理。在这种方式下,一般由写字楼的产权人代表组成物业管理委员会,由物业管理委员会对物业服务进行管理,通过协议或招标的方式,将各项服务分别交由不同的专业服务公司。这种模式的特点是:第一,物业所有权和物业管理权部分分离,但分离不完全,物业所有者仍参与物业的总体管理,只是不直接进行物业管理服务;第二,由业主选举产生物业管理委员会对物业进行统一管理,参与物业管理的各方分工明确;第三,物业管理委员会聘请专业的服务公司为业主提供直接的服务;第四,物业服务费的收取和使用较为透明,费用一般较低廉。委托服务型的物业管理模式类似于股份公司的运行模式,业主通过物业管理委员会对物业进行管理并提出意见。

2. 委托服务型物业管理模式的优缺点

委托服务型物业管理模式的优点是:①由业主选举产生的物业管理委员会进行统筹管理,能发挥业主参与物业管理的积极性,同时集中的管理方式又能提高物业管理的工作效率;②因为物业管理委员会是业主代表通过选举产生的,在业主内有一定的威信和影响力,利于物业管理工作的开展;③业主、物业管理委员会和专业性的服务公司分工明确,管理委员会负责总体管理工作,各个专业服务公司负责具体服务,业主负责物业管理委员会的选举和人员调整。

然而,委托服务型物业管理模式也存在弊端:①物业管理委员会产生存在一定困难。物业管理委员会是一个业主自治团体,不以盈利为目的,仅仅为写字楼内部业务服务,因此可能参与的积极性不高。②物业管理水平难以保证。物业管理委员会由业主选举产生,其物业管理的专业知识、技能和经验可能都不足,如何管理好写字楼是个大问题。

目前台湾地区比较普遍采用的就是这种“自营式”的物业管理。他们把整个建筑物的私有部分由业主管理,另一部分共产,如花园、公共活动产所由全体业主共同管理,他们也选出管理委员会,但委员进行的管理纯属义务,没有任何报酬。

（三）市场化的专业公司型物业管理模式

1. 市场化的专业公司型物业管理模式及其特点

市场化的专业公司型物业管理模式主要是指写字楼建设完工后,开发商将其整体或部分出售或出租,由业主在市场上选聘物业服务企业对写字楼进行统一服务与管理。专业的物业服务企业将管理寓于服务之中,为住户提供全方位的综合服务。

市场化的专业公司型物业管理的特点是:第一,写字楼的所有权与物业管理权分离。业主成立业主委员会,通过合同形式委托专业的物业服务企业进行管理,业主委员会不参与写字楼的管理,只是对物业服务企业的工作进行监督。第二,市场化的管理与服务。业主委员会在竞争性市场上择优选聘物业服务企业,同时有权在必要时更换物业服务企业,这种物业服务企业约束与激励并存的方式,能更好地促进其不断提高服务质量和管理效率。第三,规范化的管理与服务。现代物业服务企业不仅有法律法规对其经营行为进行规范,而且企业内部也制订了较为完善的规章制度和操作规程。第四,专业化的管理与服务。现代物业服务企业采用先进和灵活的管理手段,并且运用计算机、网络、通信设备及其他各种先进的专用设备,实现了专业化的管理。

2. 市场化的专业公司型物业管理模式的优缺点

聘用市场化专业公司进行物业管理,有利于降低物业服务企业在资金、人员、技术上的要求,降低运作成本,有利于管理水平和管理效率的提高。同时,通过提供有偿服务的全方位综合管理,还可以方便、快捷地为业主提供全方位的服务,增加物业服务企业的营业收入。存在的问题是,这种管理模式对职业化的专业型人才的要求比较高,目前经过专业化、系统化培养的专门人才还较缺乏。另外,职业资质证书的认证还未被认同。

三、写字楼物业管理发展趋势

针对写字楼物业管理当前存在的市场真正形成的时间不长、专业化和市场化的水平较低、物业管理市场不规范等许多市场发展初期所面临的共同问题,目前和今后一段时间里适宜着重发展企业化、专业化、一体化的写字楼物业管理模式。

(一) 智能大厦的产生与发展

随着当代技术水平的迅猛发展,以计算机技术、通信技术、自动化技术、网络技术为支撑的现代建筑智能化技术也迅速得到开发与利用,越来越多的现代建筑,包括各种写字楼的智能化程度也越来越高。

1. 智能大厦的含义

智能大厦(Intelligent Building,IB)自产生以来,一直没有一个严格完整的概念。为了规范和统一智能大厦的概念,促进智能大厦的建设和发展,1990 年第一个世界性的智能大厦协会——世界智能建筑协会在美国华盛顿成立。成立大会上提出了对智能大厦的综合性的定义:"通过对建筑物的四个基本要素,即结构(建筑环境结构)、系统(智能化系统)、服务(用户需求服务)、管理(物业运行管理)以及它们之间的内在联系,以最优化的设计来提供一个投资合理同时又拥有高效率的优雅舒适、便利快捷、高度安全的环境空间。"

2. 智能大厦的产生与发展

智能大厦作为一种思想早在 20 世纪 70 年代初就被提了出来,最早的智能建筑构想产生于日本,但受到当时技术水平的限制,这个构想无法很好实现。所以通常把 1984 年建造的,位于美国康涅狄格州哈特弗雷德市的城市大厦看成是世界上第一幢"智能大厦"。这显然是计算机技术帮忙实现了日本人的构想。到 90 年代初期,结构化综合布线平台和中央计算机网络系统平台进一步引入到智能大厦建设领域,智能大厦的功能更加强大,安装更加灵活,维护更加简便,因而智能大厦逐渐成为建筑行业的主流之一。1992 年以后,美国、日本和西欧等发达国家中,90%以上的大中型综合建筑采用了智能大厦的思想和设计。智能大厦正以不可阻挡的势头席卷全球的建筑行业,并且还在不断地创新和发展。

在我国,首先引进智能大厦思想的是美国的 AT&T 公司和加拿大的 Northern Telecom 公司。而首先接受智能大厦设计的是国内的一些有实力计算机系统集成公司,其中包括上海长江计算机系统集成公司和北京的英华信息电子公司。到 1994 年,我国智能大厦的建设局面有了很大的改观,大量的资金投入到智能大厦的建设中,智能大厦在我国开始进入建设和发展的高潮,特别是沿海地区已经有许多幢智能大厦相继开工或建成。

为推广应用智能建筑技术，建设部科委专门成立了智能建筑技术开发推广中心。我国第一个智能建筑设计标准——上海市《智能建筑设计标准》也于 1996 年 3 月 1 日正式推行。1997 年底，建设部（中华人民共和国住房和城乡建设部，以下简称“建设部”）颁布了《建筑智能化系统工程设计管理暂行规定》，对我国智能大厦的行政管理、设计及评估进行了规范并作了一些具体的规定。

（二）智能大厦物业管理的特点

1. 管理人才的结构和素质要求更高

智能化系统以微电子技术为主体，使得传统的建筑行业从原来的土建和机电设备领域，扩展到电子技术，增加了许多传统的建筑行业中不需考虑或者考虑甚少的通信、自动化、信息技术等专业。而专业门类的增多，更加深化了多工种的关联协调，这样就对物业管理的人才结构提出了多工种、复合型的新要求。同时，智能大厦集合了高新技术的设备配置，决定了它所需要的人力资源是以知识型为主，是一种保证实现知识型管理的具有鲜明特点的管理机构。

2. 管理的内容更加丰富，技术要求更高

智能大厦物业管理除了具有一般大厦物业管理的内容之外，还增加了新的管理内容，如信息资源的管理、人力资源的管理等。另外也赋予了建筑管理、安全管理、设备运行和维护管理等新的内容和方式。例如，智能大厦的日常运转离不开智能化系统的持续性进行，尤其是楼宇自动化、安全防范系统、停车场监控系统等都需要 24 小时不停顿地工作，打破了传统停机检修的故障修复、应急处理的作业方式，要求物业管理部门在保证不间断运行的前提下进行预案维护。同时，信息化系统在突出信息作用的同时，也带来智能大厦物业管理的信息资源保护与管理的问题。物业管理部门不仅要防止显形的智能设备的不正常运行现象，而且还要防止隐性的信息的不正常流动问题，还要特别严格内部人员的管理和信息资源的合理性管理。

3. 物业管理的效率得到很大提高

智能大厦的智能化系统给物业管理带来的显著好处，是把原来传统的机房现场的隐性检查转变为远程的实时监控。这不仅大大减轻了物业管理人员的工作强度，而且提供了物业管理人员及时了解设备、设施运行状态和运行趋势，预测设备故障的新手段，提高了应变速度。同时，智能化系统的几何精度决定的空前控制能力和响应时间，也加快了信息的传输速度，极大地提高了大厦物业管理的效率。

4. 智能大厦物业管理的前期接管验收尤其重要

智能大厦是现代多种先进技术的综合应用，其建设工作涉及多个专业领域，建设过程是一个大系统的综合过程。同时，智能大厦的智能化系统精密程度要求很高，建设情况如何，物业管理公司对它的了解程度怎样等等，都直接关系到今后的操作、运行、维修与管理。所以，物业管理公司一定要做好前期交接工作，掌握所有的智能化系统资料，明确交接双方的权、责、利关系，为智能大厦物业管理打下良好的基础。

（三）智能大厦物业的管理

1. 系统的运行管理

智能化系统的运行管理类似于其他建筑设备、设施的管理。不过，除了按惯例对中央主机、现场控制器、末端设备等系统设备加强巡检外，还需要加强智能化系统设备的日常清洁工作，避免灰尘等对微电子器件产生物理损害和静电破坏。在智能化系统的运行管理中，特别要注意对智能化系统中容易老化的烟感、温感、水位等末端设备进行定期检测，及时纠正参数漂移对系统进行的干扰。另外，对备用发电机等平时不运转的备份设备要经常定期进行试运转检查，保证设备的完好和应急启动。

2. 制度管理

智能化系统的制度管理所要解决的是预防和纠正人为的失误和失职，对智能化系统物业管理相关的一切活动都加以清晰明确的程序和规定。因此，在制度的制定中，要充分认识到针对物业管理公司内部人员的出入与操作作出严格规定的必要性，并要设计一系列报警处理规程，如现场报警处理、设备报警处理、主机报警处理、系统报警处理等。要预先规定故障处理制度，对故障的检查与发现、故障的报告与记录、故障的处理与排除等要有明确无误的规范。在操作制度与规范中要加强对工作人员自行开关、更改智能化系统的监督管理，尤其要杜绝工作人员因为种种原因而私自关闭安全防范子系统和消防子系统。

3. 技术资料管理

完整的技术资料和运行记录是实现智能化系统预案维护的先决条件。因此，资料管理是智能化系统物业管理中另一个重要环节。智能化系统的原始技术资料，包括智能化系统各子系统的设计报告（设计任务书、系统分析报告、总体设计报告等），招投标的商务与公证记录（招标文件、开标记录、评标记录文件、商务合同），与施工相关的图纸资料（深化设计与施工设计图纸及说明、施工图纸、竣工图），工程安排的原始记录（安装施工日志、设计安装的更改单、设备最终安装点位表），现场调试记录（安装中的测试记录、单机分层分系统的调试记录、联合调试记录）和工程验收报告（点位测试报告、单机测试报告、分系统测试报告、总系统合成测试报告）等。智能化系统的运行技术资料则包括了试运行阶段的测试记录、日常运行记录及报表、现场实际效果与电脑数据的对比记录和各类能耗报告等。

四、写字楼的组织架构

从管理的内容和要求上看，写字楼的管理与其他物业管理有着诸多的不同，因此，写字楼的管理体制与机构设置也具有相对的独立性。

（一）管理机构设置原则

1. 职责明确，分工合理

机构设置首要的目的是让每一个工作人员十分清楚自己的职责。个人与个人之间、班组与班组之间、部门与部门之间都有明确的分工。要做到合理分工，就要求坚持因事设岗，以岗定人的原则，而不能因人设岗，以人分组；否则，分工不明，职责不清，会最终影响管理的质量。写字楼管理服务项目很多，各项管理内容又有重叠交错，所以对管理所涉及的各项工作必须进行科学分类，坚持因事设岗、因岗定人的原则，做到每个工作人员明确自己的职责。

2. 精简高效，操作方便

虽然写字楼管理项目多，但机构设置一定要精干简练。只有精干才能上情下达，才能提高工作效率。所有分类，能合并的就合并，所有岗位，能少设的就少设。在实践中，真正要做到精干简练的设置机构并不容易。从紧，是企业用工的原则。在一些发达国家，企业在用人上完全从效率出发，非常精简。经营者用各种方式把每一个人的能量最大限度地挖掘出来。

3. 切合实际，不拘一格

每幢写字楼的面积和功能都不一样，其管理机构的设置也不应照搬模式。无论是美国模式、日本模式还是香港模式，进入中国后都要适合中国国情。在实际操作的过程中，还必须根据不断变化的情况，适时修正原来的机构设置与人员配备。

（二）部门设置的模式

1. 香港模式

部门设置的形式很多，境外物业管理进入以后，现在流行的是香港模式（图 2-1）。

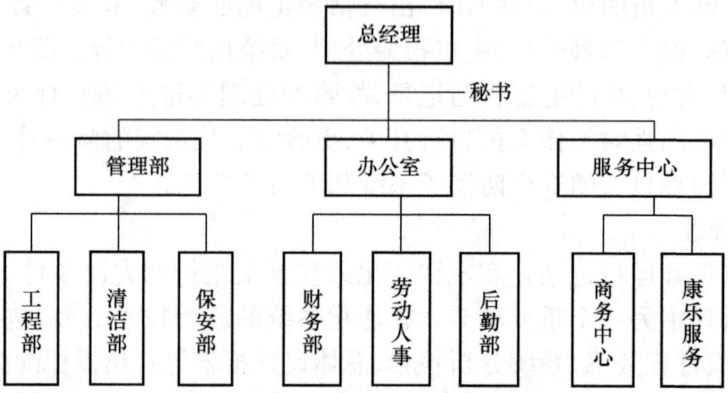

图 2-1　香港写字楼的管理架构

这种形式的管理机构的优点是一级部门数量少，只有三个，有利于总经理的一元化领导；整个写字楼管理业务分为三块，管理一块，服务一块，其他都归综合办公室，条块清楚，管理方便。但是，这种方式也有缺点：工程、清洁、保安三部分是写字楼管理的主要部分，不仅重要，而且工作量也最大，这么庞大的工作集结于一个部门，不利于工作的开展；这个管理部门经理要精通这三方面的工作，这种管理人才非常难找。

当然，社会化专业化管理相对发达，因而其清洁、保安工作都可以分包给这方面的专业公司承担，工程方面也有许多专业公司可以对大楼设施设备进行专业化管理，这样，管理部的工作主要是运行、检查、监督，发现问题请专业公司来解决。无疑，社会化管理功能的发展减轻了写字楼自身管理的工作量，因此这种模式是符合香港的实际情况的。

内地也有一些规模较大的集团化物业管理公司，公司内有专业公司，负责清洁、工程设备维护保养、保安等，这种公司所管理的写字楼也可采取这种模式，将管理部的具体业务交由专业分公司来做。

2. 内地模式

大多数情况下，内地情况不同于香港，特别是由于社会化管理功能相对落后以及经营观念上的差距，目前还不可能照搬它们的模式。图 2-2 的基本框架是在香港模式的基础上改造而来的，实践证明，这种组织机构的设置是符合实际情况的。

图 2-2　内地写字楼的管理架构一

这种部门设置方式比较简明，总经理领导六个部门，部门职责相对集中。根据不同情况，部门可增可减。例如，有餐饮、超市、娱乐服务的，根据业务量的大小可适当增加部门；楼宇面积小，可适当减少或合并部门；若要同时承当租赁与服务业务，也可以考虑分开设经营部主管营销，设服务部主管服务事项；

如果开设食堂，可成立总务部。

图 2-3 的基本框架适用于大型功能多的写字楼，尤其适用于自建自管型。由于写字楼面积大，工程设备复杂，人员众多，设立由专业人员担任的专门负责的副总经理，以减轻总经理的负担。物业管理公司介入写字楼的销售与租赁，财务工作相对复杂，所以增设总会计师。部门之上的专业副总经理对下起到专业管理与指导的作用，对上则成为总经理的得力助手，有助于提高决策的技术含量和科学性。

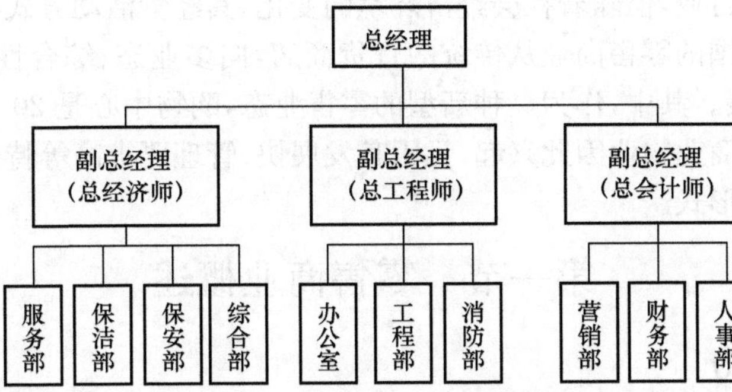

图 2-3　内地写字楼的管理架构二

如果物业管理公司采用自管与专业公司相结合的模式，则可在内地写字楼的管理架构二的基础上略作改动，如图 2-4 所示。

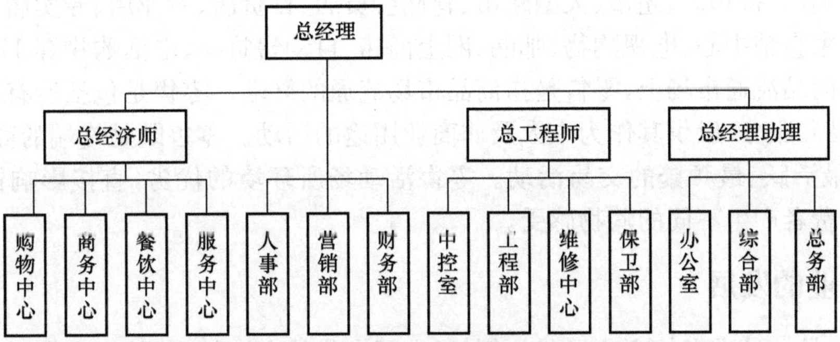

图 2-4　内地写字楼的管理架构三

这种模式将总经济师与总工程师所负责的部门包给专业公司，以契约的形式进行管理。如果聘请顾问公司，则一般在总经理与总师之间加上顾问公司。顾问公司派出的总顾问参与决策层；在部门一级的层次，则正职为顾问公司人员，副职为本物业管理公司人员。

第三章 零售商业物业管理

零售商业处于流通领域的最末端环节，决定了它的重要功能是满足消费和引导生产。零售商业是一种古老的行业，但随着社会经济环境的变化，其经营活动方式有过极大的变革。20世纪90年代以来，中国的零售商业从传统的百货商店，向多业态、综合性、大型化、时尚性、智能化等方向转化、发展。其中，作为一种新型的零售业态，购物中心是20世纪零售商业建筑发展进步的标志。零售商业物业因此兴起，且因其发展快、管理要求高等特点而成为现代商业性房地产业的一种重要形式。

第一节 零售商业概述

一、零售商业的含义

零售(retailing)是一系列的商业活动，它通过向消费者出售个人及家庭使用的产品和服务来创造价值。国家标准《零售业态分类》按照零售店铺的特点，根据其经营方式、商品结构、服务功能，以及选址、商圈、规模、店堂设施、目标顾客和有无固定营业场所等因素将零售业分为食杂店、便利店、折扣店、超市、大型超市、仓储会员店、百货店、专业店、专卖店、家居建材店、购物中心、厂家直销中心、电视购物、邮购、网上商店、自动售货亭、电话购物等17种业态。

可见，在商品流通市场上，零售是指商品市场流通的终端。零售是包括所有向最终消费者直接销售商品和服务，以供其作为个人及非商业用途的活动。零售既是终端的商业活动，又是交易市场中最活跃、最频繁的交易活动。零售活动场所环境的优劣，直接影响销售活动的效果，同时令消费者产生不同的购物感受。

二、零售商业的发展

零售商业是一种古老的商业形式。例如，中国古代就有搞长途贩运、沿街叫卖的“行商”以及前店后作坊的“坐商”。但是由于早期商品经济发展缓慢，零售商业形态变化不快，没有出现对社会经济活动产生影响的商业经营方式。从世界范围看，进入19世纪以来，零售商业发生了重大变革，这些变革在零售商业发展史上称为“四次革命”，即百货商店、连锁商店、超级市场和无店铺销售的产生。

(一) 世界零售商业的历史演变

1. 第一次革命——百货商店的出现

所谓百货商店，是指经营多条产品线，主要经营服装、百货等工业品，面积较大的商店。

百货商店的产生普遍认为是在1852年，有一位名叫A·布西哥的人，在法国巴黎开办了一座叫“邦·马尔谢”(Bon Marche)的商店。这家商店采用了新的经营方法，概括起来有以下几个特点：第一，经营规模大。表现为商品种类多，营业面积大。第二，内部管理部门化、职业化、专业化。经营业务分商品部，并建立会计、销售、采购等职能部门，由专业人员管理商店。第三，采取“明码标价，言无二价，讲求信誉”的经营方针。第四，在经营特点上讲求品种多、服务好、环境优美。以上这些特点同传统的家庭式管理、小型店铺的零售商业相比，有了许多根本性的变化。

2. 第二次革命——连锁商店的产生

连锁商店是指经营同类商品的商店群，这些商店可以同属一个企业，也可以由同一个经营体系控制。这些商店如同一条锁链相互连接在一起，所以称之为“连锁商店”。

世界上的第一家连锁店是美国的大西洋和太平洋茶叶公司，成立于1895年。而连锁店真正得到广泛发展，则是20世纪50年代以后的事。目前，连锁百货店销售额占百货店销售总额的90%以上。因此可以说，20世纪零售业最为重要的发展就是连锁店的出现。连锁经营的优势体现在以下几个方面：第一，由于连锁店实行了集约经营，统一进货，统一库存，进货批量大，可直接从生产企业进货，减少批发环节，降低进货成本，提高了其产品在市场上的价格竞争能力，大型连锁公司在一定程度上左右着市场的价格。第二，连锁店实行统一管理，统一商号，统一装潢，统一服务，因此其经营管理费用大大降低。以广告为例，由于企业分店多，广告成本可以被分担而降低，而同时广告效应又能被共享。第三，因为连锁店资金雄厚，所以有能力进行市场调研、新产品试销等活动，有能力开展多种促销活动。第四，从每一个分店来看，虽然要接受总店的统一管理，但在经营管理、定价等方面均有一定自由，可以根据具体情况作适当调整，因此具有一定灵活性。

连锁商店的出现之所以被称为零售业的革命，其主要原因是商业组织的形式发生了改变，即由单体商店向群体商店发展。这为零售商业在管理上采用现代化手段、提高经营效率、降低成本、方便消费奠定了基础。

3. 第三次革命——超级市场

一般认为，第一家现代超市是1930年美国开设的金·卡伦(King Kuleen)食品商场。这家商店设在纽约市郊区，设有宽敞的停车场，商店经营的商品品种丰富，以食品为主，价格低廉。

超级市场是美国人的又一大发明，它的出现改变了零售业传统的柜台式销售，采用了让顾客在店内自由选购，在出口统一结算的销售方式。超市的出现还影响了人们的购物方式和生活方式。

4. 第四次革命——无店铺销售

无店铺销售是一种不用设立商店，零售商直接把商品推销给顾客或由顾客自动选购商品的零售经营方式。这种方式不是近代才兴起的，如邮购、商贩沿街叫卖等形式都属于无门店经营方式。邮购自有邮政史以来就有了，而流动商贩的存在更是历史久远。这里所指的“零售业第四次革命”是指现代形式的无店铺销售。根据1929年美国商务部的划分标准，无店铺销售分为三种基本类型：通信销售、自动售货机、访问销售。

通信销售是指利用电信、电子化手段与顾客沟通进行商品销售的活动形式。这种方式随着科技的发展而形式多样化，主要形式有电话销售、电视商场、互联网上的电子商务。自动售货机是一种无需人控制的售货机器。它具有购买方便、全天候营业、设置方便的特点。访问销售是通过推销员访问顾客，给顾客看商品目录、样本，并口头介绍商品，完成商品交易的销售方式。

无店铺销售方式的兴起和发展，尤其是通信销售的发展，将会对零售商业经营产生重大影响。它可以进行互动式交流，让买卖双方直接了解对方，可以减少费用，缩短流通环节，节省交易时间，改变购物方式和付款方式等。

（二）中国零售商业的发展

从中国的零售业现状看，长期以来，中国零售业态单一，以百货店为主，千店一面，有所区别的只是经营品种的多少，缺乏各自的经营特色，而且极少变化。改革开放以来，随着生产发展，商品丰富，人民生活水平大幅度提高，不同层次的消费需求发生了很大变化。在城市建设方面，随着交通条件的大幅改善，出现了居民居住郊区化的趋势。传统单一的业态形式和在市中心繁华区集中建店的弊端逐渐暴露出来，消费者也不再满足于单一业态的百货店，使近年来出现的连锁式超市、专卖店、仓储式商场、购物中心等多种业态得到极大发展。目前，中国零售业的发展已呈现业态多元化的格局，既相互竞争，又共同发展，即包括百货商店、超市、便利店、专卖店、仓储式商场、购物中心、无店铺销售方式等多种业态共存的多元化模式。

三、零售商业物业的类型与特点

各种零售商店，由于其在目标顾客、商店选址、经营规模、商品结构、店堂设计、服务功能和经营方式上的区别，形成了有明显差异的商店类型。

（一）商业街(business street/commercial street)

商业街就是由众多商店、餐饮店、服务店共同组成，按一定结构比例规律排列的商业繁华街道，是城市商业的缩影和精华，是一种多功能、多业种、多业态的商业集合体。

按照商业街经营的商品是专业类别还是不加确定的复合形式，可将商业街分为专业商业街和复合商业街。专业商业街商铺往往集中经营某一类(种)商品，如建材商业街、汽车配件商业街、酒吧街、休闲娱乐街等；复合商业街商铺对经营的商品不加确定，经营者可以按照自己的设想去随意经营，如北京西单商业街、广州北京路商业街等。实际上，这种商业街是由多个规模不同的购物中心、百货大楼、体育用品商店、娱乐、餐饮等各类商业房地产组成。

（二）百货商店(department store)

百货商店是指经营商品品种多、种类全，为顾客提供多样服务，店堂布置舒适，主要以经营服装、玩具、化妆品、家居用品等为主的商店。百货商店的选址一般是在各级商业中心，面向全市消费者和外地的流动顾客。百货商店一般采取柜台销售和开架面售相结合的方式。百货商店注重服务，如设立导购、商品使用说明等，还提供其他的功能服务，如餐饮娱乐和休息的设施设备，使之成为功能齐全的商店。

（三）专营商店(speciality store)

专营店一般是指专门经营某一类或者某一种品牌商品的商店。专营店与百货商店相比，经营的商品类别少，但商品的花色品种繁多，为顾客提供了更专业化的服务和更多的选择。例如，六必居、稻香春、致美斋等专营店被顾客所喜爱，这与它们的商品花样丰富和这类商品的经营行家是分不开的。

专营商店从产权关系上划分可以有两种类型。一种是产销型的，包括前店后厂或名牌产品的厂家开设的专营店。如六必居、盛锡福是前店后厂式的，同仁堂是名牌产品厂家开设的。另一种是经销型的，即由独立的商家组织货源，专门经营某类商品的专营商，如利生、胜道等专营店。从规模上可以分为传统专营店和大型专营店。传统专营店规模小，店址选择比较灵活，可以选择在各级商业中心、专业街、百货商店和购物中心内，店面装饰较有特色。大型专营店规模大，店址选择往往在地区中心、交通要道和城乡结合部，如国美、苏宁等大型电器专营店。

（四）超级市场(supermarket)

超级市场以经营食品、生鲜食品、日用品为主，目标顾客以居民家庭为主。店址选择在地区中心、居民社区。超市采取自助售货、集中结账的销售方式，商品价格以薄利多销为主。

（五）特大超市(hypermarket)

特大超市的经营范围广，以销售大众化衣、食、日常用品为主，品种、类别较齐全，满足“一站购足”的需求。综合超市的目标顾客虽然也是以居民家庭为主，但它的服务半径辐射范围大，可吸引居住距离较远的顾客。综合超市的选址一般在城乡结合部、交通便利的地方和大型社区附近。综合超市的商品销售方式与超市相同。

（六）仓储超级市场(warehouse supermarket)

仓储超市可以理解为卖场和仓库的统一体，商场空间的 60%以上是商品储存、批量销售的零售商店。仓储商场发端于荷兰，1968 年首家仓储式商店由 SHA 集团创建的“万客隆”(MAKRO)在荷兰开业，这种零售经营方式一经问世，便受到消费者欢迎。之后，这种零售业态被迅速传播，目前已成为零售商业的重要业态。

（七）便利商店(convenience store)

便利店的特征就如其名，是以满足顾客便利性需求为主要目的的零售商店，其主要好处就是购买便利。便利店可以说是超市的一种补充形式，与超市不同的是经营的商品结构以食品、小百货为主，有即时消费性、应急性的特点。便利店的规模较小，店址选择的灵活性较高，可以在居民住宅区、行人干道、车站、娱乐场所等地设店，目标顾客以居民或流动顾客为主。

（八）购物中心(shopping center/shopping mall)

购物中心作为一种零售业态，最早出现于美国。美国在 20 世纪初已经是经济发展迅速的国家，城市规模的扩大、汽车的普及造成了大城市病越来越严重。市内交通堵塞、噪音、空气污染与人们追求的现代生活极不相协调，许多居民纷纷外迁到郊区去居住。为了适应这些人生活的需要，在居民较为集中的地区开始出现了新的商业区，为区别城市中原有的各级商业中心，故称之为购物中心。

严格地说，购物中心并非一种商店的形式，而是汇集各种商店的场所，它把一系列零售商店、服务机构组织在一起，由一个管理机构担任协调和规划，提供购物、休闲、娱乐、饮食、旅游等多项功能的一站式服务。它是商业竞争进入经济垄断、资本高度集中、休闲时代来临的综合产物，也是目前世界上最先进、最高级的商业形态。在许多发达国家它已经进入成熟发展期，但在中国才刚刚起步。

从上述各种不同的零售商业中，购物中心不论从规模、业态还是分销形式方面都有别于其他的零售商业，在物业管理上值得深入探讨。

四、零售商业管理的要求

(一) 树立商场的良好形象

企业的形象是一种无形的资产。商场(零售商业)物业必须具有良好的形体环境和商业特色,以增大知名度、扩大影响力。因此,物业管理企业要认真作好广告宣传活动,扩大商场的知名度和影响力,树立良好的商业企业形象和声誉。

(二) 确保商场的安全性

商场建筑物类型复杂、楼层高、功能多、建筑面积大、进出口多,造成人流量大,人员复杂,这些人在进出商场时不受任何的限制,尤其是敞开式的商场堆满了商品,给制订和落实安全措施带来了很多困难。物业管理企业应通过完善的技防和人防措施,最大限度地保证业主和使用人、顾客的利益,保证他们的安全。同时,许多商品属于易燃易爆物品,因此火灾的防范工作尤为重要。物业管理企业平时应做好对消防设备设施的维护保养工作,同时制订完善的应急预案,保证应急措施的使用。

(三) 确保顾客消费的便利性

商场物业内部要保持各种引导、提示标志的完整性,以便为前来消费的顾客提供一个明确的休闲、消费导向,为顾客提供消费便利。物业管理企业应该经常对各种标志进行巡视检查,如有损坏应及时更新,如有变化应及时更换。

(四) 确保设备、设施的可靠性

商场物业设施设备的正常运行是开展经营活动所必需的保证,任何一种设备设施的故障都会给销售者和顾客带来不便,甚至会带来巨大混乱,造成不安全因素。因此,要对商场物业的设备设施精心养护、及时维修,保证运行可靠。

第二节　零售商业物业的基本管理

一、环境卫生及绿化管理

(一) 环境卫生管理的内容

环境卫生管理是零售商业管理中的一项重要作用,尤其是以经营食品为主的商场,其环境卫生更是忽视不得的。其一,重视商场的环境卫生管理,是显示商场形象的需要,顾客到商场购物,希望看到一个干净、整洁的环境,并由此去评价商场管理者的管理水平。清洁、高雅的购物环境,能给顾客留下好的印象,为增加回头客奠定基础。其二,重视商场的环境卫生管理,是商品质量和服务质量的保证,并激发其购买欲,产生购物行为。其三,重视商场的环境卫生管理,是吸引顾客、促进销售的重要手段。

商场在适当的地方摆放适当的绿化盆栽,将会给整个商场增添美感。绿化的自然美增加了人工环境的美,它们生机盎然的神态和绚丽夺目的色彩给商场的装饰增添了光彩。而优美、高雅的购物环境,能给顾客留下好的印象,激发顾客的购买欲望,产生购物行为,并为增加回头客奠定基础。另外,优美的环境可以提高商场的竞争档次。

环境卫生管理方面应注意以下几点：①楼宇内外的广告牌、条幅、悬挂物、灯饰等凡属商户铺内的，由商户提出设计要求或制作，必须由物业管理公司统一安排在合理位置；②柜台内陈列架上商品陈列应美观，不得凌乱或随意置放；③商户铺内产生的垃圾需袋装并放至指定位置，及时清理；④楼宇内外的主要卫生清洁时间应安排在非营业时间，营业期间必要的清洁应由清洁人员用抹布擦拭；⑤雨天进门处及其他公用过道应设置一些雨具存放器，尽量不要把带雨水的雨具带进大厅，同时注意清洁卫生。

（二）环境卫生管理的方法

商场的管理一般多把精力放在经营上，因此卫生清洁工作最好聘请专业的清洁公司来承包，实施分包管理。一般先由物业管理部负责联系几家专业清洁公司和垃圾清运公司，然后根据公司制订的条件进行评审和选择。选择好清洁公司和垃圾清运公司后，也由物业管理部负责监督检查承包公司的工作。主要要协调好以下两方面的工作。

（1）要求清洁公司制订工作计划和工作标准并提供给物业管理部。物业管理部应要求清洁公司具体制订商场的清洁及消杀工作计划，包括清洁员的设置及岗位职责、服务标准、技术要求、责任和义务，并签订合同约定。同时，也要求垃圾清运公司制订包括垃圾清运时间及服务标准的工作计划，并通过签订《垃圾清运合同》，作为物业管理部监督检查的依据。

（2）物业管理部制订具体标准并监督实施。物业管理部根据实际情况制订一些制度、规定，如《清洁工作监察规程》《消杀管理办法》等，并监督清洁公司或专业消杀公司实施。

清洁公司驻商场的主管根据《清洁工作规程》要求及清洁工作和消杀工作计划，安排属下员工进行具体清洁及消杀工作；垃圾清运公司则按《垃圾清运合同》的要求安排人员进行垃圾清运工作。物业助理依据上述文件每天进行监督检查。

日常工作中，物业管理部除制订上述规定和管理办法外，还要规定清洁工人的工作操行及遵守大厦的有关管理规定。应以合约形式约定双方的行为规范，并附带经济责任。

二、安全保卫管理

商场楼宇一般都安装先进的自动火灾报警装置和自动灭火装置，这些装置直接与电视监控系统联网，一旦发现火情，烟雾达到一定的浓度或温度，这两种装置便自动通过导线将报警信号传输至报警装置、电视监控系统和自动喷淋装置。

运用电视监控系统对商场进行全方位、多角度监视，尤其对出售贵重商品及金融营业点进行日常监视，发现可疑人员或突发事件、恶性事件时监控人员要及时录像存做证据。在地下车库或露天停车场亦须安置监控探头，防止车辆被窃。人防方面，由于商场中铺面多、柜台多、人流密集，易造成电视监控死角，人防必不可少。门岗的保安员主要责任是发现可疑人员时用对讲机通知场内便衣保安人员加以注意。流动岗应着便装，流动巡逻，做到勤观察、勤分析，善于发现问题并及时解决问题。对突发事件和恶性事件应及时处置，防止事态扩大并注意保护现场及时向上级和公安部门报告。

典型的人为制造的危机包括：炸弹威胁、火灾、抢劫、入室行劫和人身攻击。自然灾害除了火灾外，还包括地震、洪水、风灾等。

三、设备设施管理

商场设备管理主要是防止商场停电并保证中央空调、自动扶梯的正常使用。商场供电需要绝对保证，因为一旦停电，漆黑的营业厅将给顾客、商品和营业款带来不安全的隐患，对商场声誉带来不利影响。现代化的商场均设有中央空调、自动扶梯，为给顾客一个舒适的环境，物业管理公司应选派优秀员工24小时监测电气运行状况和空调系统、自动扶梯的运行状况，一旦有异常情况要及时安排维修，确保电器和中央空调、自动扶梯的正常运行。

维保服务即是对商场的设施、设备及建筑物的服务。现代商场的日常养护标准高、维修要求严，其内容同写字楼相似，但方式不完全一样。商场的重点在于各种设施、设备上，因为这些设施、设备能否正常使用和运行直接影响到购物环境及商场声誉的好坏。高档次商场的设施、设备多而复杂，电脑化的程度高，如供电系统、监控系统、五金管理系统、消防系统、给排水系统、交通管理系统等大多是由计算机控制；有些设备，如电梯、自动扶梯等容易出现故障，保证其正常运行主要靠平时的养护。

四、广告管理

市场内部广告，一般是由物业管理公司委托专业广告设计人员按商场整体布局设计。承租单位的广告需就其式样、颜色等由物业管理公司审核，做到管理有序。户外广告一般不设置，如果属于商场整体促销广告，也应注意整体性和形象性。

橱窗展示宣传也是重要方面，橱窗展示宣传要由物业服务企业统一规划以保持格调一致和富有特色，应做到橱窗玻璃洁净，灯火明亮，开关及时，陈列物品整洁有序。

商场经营管理服务的一项重要任务就是要设法把顾客吸引进来、把顾客留住，因此必须要策划和组织各项商业推广宣传活动，如综合表演、纳凉晚会、模特表演、开画廊、摄影展、书法展、邮票展、科技展、商品使用演示等，节日期间还可以相应地进行节日布置，既增添了商场热闹兴旺的气氛，提高了商场的文化氛围，又扩大了商场的知名度，能够吸引大批顾客来购物助兴。同时，应协调好社会关系，与政府及其他组织机构保持联络，参与社会公益活动，可以带来更多的潜在商机。

五、装修管理

商场楼宇的租赁往往以整个层面向外出租，出租后由客户依据经营要求，提出装修申请。也有的业主把一个层面装修完毕之后再出租铺面。客户的铺面只有在申请批准后才可以做一些小的变动装修，因此商场的装修活动十分频繁，要做到装修部位不会影响周围摊位的营业，装修管理应做好以下几个方面：第一，在审批装修设计方案时，要密切注意温感器、烟感器、喷淋装置与送风方向的位置，在装修施工时还要密切注意这些设施是否被破坏，要提供装修咨询服务；第二，建立周全、详细、便于操作的管理制度；第三，专人负责对工程实行严格的监督；第四，选定资质高、信誉好的工程承包商来进行装修；第五，对装修现场进行监督管理。

六、租赁管理

有些商场引进了承包制，逐步发展到柜台出租、楼宇层面或整楼出租。作为物业管理公司在做好楼宇租赁的同时，还要注意租赁管理。

商场出租往往采取两种形式，一是租金投标，二是协议租金两种。这两种方式各有利弊，竞标的方式虽可以获得理想的最高租金，但程序繁琐，不灵活；协议租金的方式安排灵活，程序简单，对于竞争力不大的商场出租尤为合适，但租金可能要低一些。因此，在地段好、客流量大的商场，承租单位往往要争相租赁，在同时出现多个承租单位的情况下，可用竞标方式，以获取理想租金。在一般地段,承租单位争铺面的情况尚未出现时,可用协议租金。

第三节　购物中心及其管理

购物中心作为一种零售业态,最早产生于美国,现已成为西方国家的主流零售业态,它是商业竞争进入经济垄断、资本高度集中、休闲时代来临的综合产物。随着世界经济的发展和相互渗透,购物中心的概念被广泛传播并已被广为接受,成为目前世界上最先进、最高级的商业形态。因此,购物中心的物业管理,也表现出有别于其他零售商业物业的一些独特特征。

一、购物中心的概念及物业特点

(一) 购物中心的概念

事实上,目前各国对购物中心定义的表述是不尽相同的。美国购物中心协会的定义:购物中心是由开发商规划、建设、统一管理的商业设施,有大型的主力店、多元化商品街和宽广的停车场,能满足消费者购买需求和日常活动的商业场所。日本购物中心协会的定义:购物中心是由一个单位有计划地开发、所有、管理运营的商业和各种服务设施的集合体,并备有停车场,按其选址、规模、结构,具有选择多样化、方便性和娱乐性等的特征,并作为适应消费需要的社交场所,发挥着一部分城市功能。中国商务部(中华人民共和国商务部,简称"商务部")的定义:购物中心是多种零售店铺、服务设施集中在一个建筑物内或一个区域内,向消费者提供综合性服务的商业集合体。这种商业集合体内通常包含数十个甚至数百个服务场所,业态涵盖大型综合超市、专业店、专卖店、饮食店、杂品店,以及娱乐健身休闲等。国际购物中心协会的定义:购物中心是指一群建筑,是组合在一起的商业设施,按商圈确定其位置、规模,将多种店铺作为一个整体来计划、开发和经营,并且拥有一定规模的停车场。

严格地说,购物中心并非一种商业业态,而是一种有计划实施的全新的商业聚集形式,有较高的组织化程度,是业态不同的商店群和功能各异的文化、娱乐、金融、服务、会展等设施以一种全新的方式有计划地聚集在一起。

(二) 购物中心的物业特征

购物中心既是一个新兴的商业业态,也是一种商业建筑的类型。购物中心建筑的突出特色,体现在通过商业空间步行化和室内化,为购物者营造了一个舒适安全的环境。同时购物中心组织众多的商店和服务设施,以完善的功能和服务满足人们的多种社会需求,以社会化的公共开放空间充分融入社会生活,将商业活动和其他社会活动紧密结合起来。因此购物中心表现为以下三个特征。

(1) 商业空间步行化。购物中心是商店群的组合,为了协调商店与商店、商店与购物者之间的联系,往往通过一条线型的街道来串联商店和组织人流。基于安全考虑,街道完全排除车辆,实现步行化。因此,为了更好协调人车关系,购物中心一般会在周围提供大面积的停车场,把汽车限制在购物中心建筑的外围或负层,这种方式对汽车来说是方便的,同时内部的步行街布局给步行者一个舒适和方便的购物空间。

(2) 商业空间室内化。商业空间室内化是利用屋顶的覆盖功能,将步行商业活动引入室内,并通过人工环境控制,减少恶劣的自然条件对步行活动的影响,从而创造舒适的环境,这正是购物中心建筑追求的目标。1956 年秋天在美国明尼阿波利斯郊区建成的南谷购物中心(Southdale Shopping Center)是步行商业空间是内化的一个典型代表,它实现了将整个室内步行商业空间置于人工环境控制之下的目标，成为每天都有舒适的小气候的购物环境。这一切使之成为后来购物中心建设的范例。

(3) 公共空间社会化。商业活动同时也是社会交往活动，它存在于人与人的接触之中，当人们在商业场所摩肩接踵的时候，社会交往就出现了，因此商业活动和社会活动是密不可分的。

与百货商店和超级市场不同的是，购物中心已把纯粹的零售商业活动场所开辟成商业活动和社会活动相结合的场所。这给零售商业建筑带来了新的含义，体现在百货商店和超级市场将商业建筑推向现代化之后的今天，购物中心开始对传统的商业购物模式进行思考，在一定程度上说，现代购物中心是对传统商业模式的延续和回归。相对百货商店和超级市场来说，购物中心提供给人们的已不单纯是购物的商业活动场所，它以其丰富的商品、综合性的服务功能、优雅的环境，为人们提供全方位的、综合性的、多功能的"一站式"服务。购物中心的室内街道上充满鲜花，气候宜人，环境舒适，而且也很开放，成为人们购物、休闲会友、感受时尚的一个好处所。一些购物中心的中庭广场，成为一些社区活动的场所。购物中心提供公共空间，其真正目的是将其作为吸引人们前来购物的手段。

【阅读资料】 台北 101 大楼购物中心

台北 101 大楼位于台北市信义区的信义商圈，是由台湾 12 家银行及产业界共同出资兴建。大楼有地上 101 层、地下 5 层，高 508 米，其中 B2 至 B5 为停车场，B1 至 4F 共有 5 层楼的购物中心，5F 为金融服务中心，6F 至 84F 为一般办公大楼，85F 为商务俱乐部，86F 至 88F 为观景餐厅，89F 和 91F 为观景台，92F 至 101F 是通信塔。

(一) 购物楼层

大楼挑高宽敞的设计空间，将带给来此的消费者感受前所未有的购物享受及绝无仅有的视觉和空间感受，让逛街不再是拥挤的抢购，而是逛得轻松、买得优雅的超高级享受。

* B1：为生活聚场，除了有各类品味生活及个性时尚商店，还提供来自各地的美食，设有上千个座位及舒适的用餐环境，为您提供最贴心的服务。

* 1F：101 大道，全世界最受欢迎的流行品牌您都可在这里见到，无论是服饰、配件、彩妆保养，一次就能满足时髦的您消费欲望。

* 2F：时尚大道，与世贸中心及纽约纽约购物中心有空桥连接，时尚流行不错失。各类知名品牌，极具个性及质感，满足您品味的坚持。

* 3F：名人大道，顶尖的名牌精品，最多的品牌旗舰店，让您宛如置身纽约第五大道，高雅舒适的购物环境，与全世界同步的流行趋势，让您打造更亮眼的自己。

* 4F：都会广场，挑高 40 米，占地 500 多坪，精心设计的采光及景观，提供您最有艺术气息的娱乐休闲空间。围绕您的是四周的露天咖啡座及精致的点心，巴黎浪漫慵懒的氛围，为您忙碌的都会生活注入另类品味。另外还有多家欧式、泰式与中华料理餐厅，让您在消费完再大啖美食一番。

此外，B2 至 B5 可提供 2990 个汽车位，同时满足出租车的馆内上下车服务及捷运、接驳公车。

点评：

1. 物业建筑特征

(1) 一流的空间设计与动线安排；

(2) 各店装潢展现既有独特风格，又显示大格局，提高顾客对品牌与购物中心的认同；

(3) 开阔的空间、适当的休憩场所，再穿插各式活动广场，增加顾客逛街的乐趣与逗留时间。

2. 101 大楼购物中心的竞争优势：

(1) 全世界最高的大楼；

(2) 全亚洲最美丽的商场；

(3) 全台湾精品旗舰店最多的商场；

(4) 世贸展览活动不断吸引国内外人士前来；

(5) 位于台北市最优质的办公区及豪华住宅区内。

3. 101 大楼购物中心的目标客层：

(1) 锁定年薪百万以上的白领上班族与企业家；

(2) 领导台湾时尚活动与流行，成为台湾最优质的商场代表，打造亚洲最成功的购物中心。

(二) 管理策略——树立世界级形象口碑

委托“仲量联行”、“世邦卫理士”为行销企划顾问及租赁代理公司。

二、购物中心的发展演变

购物中心的发展与演变，一方面是由于经济发展和社会进步；另一方面是由于购物中心在传播过程中与各地具体情况相结合的结果。

（一）购物中心的起源与发展

世界购物中期的起源与发展，经历了 19 世纪早期的探索阶段、20 世纪 50 年代成型阶段、20 世纪 60 年代勃兴阶段、20 世纪 70 年代成熟阶段和 20 世纪 80 年代多样化阶段，从早期原型 1827 年西鲁斯·巴特勒 (Cyrus Butler)在罗得岛普罗维登斯(Providence，RhodeIsland)建造的三层封闭购物廊以及 1907 年爱德华·H·博尔顿(Edward H. Boulton)在巴尔的摩建造的罗兰·帕克(Roland Park)中心，到 1956 年在明尼阿波利斯郊区伊代纳(Edina)建成的南谷购物中心(Southdale Shopping Center)巩固的购物中心地位，到遍布美国各大城市以及科隆、斯德哥尔摩和哥本哈根等欧洲城市。另外，一些发展中国家在这一时期也开始掀起购物中心建设热潮。购物中心已经成为世界许多地方城市居民的一个重要的商业活动区域。

（二）中国购物中心的发展

20 世纪 80 年代末期，国内有许多称为购物中心的商场，如北京西单购物中心、北京赛特购物中心都纷纷成立，但它们都只有购物中心之名，而无购物中心之实，既无应有的功能，也无必需的规模，因此都不能算是真正意义的购物中心。直到 90 年代中期，随着广州天河城、上海港汇商城、北京国贸中心的陆续建成开业，中国内地才开始拥有了一批真正的购物中心。这些购物中心的经营内容突破了单纯百货店的模式，将小规模的娱乐、餐饮项目融入店内，取得了一定的成功，并带动内地各大资本相继跟入，纷纷上马建设购物中心。随着经济的发展以及私家车拥有数的增长，建在市郊的购物中心也开始出现。同时购物中心的形式逐渐丰富，出现了购物、生活、娱乐、文化、旅游等不同主题的购物中心，呈现出多元化的发展格局。

【阅读资料】 天河城购物中心

天河城(TEE MALL)是一座规模宏大、功能齐全的现代型综合购物中心，于 1996 年 8 月 18 日正式开业，是中国内地最早的 shopping mall 之一。它由广东天河城(集团)股份有限公司投资、建设、开发、经营管理，持有 100％产权，并由天河城物业管理有限公司全程管理。天河城总投资 12 亿元人民币，总占地面积 4.4 万平方米、建筑面积 16 万平方米。天河城地面 7 层、地下 3 层，其中 8 层为商业经营场地，约 10 万平方米，地下两层为停车场，有近 1000 个车位。

天河城入场经营的租户超过 300 家，有天河城百货和吉之岛两家大型百货公司，有专卖店、精品屋等众多时尚品牌，有运动营、文化廊、数码园等专业市场，有美食坊和中、西餐厅等美食天地，有游戏机中心、室内公园、飞扬影城等游乐世界，还有银行、商务中心等设施，集购物、游览、美食、娱乐、休闲、商务、广告、信息、展览、康体等功能于一体。

天河城百货前身为“广东天贸南方大厦百货有限公司”,2002 年 1 月改名为“广东天贸南大百货有限公司”;2004 年 7 月改为现名。天河城百货位于天河城的二、三、五、七楼,总营业面积超过 30000 平方米,经营国内外各类服饰、皮具、金饰、家电、食品等名优新特商品超过 8 万余种。天河城百货为了与国际先进管理方式接轨,于 1998 年 10 月,通过了国际著名权威机构瑞士 SGS(Societe Generale de Surveillance S. A,译为“通用公证行”,简称“SGS”)关于 ISO9002 质量体系的现场认证审核,成为中国首家获得国际认证的零售百货企业。2004 年 5 月,天河城百货按照现代企业管理的要求,实施 CI(企业标志,Corporate Identity,英文缩写为“CI”)战略,全面导入 CIS(企业的统一化系统,Corporate Identity System,英文缩写“CIS”)系统,进一步提升企业形象。2006 年 8 月,天河城百货率先与中国建设银行广州分行合作,开发了广州地区首张以双币种信用卡为载体的百货会员卡,持卡人不但享有天河城百货会员优惠及全国联盟商户刷卡服务,同时还可享受在天河城百货与建行消费的双重积分。此外,持天河城招商银行联名卡也可在天河城百货享受会员折扣。天河城百货除为会员提供购物优惠外,还通过引入客户关系管理理念,建立客户资料数据库,对大客户及重点会员实行“点对点”跟踪管理和服务。至今,天河城百货已拥有会员近 80 万名。

为提高会员消费的购买欲和充分体验会员的尊贵,除了不断为会员提供增值服务外,天河城百货还设立了贵宾室,专为会员提供茶点、报刊、电脑上网等休闲服务,令会员感受到尊贵的服务。此外,各连锁店内都配有顾客接待室和客户服务中心,有专职接待人员为顾客提供咨询、导购、接待、寻人等便民服务,还设有休闲座椅、饮水机、报刊、公用电话、手机充电、针线包、急救箱等。

多年来,天河城百货秉承“真诚服务,精益求精”的质量方针,积极倡导文明经商、树立行业新风,以“诚信、廉洁、效益、服务”的企业文化作指导思想,将诚信经营、服务社会大众,与企业的经营发展有机地结合起来,培养出一支适应现代商业管理需要的具有高度团队协作精神的、爱岗敬业的员工队伍。通过树立品牌形象,不断地提升服务质量,增强企业整体竞争力。经过艰苦创业,天河城百货在市场激烈的竞争中迅速崛起,赢得了广大消费者和社会各界的认同,天河城百货销售额从开业当年 1996 年的 2.1 亿元,到 2010 年的 29 亿元,逐年稳步攀升。

广东天河城物业管理有限公司成立于 1994 年(原名广东天贸物业管理有限公司),是以从事大型综合性购物中心物业管理服务为主营业务的独立法人公司,隶属于广东天河城(集团)股份有限公司。根据天贸集团 MALL 战略,天河城物业公司致力和专注于商业物业(shopping mall)的前期规划设计、施工监管、市场调查、招商代理、商业物业全程咨询、顾问、管理和服务等业务。天河城物业以“开拓创新、锐意进取”的创业精神和“真诚服务、精益求精”的质量方针,开创历史先河,率先成为中国业内首家通过 ISO9000 的综合商厦物业管理企业。截至 2004 年,公司共获得国家、省及市、区级各种荣誉称号 80 余项,几乎囊括业内所有奖项。所管理和服务的天河城,获得“中国物业管理优秀示范大厦”、“中国最具时尚商城”、“全省文明诚信市场”等称号,从此确立了中国 shopping mall 物业管理第一品牌企业,稳居同行业龙头地位,填补了专事综合商厦物业管理行业的空白,成为商业地产管理专家。

天河城物业凭借开拓进取、勇于创新的精神,奉行“没有任何借口”的行为准则,以“更专业、更专心”的服务理念,不断提高服务水平和质量,不断引入先进的管理理念,不断丰富天河城物业品牌的时代内涵,将继续领跑行业,服务社会。

(资料来源:http://www.teemall.com.cn/)

三、购物中心的基本功能与本质特征

(一) 购物中心的基本功能

购物中心功能的核心是集合,它把分散在城市各个角落的商店聚集在一起,把遍布在街头巷尾的服务机构集合在一个建筑物中。因此,购物中心不是一家商店,而是聚集商店的场所。它通过调整各种零售形态的布局,疏通买卖渠道,让人们方便地购买和享受。

首先,购物中心具有售卖功能。提供齐全的商品是购物中心的基本功能,它与百货商店和超级市场不同,百货商店的目标市场是高档和中档消费者,超级市场的目标市场是普通大众,而购物中心的目标市场是由内含的各个商店来体现的，因此它包容各个消费者层次。其次，具有生活（社区）功能。消费者来到购物中心，不仅可以买到各种商品，而且可享受各种现代化的服务。购物中心不仅是商店，而且还是人们的休闲场所，它汇集了休闲、娱乐、文化、艺术、金融、饮食等全方位的内容。如深圳的国贸商场，除了定期开放音乐喷泉，提供休闲广场、音乐、观光和接待，组织艺术和时装表演、各类商品展览等外，还汇集了多家银行、证券公司、饮食公司和健身美容院等，为人们提供了一个购物、理财、漫步、约会、集会和享受的好去处，构成了现代社会生活的一个场景，形成了一种新型的城市多功能社区。

（二）购物中心的本质特征

购物中心定义的内容形式有多种，不同的人有不同的说法，但基本上是大同小异，购物中心这类商业物业实际上就是开发商统一规划、统一开发建设、统一运营管理、有计划进行商品组合的商店群集合体。可见，若仅把购物中心视为一般意义上的商店集中场所，甚至认为它就是大型百货商店，这不免有失偏颇，未能把握购物中心的本质特点。购物中心的本质特点在于统一管理和分散经营的管理方式，这是判断是否购物中心的标准。购物中心的经营者主要是通过出租物业获利，而不是通过商品买卖交易活动获利，购物中心是一种商业物业形式，不是零售业态。综合起来，购物中心具有如下本质特征。

(1) 有计划的商品经营组合。购物中心的各个经营元素是有计划地组合在一起，经营元素包括各种购物元素、餐饮元素、娱乐元素等，这些经营元素的类型、规模、数量、特色、品牌档次等在购物中心里都有明确的规定，如服装经营元素，其经营的规模面积、位置布局、针对的目标消费对象、引入的品牌特点等都有明确的要求。购物中心各种经营元素的选择及组合方式是根据购物中心服务的目标商圈的特点来确定的，其目的是全面满足目标商圈人群的物质和精神方面的需要。

(2) 统一管理。购物中心是统一规划、统一开发建设、统一管理的商业物业，购物中心物业产权比较集中，主要集中在少数投资商、开发商手中，经营管理公司对购物中心进行统一的经营管理，购物中心的商品组合、经营布局、招商推广、形象宣传、营销活动等都进行统一管理。无论是单幢的大型建筑，还是群体建筑，购物中心物业都是一个整体，都是一个完整的操作单体，其经营运作管理具有良好的统一性。

(3) 分散经营。购物中心是商店群的集合体，是众多的零售商汇集在一起从事商品零售经营活动的商业场所。虽然零售商的经营活动服从于购物中心整体管理，但零售商的经营活动是分散的、独立的，他们各自独立承担经营的风险，自负盈亏，说明了购物中心具有商业区的属性特征，购物中心是具有良好规划的商业区。如果购物中心只有唯一的零售商店，只有唯一的商品零售经营者，那么物业就不可称之为购物中心，只能是一个零售业态，只可称之为百货商店、超级市场或其他大型的专业卖场。

因此，购物中心的经营者不参与管理，只定期向管理者缴纳管理费，而所有者和管理者并不参与经营，租金收入和经营的状况并无直接关系。这种管理方式不同于百货商店和超级市场，也不同于商业街和集贸市场，它们之间有本质区别。百货商店和超级市场的管理者就是经营者，是一家商店由一个业主集中经营，而非多个业主独立经营。商业街虽然有多家商店集合在一起，但过分分散，缺乏统一的管理。而集贸市场的经营者不需要经过严格规划和挑选。相比之下，购物中心的管理模式最为有效，既能让承租户之间互相促进，又能防止不良竞争，并获得共同利益。可见，购物中心是一群商店的聚集，而且这种聚集是建立在统一管理的基础上，它和一组商店松散地聚集所形成商业集中区的含义完全不同。从定义来看,识别和确定购物中心的标准在于是否采用统一管理和分散经营的管理模式。

（三）购物中心物业服务的对象及其侧重点

购物中心物业服务的对象主要分为三个层面,即发展商(业主或代理人)、零售商(租户)和消费者(顾客)。虽然三者之间的责任、义务、权益相互交叉,但由于所站角度和利益取向不同,故对物业服务的要求侧重点也不尽相同。

第一层面:发展商(业主或代理人)。购物中心由于产权相对集中,故发展商通常为一个公司或一个组织机构,主要负责经营策划和管理,而非直接从事营销活动。其营销主导思想通常为以下三点。第一,注重塑造形象(社会知名度和关注度),以便尽可能提高商铺出租率和租价;第二,保证租约正常履行(主要指管理不善的影响);第三,延长建筑物和设备设施的使用寿命(降低运营成本)。因此,发展商对物业服务的要求侧重于购物中心外观形象(如公共场所保洁卫生和绿化、物业标志和广告设置、灯光效果)的保持;公用设施设备(如广场雕塑、音乐喷泉、停车场)的有效管理和合理使用;商业秩序的正常维持;消防、建筑物及设施设备的完好率等。

第二层面:零售商(租户)。购物中心的零售商来自四面八方,各行各业。它们与发展商(业主或代理人)签订租约,直接从事营销活动。每一位零售商都依赖其他零售商产生的人流,以此产生群体效应,加上百分比租约的普遍使用,因此零售商的成功即意味着给发展商(业主或代理人)带来相关的投资效益。其经营主导思想通常为以下四点。①尽可能提高商铺使用率(空间和时间);②注重购物中心的工作环境和商业气氛;③重视自己的品牌价值和保持自己独特的风格;④关心物流的畅通和货品的安全。因此,零售商(租户)对物业服务的要求侧重于装修时的配合程度;适当的营业时间;商铺商用设备的安装条件;购物中心的灯光照明、广告效果、空气调节、声音控制;营业厅通道、楼梯、货运电梯的畅通;安全措施等。

第三层面:消费者。消费者到购物中心购物和休闲,其所关注的除了品种、价格、服务外,购物中心的营销环境(商场外观、店内气氛、店堂布局、商品摆放、安全因素等)也是影响消费者心理选择的重要方面。随着社会经济的日益发达,人们的生活方式日趋多样化,许多消费者购买商品和服务不仅是为了满足物质和身体方面的需要,更是为了满足心理需要,以此充分表现自己的个性特征。因此,对于消费者来说,物业服务应侧重于提供贴心的个性化服务。

四、购物中心的管理

由于物业管理有助于改善良好的能持续改善的购物和营商环境,合理的商业业态组合及持续及时的调整,可以不断提高购物中心的商业价值,可见,购物中心的物业管理必然是动态经营策略与静态常规管理相结合。

（一）阶段性管理

1. 开业前期的管理

购物中心建成并不意味着开发过程的完结,其开业前还有重要的任务,就是为出租店铺寻找承租户,也就是招商租赁。为了保证招商目标能够实现,首先需要做好充分的市场调查,并在预算的基础上确定开业后的经营目标。其次,需要根据开发费用成本、市场的供求规律和购物中心的经营特色等情况选择租户对象和确定出租策略。

具体工作包括:第一,进行经济决算。实际上在物业开发可行性研究阶段已经作过项目成本预算,在开业前要做的就是预测开业后的收入,在已明确开发费用与成本的基础上,可以进行较为准确的决算,通过投资和收益的经济分析,制订开业后的经营目标,并以此作为店面出租和物业设备设施改进的依据。第二,进行招商和选择承租户。在招商过程中,有必要对每一个承租户进行评价,预测他们的经营前景,作出店面出租的指导。首先,要选择有保证租金来源的承租户。开发商的目标是最大限度地出租营业面积,以获得最大的利润来源。信誉好的大型零售商可以保证租金来源的稳定性,由于租用面积大,一般会赋予相对较低的单位租金;而许多信誉一般的小零售商,由于商品销售量大,往往可以给业主带来额外的百分比租金。因此,开发商往往需要面临协调一个长期收益和迅速回收投资的问题,在选择承租户时,需要在利润和稳定性之间作出选择。其次,需要保证购物中心商品种类的完整性。购物中心的重要特点之一就是提供一次性的、有大量选择的购物环境。因此,开发商在招商时应当考虑选择一些承租户集中布置,扩大商品覆盖范围,方便购物者进行比较,提供与城市商业区一样的竞争性和便利性,创造购物气氛。再次,要保证购物中心经营项目的多样性和综合性。开发商在招租时亦要注重各种经营项目的配套经营和所占比例,让消费者在购物中心除可以购买到称心如意的商品外,还享受到餐饮、休闲、美容、娱乐等各种综合性服务。最后,确定承租户租金。租金高低与购物中心的规模有关。一般大型购物中心的租金高,小型购物中心的租金相对低一些。如果规模相同,由于位置不同,租金也有差别。即使在同一购物中心,不同的楼层、位置,租金也有明显差别。另外,租金水平高低亦与经营项目的规模、业态、品牌有关。一般而言,购物中心的核心租户,如百货公司,常常能够获得较低的租金和较大的优惠,有些还随着面积的增加而递减。超级市场因有较强的吸引人流的作用,成为购物中心的重要补充。一般选择有良好信誉的连锁店,能够保证足够的租金。然而,超级市场因其经营业态及规模的问题,一般租金水平不太高。

2. 开业阶段管理

开业阶段的管理,首先是作好营销宣传。购物中心开业几周之前,就要开始充分利用各种媒体积极宣传。如果宣传不够,知道的人少,开业时来的人也就少,不仅会影响乘兴而来的购物者的兴致,而且也使承租户感到失望。因此,良好的开业宣传推广非常重要,对经营者、管理者和消费者来说,都是一个重要的信息保证。其次,作好开业组织。购物中心开业日可能会涌来大量购物者和参观者,造成各种服务和设施应接不暇。另外,由于对新环境不熟悉,可能会出现各种意想不到的情况,如购物者迷路、找不到停车位、停车排队等候、到处人满为患、餐饮设施供不应求、购物排长龙等。为了让开业有序进行,可以制订开业时间表,有组织地进行。大型区域购物中心的开业可能影响整个城市甚至这个城市的周边地区,因此最好把开业时间设定为一段时间。再次,做到开业率高。因为购物中心要求统一管理,所以应当尽可能保证绝大多数的承租户同时开业(至少80%以上),不同时开业可能会使一些购物者感到冷清,而且购物人流也不能按照规划的线路运动,未完工部分的噪声和环境也会造成一定程度的混乱和干扰。因此,为了避免出现这种情况,应当尽早控制工程和装修进度,制订严格的开业计划和时间表,并在招商谈判时和承租户协商解决。即使不可能同时开业,未完成部分也需要进行遮挡,并最好标明预定的开业日期。最后,作好开业的现场环境管理。在开业的最初几周,可能有成千上万的购物者前来参观购物,因为不熟悉环境,所以应当用简单明白的方式指明方向,发放一些宣传和线路指导图。在开业之前,所有的交通符号、停车标志灯等都必须齐备。因此,此阶段的交通安全管理、清洁管理、设备运行管理均是保证物业运行正常的管理工作。

3. 经营阶段的管理

开业庆典活动标志物业开发建设过程已经告一段落，进入了正常运营阶段。购物中心是最为时尚的一种消费方式，随着潮流的变化，需要改变外观形象或加入新的用途，改变营销策略以提高竞争力，并进一步完善。经营期间的物业管理工作主要包括：承租商的优化管理、促销推广活动、服务管理和日常的物业管理。

（二）日常管理

购物中心集聚各行各业，人流量大，物业及设备设施使用频繁。因此，预防性的控制措施、保洁工作以及建筑物、设备设施的日常检查维修尤为重要。在购物中心的不同部位，各有其需要管理的重点。

(1) 广场管理。购物中心广场是购物中心的门面与形象，每天有大量的人出入与经过。因此，在广场四周出入口及场内通道需设置醒目标志，明确划分广场各功能区域（停车区、休闲区、绿化区、广告区等），提醒各类人员和车辆可通行的区域，并注意控制进场车辆的速度和行人的安全。同时，要重点保证广场休闲区的美观与洁净，加强休闲区内各公用设施的巡查和交通疏导，严禁在广场内摆摊设点，兜售商品。

(2) 外观管理。第一，购物中心的店面装饰既要突出商业行业的特点，又要有独特风格，色彩图绘要反映购物中心的经营特色，满足商品销售的需要。第二，户外广告要根据建筑物的整体造型和结构特点作好广告规划、制作、发布和监督工作，以防对建筑物造成损坏，威胁人身安全。第三，招牌的设计应做到“新颖、醒目、简明”，引导消费者进店购买商品。如果购物中心地处交叉路口，应该在各路口一侧上方都树有招牌。第四，室外灯光照明应突出建筑物的轮廓和店面装饰的宣传效果。休闲广场宜采用别具风格的路灯、树灯、地灯，多层次、低密度立体辉映。第五，定期对外墙、店面装饰、招牌和室外照明设备进行检查清洗，特别关注室外供电线路的老化及构件的锈蚀。

(3) 营业大厅管理。购物中心营业大厅需统一开放，营业时间也应统一。因此，租户及其雇员务必在规定的开放时间凭有效证件进场，作好营业前的准备工作，如点名、打扫卫生、补货上架、检查标签标价、准备售货用品和工具等，并按规范姿势站立迎宾。营业时间内，大厅出入口的安全固定岗和场内巡逻岗应礼貌注视来往人员，提供咨询服务和指引。禁止在大厅内吸烟、摄影和携带宠物，保证大厅公共通道的畅通、人流物流井然有序和绝对安全，突发事件能得到及时地处理。大厅内由于往来人多，保洁员应实行定时、定期和日常巡查相结合地全天候保洁，保证无卫生死角，及时清理垃圾废物，遇雨雪天还应备置伞袋、踏垫、防湿地毯等。

(4) 货物运输管理。购物中心每天都有大量的货物进出，一般货运电梯是提供给零售商（租户）搬运货物，货运电梯在指定时间内开放，而且往往在首层安排有专人看守。选择好靠近货运电梯的合适地点作为卸货区。送货时间有严格规定，不允许任何在非正常开放时间内的送货安排。另外，营业大厅在营业时间内一般禁止大宗货物的搬运。零售商（租户）在任何时间内都严禁使用扶手电梯送货。

(5) 设备设施管理。机电设备及其配套公用设施是购物中心使用功能的生命线，在日常管理中应高度重视。首先，设施设备的维修宜采用事后维修和预防维修相结合的方式，以提高设备利用率，降低设备寿命周期的费用。日常运作应重点做好点检工作，根据设备在购物中心的重要程度进行分类检查和维护。此外还要由专人负责进行预防性的定期点检，必要时进行专题检查，以保持设备的性能。设备设施的维修保养作业不能对购物中心任何部门的工作造成影响，涉及商铺的作业要提前书面通知使用人。备用发电机保证可随时在停电时即时恢复供电。电梯定期保养检修要错开保养梯次和营业时间。

（三）购物中心的管理模式

由于对购物中心管理模式的探索时间还不长，目前呈现出从国内模式到国外模式多元化的现状，这也在某种程度上体现了购物中心管理的发展历程。

购物中心发展的早期，由于受传统计划经济管理模式和家族式经营模式的影响，不少购物中心都采用了开发商自行管理或主要承租者进行经营同时开展管理的管理模式。例如，上海豫园旅游商城有一个统一的管理机构；新上海商业城由18个投资者出资组建联合发展公司，进行管理和服务；广州市天河城广场、中华广场、乐捷图广场等也均采用了开发商自行管理的模式；北京信特商业中心则是由香港闽信法特朗有限责任公司承租并进行物业管理，然后通过招商转租给承租户经营。由于学习和引进外国的管理模式，许多购物中心由外国的管理机构参与合作管理。例如，北京、上海和深圳的家乐福，是由法国家乐福集团直接管理。还有一些购物中心建成之后直接输入管理或委托国外机构管理。例如，原北京万通新世界商城是由中方和美国环球发展管理公司联合管理。应该说，统一管理、分散经营是购物中心的理想管理模式。

专业商业物业管理公司在我国的出现相对较晚，特别是物业管理企业的品牌化需要较长时间的磨炼。物业管理公司品牌化是适应了商业物业管理国际化与标准化的潮流，同时，启用品牌物业企业管理也是购物中心高级化的体现。

五、承租客商的选配

购物中心是一种多功能的建筑综合体，独立式的购物中心一般由以下两大基本设施构成：其一是商业设施，包括零售设施，如核心百货商店、各种专卖店等；服务设施，如银行、洗衣房等；文化、娱乐设施，如图书馆、体育中心、儿童游乐中心等；餐饮设施，如餐馆、咖啡屋、酒吧等。其二是配套设施，如停车场、旅馆等。这些众多的设施分别由各行业的经营者独立经营，所以承租商的选配和营销策略是物业管理的主要内容之一。

（一）制订承租政策

购物中心的主要管理内容分之一就是确定承租户的组成和布局，以及制订承租政策。购物中心的类型和特点在很大程度上取决于承租户的组成。不同购物中心的承租户组成千变万化，这不是偶然的，也不是由市场自由决定的，而是开发商和房地产顾问有意识决策的结果。他们制订承租计划时，已经确定了各种承租户的组成和数量，它们占整个可出租面积的比例，以及它们在购物中心的地位和位置。

承租户的选择通常需要考虑下列因素。第一，大型购物中心需要吸引全国性连锁店和知名商店作为核心承租户。这种商店稳定而安全，能保证可靠的租金收入。第二，购物中心的承租户种类和组成给购物者留下的印象非常重要，因此要突出个性和特色。不同的承租户组成带来的吸引力可能大不相同。如果承租户组成与附近的购物中心雷同，那么容易让购物者认为所有的购物中心都大同小异，从而导致该购物中心失去竞争力和吸引力。承租户的地方特色值得特别重视。

无论何种规模和种类的购物中心，处理好所有者、管理者和承租户之间的关系至关重要，这是提高购物中心对承租户的吸引力，保证足够承租户来源的关键。为此，在制订承租政策时，需要遵循以下原则。

1. 承租户的分类和地位

确定核心承租户的地位角色。购物中心的核心承租户和普通承租户的地位不同，核心承租户是购物中心的长期客户和吸引力来源，是招商的起点。为了吸引核心承租户，需要在位置、出租政策和租金等方面给予优待。

2. 尊重承租户的要求

(1) 尊重承租户对发展前景的要求。一些主要承租户在承租之前要自己组织调查，以便确定经营规模。同类承租户只有维持适当数量才能保持合理的竞争，否则，过分集中将造成不良竞争。

(2) 尊重承租户对平面的要求。在某些情况下，作为核心商店的百货商店、超级市场和综合商店常常对平面有特殊的要求，直接影响到平面布局。大百货商店对平面非常关心，它不仅考虑自己在购物中心的位置，而且考虑平面的效率以确保商业成功。超级市场、主要餐馆和大专卖店对平面也同样关心。经验表明，承租户的平面布置是成功的重要因素，而且，核心商店的作用对其他承租户也关系重大。只有通过合理的布局，承租户之间的利益才能得到平衡。

(3) 考虑承租户对独立建筑的需求。一些大商店、专卖店和食品店会坚持要占据独立的建筑，以便能够独立经营。它们要求直接对外(包括停车库和停车场)，为此，需要在设计上协调它们与其他承租户之间的关系，从整体上组织和分配人流，以便给购物中心带来最大的商业利益。

(4) 尊重承租户对装修的需求。对于装修，不同类型的承租户有不同要求，需要根据具体情况采用不同的解决方式，不能采用通用的模式。有些承租户希望事先装修好了，而一般的连锁店希望自行设计装修以维持统一的形象。

3. 确定承租户的组成和可获得性

是否需要某种承租户应根据购物中心的规模和位置以及消费者的购买习惯来决定。由于各地的消费习惯不同，对商品消费的种类和侧重点也不同。

是否吸引某种承租商户应当以必要的经济研究作为依据，它可能来自所有者最大限度地出租和使用营业面积的要求，也可能来自对消费者类型的统计分析。无论如何，最大限度地利用营业面积和增加销售额是承租政策的最终目标。

(二) 承租户在购物中心的位置和分布

在承租户组成确定之后，还需要根据各种承租户的需求和购物中心自身的需要，确定它们在购物中心的位置，以促进共同繁荣，给购物中心带来最佳效益。

核心承租户对于引导人流起着关键的作用，其布局直接影响到购物中心的形态。核心承租户的位置需要最先确定，大型购物中心的核心商店适合放在线性步行街的端点，不宜集中布置在中间，这样才能达到组织人流的效果。

实践表明，承租户的适当组合能够在一定程度上提高销售额。购物中心不是一般商业街，承租户布局需要统一规划和布置。各种承租户之间的亲和力是不同的，一些经营项目的商店组成群体有助于加强吸引力，而另一些经营项目的商店需要相互避开。

在大型购物中心中，四种主要商店类型需要互相聚集。第一类是男士用品商店，男装、男鞋和运动用品应当集中布置；第二类是女士用品和儿童用品店，包括女装、女鞋、童装和玩具等集中在一起，这样便于在购买之前对商品款式、价格和颜色进行比较；第三类是食品零售店，包括鱼肉店、熟食店、面包店等，聚集不仅给购物者带来方便，而且还能有效地增加销量；第四类是，配套服务店铺，包括便民药店、银行等，这些服务设施需要靠近停车场和商场入口，在尽量集中布置的同时，与其他承租户相对分离，让购物者出入方便，并允许它们在购物中心营业时间之外继续营业。

一些商店类型则需要适当分散布置，如服装和餐饮、食品店应适当分开，原因很明显。另外，把服装和食品分开也有利于组织人流，因为这两种类型的商店中，购物者的步行速度完全不同。超级市场需要能够方便地进出停车场，最好能设置单独的出入口。珠宝店和音像制品商店适合分散布置，一方面这两类商店的环境氛围完全不一样，珠宝店需要优雅安静，而音像制品店往往需要靠音响效果吸引客人；另一方面也可以延长购物者的兴趣。

【案例】 商品组合

就目前中国大城市的消费水平而言，多数购物中心内的商品应走“高而不贵”的路线，这也是大多数中产家庭消费群的心理层面。他们追求生活质量，但对价格的范围有自己的评判和接受极限，他们偶尔会有购物冲动和盲从，但也有较强的自控能力。

深圳华润万象城主商圈的消费群来自罗湖商圈的白领，定位为25岁至35岁的时尚女性。最能吸引女性购买的是三类商品：女装女鞋、化妆品和饰品。华润万象城无论在店面形象还是店内设计和布局都做得非常出色，作为市中心地段一流的shopping mall当之无愧。万象城女士商品主力品牌店多为世界二线品牌，但这类品牌商品的价格一般都超出了这个年龄段大多数女性的购买力；百货类主力消费群是女性顾客，占到所有顾客的65%，其年龄段一般在25岁至45岁之间，高端消费群则集中在35岁至45岁这个年龄段。因此万象城的女性主力品牌店的商品组合稍稍偏离了这部分客户群。更重要的是其商品价格特别是其主力超市的商品价格组合不尽合理，限制了消费层面，也减少了人气。

（资料来源：http://blog.sina.com.cn/s/blog_4b2872ad0100065d.html）

第四节　商场物业的经营管理

一、商场物业经营管理的目标

商场物业管理的目标概括起来有以下几个方面。

（一）实现利润

物业管理公司接受商场所有者的委托，运用委托方授予的经营管理权，通过有效的经营管理服务，最大限度地发挥商场的功能，提高商场出租率、出售率及经营收入，提高租金收入，降低经营管理服务成本，从而既可满足委托方的盈利要求，又达到自己的盈利目标。

（二）树立信誉

信誉就是指物业管理公司及其管理的商场受社会认可的程度。商场的租户不是永久的，往往是流动的、不断变化的，因此，商场管理的好坏，对其影响很大。因为商场竞争是相当激烈的，没有高水平的服务标准，是很难赢得租户和顾客满意的。一旦物业管理公司的管理服务出现差错，导致租户和顾客的不满，对商场和物业公司的声誉影响很大。如果失去了租户及顾客，就不能满足委托方的要求，从而就不可能再管理商场，影响公司的经济效益。

【阅读资料】 物业管理公司信誉的评价

一般来讲，一个好的物业管理公司应该具备以下五方面的素质。

(1) 品牌：将品牌作为选择产品的要素之首，已成为大家的共识。品牌代表着企业所提供的产品是经过了时间检验，被社会接受和消费者认可的，体现了企业信誉和产品质量的知名度。

(2) 业绩：这从物业公司目前接管的物业项目、管理的水准和服务质量的高低、管理的物业规模的大小、管理的物业的类型，以及所管理的物业项目是否获得过"国优"或"市优"等称号来表明物业公司的管理业绩。

(3) 实力：物业管理公司人才实力如何，有没有一批较高水准的专业管理人才，尤其是是否有一定数量的职业经理人才，决定着物业管理公司管理水平的高低。另外，企业采取什么样的管理模式，管理机制是否与市场接轨，能否体现出精干、高效的企业活力，是否具有良好的市场成长性；公司本身是否形成了链条式的管理体系，具备了强有力的管理支持系统；公司从业的历史长短和发展轨迹，积累了管理哪些类型物业的经验；企业运行的经济效益状况如何，是否具有较强的经济支撑力等也很重要。

(4) 专业：一般有一定品牌形象或知名度的物业管理公司，也相应具备了一定的专业化水准。专业公司所从事的产业是一元多维的，运作程序是非常规范的，产品质量是经过国家或国际标准认证的，提供的服务是细致到位的，对市场和服务对象有着深入的了解与研究，对政府主管部门的有关政策和国家相关法律法规比较熟悉并运用自如，企业自身建立了一整套物业管理的规章制度。总之，规范的物业管理公司处处都体现出专业化的运作方式。

(5) 特色：所谓特色，也就是与别人的不同之处，或者说有自己的高招或"鲜招"。目前，市场上许多的物业管理公司经过多年的运作，形成了自己的特点和优势，积淀了自己的企业文化。

(三) 为了发展

发展是指物业公司通过商场管理的全过程，逐步获取相关知识和经验，以促进公司业务的发展壮大。通过商场管理，可以从中汲取经验教训，不断总结、探索、积累商场管理的经验，为今后公司开拓和发展业务打下了扎实的基础。

二、商场物业的招商管理

商场物业的收益直接通过招商收取租金或营业额来实现，因此，招商对于商场物业的经营来说非常重要。商业物业招商是指商场的产权者通过一定的渠道，将拥有的经营权全部或分散的以租赁或其他联营方式交给各个大小商户进行经营，以获取租金或营业额提成的招商模式。

(一) 商业物业招商的特点

招商是商业地产收益的实现形式，一个商业地产项目运作成功与否，就要看能否按计划成功招商。因而，对于物业管理企业来说，掌握商业物业的招商特点有利于商业地产项目的运作成功。与传统的零售服务业相比，商场物业的招商具有以下特点。

(1) 目标客户主次分明。首先是确定主力店群，其作用有四个：①有助于稳定整个项目的经营，主力店群一般占有整个项目一半左右的营业面积，其影响之大可想而知。知名度较高、有良好业绩记录的主力店可使项目更加稳定，且有利于项目的可持续发展。②知名的主力店群的入驻能够吸引投资者的眼球，刺激铺位的销售，以及对中小店群的招商。③主力店群各自拥有一定忠诚度的消费群体，这一优点可以帮助项目在日后的营运中，能在保持一定量客流的基础上发挥更大的效用。④主力店群的进驻能够影响中小店的租金水平，提高项目整体租金收入。

其次是在确定了主力店群后，再确定中小店群。其作用主要有两个：①按业态组合设计招入中小店群，以满足项目商圈内不同层次、不同需求的消费群的购物或消费需求。②中小店的铺位租金往往是主力店的 4～10 倍，有的甚至更多，其租金总和是项目的主要利润来源。

(2) 租金、租期差异大。主力店群投资大，投资回收期长，其租期要求一般需 8～10 年，有的长达 15～20 年。其租金相对便宜得多，一般在第 4 年起，租金开始递增，递增幅度在 3%～10%。而中小型店的租期一般为 3 年左右，租金较高，一般在第 3 年起递增租金。

(3) 招商时间长。商业物业的招商时间相对较长，从业态组合确定开始至项目全面营业，它可分为主力店群和中小店群两个招商阶段。主力店群的招商集中在项目业态组合之后、规划之前；而中小店群的招商则分散于整个项目的建设期间。由于主力店群决定项目产品的形式，在产品形成之前，发展上就需要确定主力店群，并按其要求设计、建造整个商业物业；而中小店群则对形成后的商业物业改造要求不大，因而中小店群可以在主力店群确定之后才正式进行。

(4) 招商难度大。招商难度大的主要原因在于：第一，项目建设期较长，主力店群对项目业态变化趋势难以把握，不容易与开发商结成合作联盟。第二，装修进度影响中小店群的入驻。第三，功能分区的招商进度影响了各类店的进驻决策。按照合理的功能分区计划，顺利入驻相应的商店或服务机构可使各类店的经营互动起来，对于各项目和各店的经营都大有帮助。而一旦某一类商店或服务机构招不进来，则整个项目服务功能可能不尽理想，特别是能吸引人气的各类主力店或同类店中的知名店和特色店没法入驻时，更是影响了整体的经营。第四，营运商较低的知名度和缺乏经验，使招商难度进一步提高。商业地产在我国兴起的时间不长，像广州天河城购物中心这类成功经营的案例更是寥若晨星。绝大多数的发展商或营运商并不具备丰富的商业地产营运经验。

（二）招商的基本原则与渠道

招商工作多是主动性的，是有计划、有目的地主动上门寻找目标客户进行沟通，最终说服客户进驻项目投资经营。因此，商业物业招商有其特有的基本原则。

第一，按业态和业种规划原则。业态规划是在前期市场调研的基础上制订的，它对商业物业的建筑设计、招商、销售和运营管理具有重要的指导作用。按照业态和业种规划的原则进行招商，可以防止在招商工作中走弯路，同时便于控制竞争激烈的业态和业种，从而减少开业一年后的换租率，使整个项目的业态在随后的经营中更加合理。

第二，按市场定位物色品牌对象的原则。市场定位同样是经过前期市场调研而制订的，市场定位报告在招商之前已经明确主要目标消费群是属哪一类型。如果已经明确是中低档品牌的，则没必要勉强引进高档品牌，否则既费力，又不适合商圈的需求。同样，如果确定为中高档的品牌，则应想尽办法招入符合要求的高档品牌，尤其是能带动招商的特殊品牌。可以采用短期内联营的方式，以保证整个项目的成功招商。由于市场的低档品牌较多，招商相对容易，如果招商中弃高就低，易使整个项目的品牌档次未能按原定的市场定位执行，项目也不容易成功。

第三，按赢利模式确定经营模式的原则。赢利模式是商业物业开发商在开发项目之前已确定的，其依据是市场对商铺投资需求预测、企业自身的资金实力、企业未来开发目标、运营管理团队的管理能力预期等诸要素的综合分析。商铺的赢利模式有两大类：①销售类，可以分为销售代租、销售返租、投资客自营；②租赁或联营类，可以分为租赁、联营提成和管理商自营。由于赢利模式不同，其招商方式也不一样，销售类的商铺除在代租期或返租期外，其余时间应在业态、业种、市场定位方面加以指导和约束；而租赁或联营类则应以长期经营为目标进行招商，为日后商铺的快速增值创造条件。

第四，主力店先行的原则。寻找主力店是开发商或管理者进行物业租赁时的首要工作。

因为主力店对卖场的面积、停车位的面积、空间的高度等都有一系列的要求，所以一般在商场项目开发之初就要做好主力店的招商工作。而中小店的招商时间相对短些，且显然受主力店能否成功经营的影响，所以可以安排在开业前的几个月才进行招商。

招商渠道是指开发商或管理商将商业物业的招商信息传递到潜在商户的途径，它直接影响招商效率。准确的渠道设计和选择，可缩短招商时间，提高成功率。招商的主要渠道包括：

第一，利用新闻和大众媒体进行招商。即通过电视、广播、报纸刊物、互联网、宣传册、企业内部刊物等发布招商信息。这是一种比较基本、普遍、且特别重要的渠道。

第二，利用招商活动进行招商。即通过会议和各类主题活动，如举办商品展览会、采购大会、招商大会等。这是开发商或管理商进行招商的常用方法。

第三，通过专业人员进行招商。专业招商人员通过经常参加各类相关的商品和服务展览会，直接与厂家或区域总经销商、代理商等相关人员直接面谈交流。这是一种最直接、最高效的招商方法。

第四，通过中介机构或各类商会进行招商。这种招商方式虽然需要支付费用，但往往要比开发商或管理商直接招商的成本低得多，而且成功率相对较高。

三、商场租金的管理

（一）影响商场租金的因素

商场租金方案的确定非常重要，方案的好坏直接关系到商场的出租率和出租收入。物业管理公司在确定租金水平时，首先要了解影响租金的因素有哪些，进行市场调查，并预测市场发展趋势。一般包括有这样一些影响因素。

1. 决定因素

一般来讲，商场的租金收入必须能抵偿所有投资成本，并能为投资者带来投资回报。因为没有回报率的投资是不会吸引投资者的，所以，物业管理人员在确定租金水平时一定要考虑投资成本，投资成本是决定商场租金高低的重要因素。在制订方案时，可以将商场的总投资成本折算为年投资成本，然后再确定租金水平。

在市场条件下，新商场的租金水平往往受旧商场限制，因为高于或者低于市场一般租金水平的租金都可能导致业主利益受损，投资成本无法收到回报。因此，已有商场租金高低也是决定新商场租金的主要因素。如果确定的租金高于市场一般租金水平，就意味着商场有空置的风险；如果低于市场一般租金水平，虽然可能使出租率达到100％，但可获得的租金收入可能不是最理想的，投资回报率也不高，甚至不能抵偿所有投资成本。

按市场规律，市场同类型的商场的供求状况也决定商场租金的高低，如果市场上同类型的商场供大于求，那么租金不可能定得过高；如果供不应求，那么就可以定高一些。

2. 影响因素

商场地理位置决定了其使用者与外界交往的便利程度以及商场的客流量和购买力，因此，它直接影响商场的租金水平。

商场经营内容对租金水平有很大影响。因为经营内容不同，获利能力和承受租金水平也有很大不同。如经营杂货的商场和经营珠宝首饰的商场营业利润就相差很大，当然租金水平就会不一样。一般认为，经营内容不同而使租金从低到高的顺序是：杂货店、百货店、家具店、餐馆、电器商行、书店和体育用品店、时装店、化妆品店、珠宝首饰商店。

租户类型不同对租金也有很大影响。一般情况租给大公司的租金要低一些，但收取租金比较有保障；反之，租给小公司的租金要高一些，但收取租金往往难以保障。

出租策略是影响租金的一个重要因素。如租期的长短对租金的影响就很大，一般租期短的租金要比租期长的租金要高。再如商场的装修是由租户负责还是由业主负责，其租金也自然不同。

（二）商场租金方案的制订

商场租金方案的制订是一项很复杂的专业性工作，要根据商场的特点和影响租金收入的诸多因素来确定。

1. 分析市场上同类商场有关情况，进行市场定位

首先，要尽可能详细了解市场上尤其是所在区域内的主要竞争对手的出租情况，如租金水平和出租率高低。其次，要结合自己商场的特点和优势进行市场定位，确定本商场的租金水平和主要租户量，然后再分析可能出现的租户类型及其要求，分析租户对现有商场的满意和不满意的地方等，并根据这些因素来确定市场推广宣传策略，尽可能扬长避短。

2. 确定不同情况下的商场出租率和租金水平

物业公司可根据业主对投资回报率的要求和商场价值情况，确定在乐观、一般、悲观等不同情况下完成投资回报率所要求达到的出租率和租金水平。

3. 确定基本租金

根据上述的分析、调查计算结果，就可确定商场的基本租金，然后再根据楼层、朝向、面积以及租期等因素，确定商场内各部分面积的租金。当然，这个租金并不是一成不变的，在与租户谈判时，可根据租户的具体情况有一定的调整余地。

一般来说，作为市场推广的一种策略，许多业主为了有效地吸引租户，迅速扩大商场的知名度和影响力，初始的租金多定在一个较低的水平上，以后再视市场供求关系变化情况、通货膨胀率、本商场出租率及营业情况，以及在整个市场中的地位变化等因素，来决定是否调整租金以及调整的幅度，以使商场租金始终保持在一个较为理想的水平。

（三）租金收取方案的制订

为了尽量减少租户迟交或拖欠租金，并和租户建立良好的信任关系，物业管理公司需要制订切实可行的租金收取方案。

1. 制订宽紧结合的租金收取策略

虽然租金收取有一定的程序和时间限制，一般是按月并于月初收取，但也要保留一定的弹性，以便物业公司能与租户建立良好的信任关系。尤其是在经济不景气或租户业务发生困难时，可以适当拖欠一段时间，这对提高商场的出租率和物业公司的声誉有很大作用。当然，这种宽松不是无条件的，如果租户无故拖欠租金，则要设法收取，必要时还要诉诸法律，以免开了恶例，给公司造成损失。

2. 选择合理收租时间及灵活办法

可根据租户的收入特点灵活地选择收租方式，合理地确定收租时间，这对于是否能及时足额地收回租金也是很重要的。此外，物业公司还可采取主动的收租方式，如适时有礼的电话、信件或亲身访问，提醒租户按时缴纳租金，这对租金的及时收取也很有效。但不论是何种收租方式，物业公司通常还要向租户收取一至三个月的押金，这笔押金的利息收入，也是商场出租收入的一部分。

3. 采取一定的奖励措施

物业公司对于提前缴纳租金的租户，可实行一定额度的奖励，如年初交齐全年租金的可免半个月或一个月的租金，以鼓励先进，鞭策落后，这对按时足额收取租金也有帮助。

第五节　其他典型零售商业物业的服务与经营

一、大型百货商店的物业服务

（一）从百货商店到购物中心转化的趋势

目前百货商店通过引入新的管理模式，即所有者、经营者和管理者相分离的实践并不多，但从发展趋势来看，它们正在不断朝多功能方向发展，与购物中心有很多的相似之处。20 世纪 90 年代中期之后，百货商店经营的商品品种越来越丰富，不仅如此，百货商店还普遍增加了娱乐、餐饮和服务功能及各种金融、通信和服务机构，以及提供用具修理、婴儿看护、电话、储蓄和消费咨询等服务项目，使之不仅成为消费时尚的引导者，而且成为消费者的休闲地、家庭娱乐地和社会交往场所。百货商店的功能多样化虽然为改造成购物中心创造了条件，但是也给建筑设计和改建增加了难度，要求在改建设计中根据具体情况，采取灵活的方式把大小承租户商店联成一体，同时又能够满足它们独立经营的需要。

（二）百货商店的物业服务与经营模式的转变

百货商店转变成购物中心的关键在于物业服务与经营模式的改变。购物中心采取集中管理、分散经营的租赁模式，而百货商店的所有者就是经营者和管理者，因此百货商店导入购物中心管理模式，就是从集中管理和经营到管理者和经营者的分离，零售物业服务社会化和专业化是未来的发展趋势，百货商店引入购物中心管理模式不仅有助于提高管理水平，也为目前大型百货商店走出困境提供了一条途径。现阶段的一种做法是百货商店短时间内既作为主要承租户和经营者，同时又充当管理者，管理其他承租户，主要承租户和普通承租户独立经营，一些特级市场可以通过引入独立的承租户变成焦点的中心。最常见的主导商店是超级市场，家具店、折扣店和仓储自选店有时也可能成为焦点中心的主导商店。另一种做法是商业设施的所有者作为购物中心的管理者，招商经营。

（三）百货商店的物业服务

1. 要实现类似购物中心的管理模式

中国已有的零售物业服务经验主要来自百货商店，在社会分工和专业化管理方面仍然经验不足，购物中心的管理优势难以体现，只有导入购物中心的管理模式，实现所有者、管理者和经营者各司其职的分工模式，才能把零售物业服务提高到一个新水平，最终获取商业利益并取得公众的认可和支持，这是向购物中心发展面临的一个重要任务。

2. 租赁模式与管理

在大型商场中引入其他经营者，如出租柜台、引厂入店，更重要的是要引入先进的专业化物业服务，这是对物业服务行业的一种新挑战。具体地要确定招商的面积、租价、租赁过程，配合装修，制订经营模式、利润分配方法、日常物业服务项目和管理要求。

二、商业街物业的物业服务与经营管理

（一）商业街的定义与特点

商业街就是由众多商店、餐饮店、服务店共同组成，按一定结构比例规律排列的商业繁华街道，是城市商业的缩影和精华，是一种多功能、多业种、多业态的商业集合体。其特点主要有以下几个方面：第一，功能全。现代商业街至少应具有购物、餐饮、休闲、娱乐、体育、文化、旅游、金融、电信、会展、医疗、服务、修理、交通等十几项功能和几十个业种，要力争做到“没有买不到的商品，没有办不成的事”，最大限度地满足广大消费者的各种需求。第二，品种多。现代商业街是商品品种的荟萃，如北京王府井、上海南京路和广州北京路。作为国际大都市的商业街，不仅要做到“买全国，卖全国”，而且要有比较齐全的国际品牌，既是中国品牌的窗口，又是国际品牌的展台，把民族化与国际化有机地结合起来。第三，分工细。分工细、专业化程度高，是现代商业街的重要特色，现代消费已从社会消费、家庭消费向个性化消费转变，要求经营专业化、品种细分化，商业街除了少数几个具有各自特色的百货店以外，其余都由专门店、专业店组成。第四，环境美。商业街的购物环境优雅、整洁、明亮、舒适、协调、有序，是一种精神陶冶、美的展现和享受，要突出体现购物、休闲、交往和旅游等基本功能。第五，服务优。服务优是商业街的优势和特点，除了每一个企业塑造、培育和维护自己的服务品牌，推进特色经营外，要突出商业街服务的整体性、系统性和公用性，提高整体素质、维护整体形象、塑造整体品牌。

（二）商业街的分类

综观现在各种商业街，大致可以分为三大类。

1. 中央商业街

“中央商业街”一词是大都市商业发展到一定程度的产物，西方国家比较早地采用了这种提法，如美国纽约的曼哈顿、日本东京的银座等均被冠之中央商业街的称号。但关于中央商业街的内涵，至今还没有明确、权威的界定。可以说，一个真正的中央商业街必须是这个城市的商务功能的核心。从一定意义上讲，作为中央商业街要具备以下几个特征：第一，商业特别发达。这里的商业是指具有综合性能的区域，不仅涵盖了一般的零售业和服务业，还包括金融、贸易、信息、展览、娱乐业、房地产、写字楼及配套的商业文化、市政、交通服务等设施，是一个大商业的概念。第二，有较高的社会知名度。如北京的王府井、上海的南京路、广州的北京路、香港的中环、纽约的曼哈顿第七大道等都在区域经济活动中起着举足轻重的作用，甚至影响着世界经济的发展，其社会知名度要明显高于其他地区的商业中心。第三，中央商业街的功能要辐射整个城市而不是仅在某一地区某一范围内发挥作用。换句话说，中央商业街应是一座城市的开放窗口，是整个城市经济和商业发展的中枢，是南来北往的客流集散地，也是商务活动常涉足的地方。第四，中央商业街应位于城市的黄金地段。地价和土地的利用率最高，交通极为便利，人流、车流量最大，建筑物高度集中，有现代化的市政、信息环境，对国际跨国公司有巨大的吸引力。

2. 地区商业街

地区商业街是指分布在各个居民住宅区、主干线公路边、医院、娱乐场所、机关、团体、企事业所在地的商业繁华街道。相对于中央商业街而言，地区商业街主要有以下两个特征：第一，地区商业街的总体规模小，它以零售业为主，是简单的商业组合，其功能比较单一；第二，地区商业街是一种社区化消费场所，不是辐射整个城市的行为。

3. 特色商业街

特色商业街是在商品结构、经营方式、管理模式等方面具有一定专业特色的商业街。特色

商业街分为两种类型：一是以专业店铺经营为特色。以经营某一大类商品为主，商品结构和服务体现规格品种齐全、专业性的特点，如文化街、电子一条街等。二是具有特定的经营定位。经营的商品可以不是一类，但经营的商品和提供的服务可以满足特定目标消费群体的需要，如老年用品、女人用品、学生用品等。当前，中国的特色商业街已取得了长足的发展，在很多地方都形成了各种具有特色的商业街。这些特色街，或汇聚名人故居、酒吧餐馆，以观光休闲美食见长；或荟萃世界名品，以展示流行，提高生活品位为特色。

（三）商业街的物业服务与经营

1. 进行恰当的定位

商业街市场定位是根据消费者的数量、需求、偏好以及购买力的不同，对各种类别、层次的消费者进行细分，以确定该商业街的规模、经营门类及商品档次等。不同年龄、职业、文化层次的人在购买心理和需求层次等方面存在着很大的差异，使得商业街市场定位的成功与否并不以决策者的主观意愿为转移，而是通过消费者的购买状况反映出来。所以，成功的市场定位应建立在对消费者及其消费行为认真分析的基础之上。

2. 物业服务与经营模式要不断创新

目前我国商业街的物业服务与经营模式大致分为三种：一是委托制，在管理办下设监察大队，受政府相关职能部门的委托，对街区道路、公共设施、户外广告、卫生绿化等进行综合管理，如上海南京路步行街；二是抽调制，从政府各机关部门抽调人员，合署办公，综合执法管理，成立由宣传、技监、工商、物价和辖区负责人参加的管委会，如南京市湖南路商业街；三是物业服务制，成立物业服务公司，靠向商家收取一定的管理服务费维持正常管理工作，并协助相关职能部门维持街区的正常管理秩序，如深圳市东门商业街。其中，物业服务制是一条值得探索的新路子，虽然中国在住宅区和写字楼等的物业服务已经有了许多成功的经验，而把这种模式引入商业街的管理，目前还处于尝试阶段。

3. 业态、业种组合要合理

如果事先没有合理的规划和引导，很容易造成商品“千店一面，单调雷同”的局面，并难以形成规模效应，甚至会相互影响，降低整个商业街的档次。不同类型的商业街，业态的组合设计也有差异：中心商业街业态应以专业店、专卖店、百货业为主；地区商业街应以便利店、超市为主；特色街以专卖店、专业店为主。各商业街在业种上也应有零售业、餐饮业、大众娱乐业、通信服务业等多种类型。根据调查，最佳的业种搭配为：零售业占 65%，餐饮业占 20%，大众娱乐业占 10%，通信服务业占 5%。

4. 商业街的物业服务

物业服务与商业街区开发配套，对商业街区进行综合性、全面性、多层次的管理服务，是项目不可缺少的服务配套。物业管理的项目在住宅、办公物业和商业物业的物业服务是三种不同的管理模式的公共服务。物业服务是商业街区的售后服务工作，在房子交付使用后才真正开始向业主以及商家提供服务。然而在商业街区的营销策划过程中，开发商就必须要将物业服务作为项目营销策划的重要内容，提前为业主和商家设计好商业街区物业服务的服务蓝图，对市场作出一系列的物业服务承诺，将物业服务融入项目形象当中去。从项目开始招商一直延续到项目的整个营销过程，为促进项目的前期招商和后期大拆零销售带来无限动力。因此，商业街的物业服务应加强以下六方面的管理职能。

(1) 建筑物与装修的维护。商业街区通常是一组现代化建筑物业，为了保证商业物业的形象，作好建筑物与装修的维护，保证物业不受损害尤为重要。一方面是保持良好的商业形象的需要，相信没有消费者会喜欢到建筑物破烂、装修陈旧的商场购物消费；另一方面是物业保值与增值的需要，商业街区中的商业物业以投资市场为主要市场，投资大型商业项目和买铺就是想赚钱，越是经营良好、保养得当的商业物业，就越是能不断增值。主要服务内容包括：商业物业建筑结构维护；商业物业建筑外观维护；商业街区公共区域装修；商家装修审批与管理；规范单、双铺店面门面装修；商业街区内部导向标志维护。

(2) 商业街区配套设施、设备的维护。首要工作是保证配套设施、设备能够安全运转，商业街区物业服务公司应对配套设施、设备进行完善的保养，杜绝事故隐患。主要服务内容包括：电梯、自动扶梯的维护保养；后备发电机维护保养；电线、电路的维护保养；供水、供气系统维护保养；大型商业设施空调、冷气系统维护保养；三废排放及处理系统维护保养。

(3) 消防与安全的管理。商业物业是通过配套设施、设备、人员和保险方式来避免由于人为或自然因素引起的对物业或人员的危害。让商业物业的业主、经营者安心从事商业活动，让消费者安全、舒适地享受购物的乐趣。消防与安全管理工作不仅是物业安全的保障，而且也是广大市民、公众人身安全的保障。主要服务内容包括：消防设施的维护保养；消防器材配置；消防设施标志；大型商业设施出口与通路管理；大型商业设施内部安全巡查；自动报警系统维护保养；其他危及安全的防范。

(4) 环境管理。这是商业物业服务中最基本的职能，特别是像一些强调生态的商业街区、综合步行街、文化休闲广场、康体公园、游乐场所的日常保洁，以及对当地饮用水源的水质维护，环境保洁卫生管理对创造一个良好整体形象起着举足轻重的作用。主要服务内容包括：商业街区内部道路保洁；公共区域管理；公共区域的摆设和植物管理；商业物业的日常保洁；促销宣传资料发放管理；垃圾清理；环卫设施维护；公园及游乐场所保洁管理；自然河道及人工河道、人工湖的环境及水质维护。

(5) 车辆管理。在越来越多汽车走向家庭的今天，停车难的问题已经成为阻碍人们出行购物消费的因素，停车是否方便，以及交通的安全与否，都将直接影响到商业街区客流的增减。车辆与交通管理最重要的目的就是为消费者创造舒适、便利的消费机会。主要服务内容包括：车辆交通疏导指挥；停车场管理；货流运输管理；车辆安全服务；路面交通管理；部分道路限时通行管理。

(6) 紧急事故的处理。商业街区是一个人流集中的公共场所，物业服务机构及工作人员要随时保持戒备的工作心理，防范包括来自商业街区内部和外部的突发事件。主要服务内容包括：商业建筑与装修事故；停电或电路故障；电梯故障；设备或设施故障；发出火警；恶劣天气；人员受伤或急病；买卖纠纷；消费者之间严重冲突；犯罪事件。

三、大型货仓式商店的物业管理

法国家乐福是焦点中心的创立者，目前它的连锁分店遍及全世界，中国的北京、上海、深圳和广州等城市都开设有家乐福，由法国公司直接管理，它在设计和管理上形成了一套完整的体系，从商业平面布局、购物交通组织、结账出口数量、装饰材料到店面和标志设计等都有统一的规范要求。

特级市场是家乐福焦点中心的核心和主导，其他辅助承租户商店在一层结账口外围绕步行街布置，承租户并不是非常稳定，可能出现变更。家乐福特级市场的整体商业布局比较固定，底层经营食品和家庭日用品，上层经营服装、电器、纺织品、玩具和图书等。一般购物者来到家乐福，需要先从坡道上到最高层，然后依次向下选购，坡道单向通行，最后从一层结账口出来。

对于该类物业的管理工作，包括步行街的设计、交通导购的组织、购物环境的营造、商品销售的推广策划和日常的物业管理等。

第四章　批发商业物业管理

英国著名经济学家克里斯多夫曾经讲过这样的话:“市场上只有供应链而没有企业”,“真正的竞争不是企业与企业之间的竞争,而是供应链与供应链之间的竞争。”由于经济的全球化,以及跨国集团的兴起,企业生产产品的“纵向一体化”运作模式,逐渐被“横向一体化”模式所代替,围绕一个核心企业的一种或多种产品,形成上游与下游企业的战略联盟。上游与下游企业涉及供应商、生产商与销售商,这些供应商、生产商与销售商可能在国内,也可能在国外。在这些企业之间,商流、物流、信息流、资金流一体化运作。生产商可以以自己为核心,建立供应链,如海尔集团。批发商与零售商业也可以以自己为核心建立供应链,如香港利丰集团与美国沃尔玛连锁集团。建立自己的供应链与进入别人的供应链都是企业的必然选择。但整个供应链的运行中,往往以批发环节为主导。可见,批发是实现供应链战略与商业经济长远利益的重要环节。

第一节　批发商业概述

一、批发商业的含义

批发商业(wholesale business)是指向再销售者、产业和事业用户销售商品和服务的商业。所谓再销售者,是指二次及其以下的批发商和零售商;所谓产业用户,是指从事生产和服务提供的营利性组织,即第一、二、三次产业的企业用户;所谓事业用户,是指不以再销售为目的,而是为了业务或事业上的需要购买设备和材料的非营利性组织。概括地说,批发商业是相对于零售而言的面向大批量购买者而开展经营活动的一种商业形态。

中国现阶段的批发体系,即批发商业的主体构成主要有:生产企业的直供批发、代理商批发、经销商批发、第三方物流企业批发、配送中心的供货批发和批发市场批发等。在西方发达国家,批发体系除了以上构成,还有专业批发公司(美国电器批发公司)、分销商(集中采购低值日用品)、仓储式会员制商场、贸易中心(展销)、网络批发(贸易)、邮购批发商等。由此可见,批发商业和我们常提到的批发市场是两回事,批发市场只是批发商业体系的一种构成,是批发的一种载体而已。

二、批发商业的经营特点

(一) 批量交易与批量作价

批发交易一般要达到一定的交易规模才能进行,通常都有最低的交易量规定,零售交易没有这一限制。因此,批发交易与零售交易相比,平均每笔交易量要大得多。批发交易量的规定是有其经济意义的,那就是批发交易的价格往往与交易量成反比。即批发交易量大,批发成交价往往相对比较低。批发交易每笔成交量之所以能够比较大,因为批发交易的对象是各类用户,而不是广泛而分散的最终消费者。

（二）批发商业交易的商品仍停留在流通领域

由于批发交易的对象是各类用户，尤其是商业用户（或再消费者）和产业用户，它们购买商品的目的不是为了供自己最终消费，而是为了供进一步转卖或加工所用。因此，通过批发交易活动，商品还没有最终进入消费领域，而主要仍停留在流通领域。这是它与零售交易的本质区别。

（三）批发商业交易双方购销关系相对稳定

之所以如此，是因为批发交易的对象比较固定，变化较小。它们是些专门的经营者与使用者，不像零售交易的对象消费者那样，购买的行为随机性很大，感情型或冲动型购买占很大比例。因此，在批发交易中很容易使双方的关系稳定下来。

（四）批发商业交易范围比较广

这里主要有两个方面的原因：其一，批发交易的对象来源比较广，它有"商业用户"、"产业用户"与"业务用户"三类采购者，而不像零售交易那样，只有一类购买者即最终消费者。其二，批发交易机构数量比较少，不像零售网点那样到处设点。这样少量的批发机构往往意味着大范围覆盖的服务。

（五）批发商业朝着专业化方向发展

纵观世界各国批发交易的现状，批发交易的专业化方向成为一大趋势。究其原因，主要在于现代社会商品种类繁多，采购者的选择性越来越明显，为了适应和满足各类用户采购的需要，批发交易者必须备有充足的货源，即经营产品项目比较多，花色、规格、型号等比较齐全，以便供挑选采购之用，因而，使得批发专门化日益明显。

三、批发商业的职能

批发在商品流通过程中处在连接生产与零售之间的位置，具有其特有的市场化职能。

（一）集散商品

集散商品是批发商业的首要职能。由于生产部门一般是大量生产，但品种单一，而零售部门往往经营品种较多，但数量较少。为了调节生产与零售之间存在的这种矛盾，在生产与销售之间出现了批发环节。通过批发环节，从各生产部门采购数量多，品种、规格与花色全的商品，然后经过编配，再分别批发给各个零售采购者。这样，既满足了生产部门单品种、大批量销售商品的需要，又满足了零售部门多品种、小批量购进商品的需要。通过批发环节交易把生产部门与零售部门有机地结合起来，疏通了商品流通渠道。

（二）调节供求

生产与零售在时间与空间上也存在间隔。这是因为有的商品是常年生产、季节销售；有的商品是季节生产，常年销售；还有的商品是此地生产彼地销售，或彼地生产此地销售。显然，生产与消费之间的矛盾，实质上是生产与零售之间的矛盾。为了解决生产供应与零售之间的矛盾，可以通过批发交易来解决。批发企业通过估算需求量、进行运输与储存的合理配置，从而调节供求之间的时空矛盾，促进交易。

（三）商品加工

批发商业主体在进行批发业务时，有时不得不对从生产部门采购来的商品进行重新包装、分级、整理、加工和编配等活动，以便更好地满足零售商购进的需要，从而提高流通效率。在此特定的环节中，批发商大多数都拥有仓储、分装等建筑与设施。

（四）融通资金

批发商进行批发交易时，既可以向生产企业提供融通资金便利，也可以向零售商提供融通资金便利。主要表现在以预购商品的形式向生产企业购进商品，以赊销的方式向零售商销售商品。这样，既可为生产企业提供再生产所需要的资金，也可使零售商不至于因资金短缺而不能正常进货，有利于加快商品流通速度。

（五）传递信息

批发商在批发交易活动中，通过将收集起来的信息，进行整理与分析，然后传递给生产者与零售商。对于生产者，批发商可以提供市场需求变化等方面的信息，作为他们制订产品开发、生产计划方面的依据；对于零售商，批发商可以提供新产品供应等方面的信息，作为他们采购、销售决策的依据。

（六）承担风险

商品在从生产领域进入到消费领域的整个流通过程中，存在着各种流通风险，如商品损坏、变质、丢失等静态流通风险，市场经营环境变化引起的动态流通风险等。而这些风险大多发生在库存期间或储存期间。批发商在组织商品流通过程中，又主要承担商品库存任务，具有调节供求的职能。因此，批发商要承担流通中的风险。

四、批发商业的类型

深入了解与分析不同类型批发市场的特征，有助于对批发市场的开发与经营定位。

（一）按商圈规模分类

批发市场按商圈规模的大小，可分为全国性批发市场、区域性批发市场和地区性批发市场三种类型。

1. 全国性批发市场

全国性批发市场是指商圈规模大、范围广，销售市场辐射到全国，可吸引全国各地客商前来批发进货的批发市场。全国性批发市场一般规模大，商品交易的批量大，市场辐射的能力强，对全国各地的客商都具有强大的吸纳力。它一般经营大众化商品，而不经营特殊商品，即便是专门性商品，往往也是在全国都可销售的商品。例如，广东顺德乐从家具批发市场、中山古镇灯饰批发市场、广州流花地区服装批发市场等均是全国性的批发市场。其经营的优点是利用大批量采购来降低成本，取得规模效益，对销售有利。不足之处是销售范围太广，与消费者接触少，所以有时提供的商品不一定适合于某地的需求。

【案例】　全国性批发市场

广州流花地区服装批发市场和站西路鞋业批发市场都是著名的全国性批发市场。

流花地区服装批发市场是由十几个大型的服装批发商业城组成，如白马服装批发市场、天马服装批发市场、红棉服装批发市场、步步高服装批发市场、新大地服装批发市场等，整个服装批发市场区规模十分宏大，总营业面积达 20 万平方米以上，经营的商户有近万家。批发市场区经营的商品品种十分齐全，并形成了多个具有特色的专业服装批发市场，如针织服批发市场、牛仔服批发市场、休闲服批发市场、内衣袜业批发市场等。它具有强大的市场辐射力，吸引了全国各地乃至东南亚、中东、东欧等国家大量的客商前来批发进货，商品交易的规模大、批量大，如白马服装批发市场年交易额达 15 亿元以上。流花地区服装批发市场主要依托广东发达的纺织服装产业发展起来的，广东纺织服装企业约有 4 万余家，从业人员达 800 多万人，服装的生产量、销售量、出口量都位居全国前列。

站前路鞋业批发市场区由欧陆鞋业城、天和鞋业城、国际鞋业城等多个大型的鞋业批发商业城组成，主要是批发经营各种类型的中高档鞋品。批发市场区经营的规模宏大，总营业面积达十几万平方米，从事批发经营活动的商家近 2000 家，吸引了全国各地乃至其他国家大量的客商前来批发进货。这个批发市场也是依托广东发达的鞋业生产而发展起来的。广东具有一定规模的各类制鞋厂有 5000 多家，从业人员达 250 多万人，全球鞋类年产量约 100 亿双，中国占 60 多亿双，广东占近 30 亿双，全国年出口鞋类 35 亿双，广东占 18.5 亿双，广东堪称世界最大的成品鞋生产基地。

2. 区域性批发市场

区域性批发市场是指销售市场只是辐射到一个比较大的区域，其客源主要是来自本区域的批发市场。区域性批发市场一般是销地批发市场，主要是满足本区域中消费者的购买需求，通常在某一中心城市里形成，这一中心城市是周边地区的经济中心、交通枢纽中心，对周边地区具有强大的影响力、辐射力。因为这种中心城市一般是省会城市或特大型中心城市，所以区域性批发市场往往也称为省级批发市场。区域性批发市场位于商品批发流通环节链的中端或末端，批发经营的商品可以是来自本区域，也可以是来自其他区域。例如，广州芳村茶叶批发市场，是广东省最大的茶叶批发市场，产品主要销往广东省各地及港澳地区。

【案例】　区域性批发市场

广州沙河濂泉路服装批发市场和十三行服装批发市场就是区域性的批发市场。同处一地的广州也有全国性服装批发市场，因此，全国性批发市场和区域性批发市场有时会出现交叉服务，但其功能显然是存在差异的。流花地区服装批发市场主要是满足全国各地的客商的需求，而濂泉路服装批发市场主要是满足广州东部周边地区服装零售商的批购需求，十三行服装批发市场则主要是满足广州西部周边地区服装零售商的批购需求。广州周边地区服装零售商批购服装具有批量少、批次多的特点。区域性服装批发市场批发经营的特点较好地满足了服装零售商批购商品的需求。例如，十三行的服装批发市场，其客源主要来自于广州西部的佛山、江门等地区，他们进货的频率很高，但每次的批购量却很少，而且为了节省批货的额外费用，他们一般不在广州留宿。为了迎合他们批货的时间需求，十三行路服装批发市场在每天凌晨开市，上午 10 点就收市。而作为全国性服装批发市场的流花地区，其经营时间集中在上午 9 点到下午 6 点。

3. 地方性批发市场

地方性批发市场的商圈范围较小，其销售市场只是辐射批发市场附近的地区，主要是满足附近地区小型零售商和居民的购买需求。地方性批发市场批购的进货要求批量小、频率高，因此对批发市场的便利性有一定要求，一般愿意就近批购商品。在一个大型的城市中，可以有多个同种类型、同种性质的地方性批发市场，这些批发市场经营商品的差异性不大，或者说，这些批发市场的经营特性基本相同，它们分布在城市中不同的区域，并且主要满足其附近地区消费的需求。形成地方性批发市场的商品一般是人们最常用的、消费量大的日用消费品，如副食品、蔬菜、水果、水产品等食品和日用小百货。

（二）按区域特性分类

批发市场按所在的区域特性分类，可分为产地批发市场、中转地批发市场和销地批发市场。

1. 产地批发市场

产地批发市场是指批发商批发经营的商品主要来源于本区域生产企业生产的商品的批发市场。要形成产地的批发市场，区域里的生产企业就必须具有一定的数量、规模，并且这些生产企业生产的商品类型相同或属性相似。这些生产经营属性相似的生产企业的数量规模决定了产地批发市场规模的大小，生产企业的数量规模越大，批发市场的经营规模也越大。同时区域里生产企业形成的产业优势决定了批发市场在同行业、同类型批发市场中的地位、作用及影响力，决定了批发市场辐射的能力、商圈规模的大小。区域里生产企业在同行业中形成的产业优势越明显，所占的市场比重较大，产业批发市场辐射能力就越强，商圈的规模就越大，客户的来源就越广泛。例如，广东中山古镇是全国灯饰产品生产企业最集中的地区，灯饰批发市场纵横几千米，其销售市场辐射全国各地。

2. 中转地批发市场

中转地批发市场是指批发市场所在的区域既不是批发经营商品的主要生产地，也不是批发经营商品的主要销售地，而主要只是发挥商品集散作用的批发市场。中转地一般要求交通优势明显，是交通枢纽中心，通常是在商品从生产地向消费地运送路线的交通枢纽中心区域形成，这样的区域通常对商品的消费地具有强大的交通辐射能力，是商品从生产地向消费地运送过程中必须经过的区域。中转批发市场一般由于其辐射的区域相当广泛，商圈范围广、市场的容量大，故通常批发市场的规模、交易批量都比较大。例如，广州广园路一带的汽车零配件批发市场，就是依托其特有的中转地的条件优势，形成辐射全国各地的大型中转地批发市场。

3. 销地批发市场

销地批发市场是指批发市场经营的商品主要是满足其所在区域及其周边地区消费者的购买需求，进货商也主要是来自其所在区域及其周边地区的商品经营者。不同的销地批发市场，商圈范围差异较大，其市场规模大小主要取决于其销售辐射区域的范围、销售区域人口总量及其购买力水平。在一个较大范围的区域中可能有多个同类型的销地批发市场，这些销地批发市场是直接竞争的关系。为了扩大批发市场的经营规模，吸引更多的进货商前来批发进货，必须提高批发市场在地段交通、经营品种、配套服务等方面的竞争能力。销地批发市场通常处于商品批发流通环节链的末端，其批发进货的客源通常是商品零售商，零售商经营商店的地理位置与批发市场的空间距离的大小，一定程度上会影响零售商购进商品的批量。一般情况下，较远区域的零售商进货的批量较大、批次较少，较近区域的零售商进货的批量较小，批次较多。

（三）按经营范围分类

批发市场按经营商品的范围可划分为综合性的批发市场和专业性的批发市场。

1. 综合性批发市场

综合性批发市场是经营多种类型商品的批发市场，这些不同类型的商品并不是盲目组合形成的，它们之间具有一定的共性，如果将关联程度不高的、毫不相干的、不同类型的商品组合在一起形成批发市场，就可能适得其反。例如，将肉类食品与电器商品组合在一起形成综合性批发市场，那将是不可想象的。

形成综合性批发市场的不同类型商品的共性里，其中最重要的是，批购这些不同类型商品的客商具有较高的重叠度。所谓重叠度，是指主要批购某类商品的客商，可以附带批购另一类商品；主要批购另一类商品的客商，也可以附带批购这类商品。也就是不同类型商品的目标客商具有一定的重叠性。例如，服装和皮具类商品同属于服饰类商品，这两类商品具有一定的重叠度，批购服装的客商可能会附带批购一批皮具类商品；批购皮具类商品的客商也可能会附带批购一些服装。

不同类型重叠度高的商品形成的综合性批发市场，可以为目标客商提供更充分、更广泛的选择空间，可为目标客商形成较强的吸纳力，从而增强批发市场的整体优势。但是如果将重叠度较高的商品简单地组合在一起形成综合性的批发市场，每一类型商品批发经营的规模、选择性等均不及其他同类型商品的专业性批发市场，那么，这样的综合性批发市场就不会有生存的空间。例如，将部分服装类商品、部分皮具类商品、部分鞋类商品等组合在一起形成的综合性批发市场，是难以与大型的服装批发市场、大型皮具批发市场、大型鞋类批发市场相竞争的。因此，开发综合性的批发市场应至少保证一类或两类商品的批发经营，与其他同类商品的专业性批发市场相比具有较强的竞争优势，只有这样综合性的批发市场才具有生存的空间。

2. 专业性批发市场

专业性批发市场经营的商品类型较为单一，商品的产品线窄而深，在细分商品领域中，专业性批发市场经营的商品品种十分齐全，具有充分而广泛的选择空间，对于主要经营此类型商品的客商会产生较强的吸纳力。

在同类型商品批发市场竞争激烈的环境中，进行专业特色性批发市场的开发往往是较为理想的竞争手段。通过合理地选择商品的类型进行专业性批发市场的开发，在某一细分化的商品领域中，提供品种丰富齐全、具有广泛选择空间的商品，使批发市场对目标客商产生强大的吸纳力而获得竞争优势。但是正确地选择专业性批发市场开发的商品类型至关重要，它会直接影响到专业性批发市场经营的成败。专业性批发市场所选择经营的商品类型必须满足两个条件：第一，所选择某一类型商品的市场容量必须满足批发市场开发的要求，商品的类型越单一、越专业，其市场容量相应地就会越小，如果所选择商品的市场容量不足以满足批发市场开发的要求，那么这类商品的专业性批发市场就失去了开发的价值；第二，所选择商品的专业性批发市场，与其他较为综合性的批发市场相比，在同类商品细分化的领域中，在经营规模、商品品种、选择性等方面，专业性批发市场必须具有绝对的竞争优势，否则，专业性批发市场的开发也难以获得成功。

可见，经营商品范围的划分只是相对而言，有时多个小类的商品可以归属于某一大类的商品，如电视机、音响、空调、冰箱等商品可以归属于家用电器商品类型；有时某一类型的商品可以细分为多个小类商品，如食品类商品可以划分为蔬菜水果类食品、肉类食品、水产品、加工类食品等。因而，综合性批发市场和专业性批发市场的划分也只是相对而言，某一专业性的批发市场可以划分为多个更加细分的专业批发市场，如服装批发市场可以划分为针织服装批发市场、牛仔服装批发市场、内衣服装批发市场等。

（四）按经营商品类型分类

批发市场按经营商品类型可以分为农产品批发市场、日用工业品批发市场和生产资料批发市场。

1. 农产品批发市场

农产品的生产受自然条件的影响很大，使农产品生产具有季节性、分散性、区域性、不稳定性和农产品特有的要求鲜活性等自然属性，致使农产品生产与消费在时间、空间上都有较大程度的背离，因此，农产品一般需要通过形成批发市场的形式进行流通。

农产品批发市场在城市中具有相当重要的地位，它与居民的生活息息相关，如果农产品批发市场的运行出现问题，将会对居民的日常生活产生较大的影响，因此农产品批发市场通常是当地政府重点建设的流通设施，是政府为民办事的具体体现。

2. 日用工业品批发市场

日用工业品是满足人们日常生活需要的工业产品，包括纺织品、百货、文化用品，以及民用五金、交电、化工等商品。日用工业品生产和消费的特征与农产品具有较大的差异。日用工业品的生产具有较强的计划性和技术性的特点，商品生产受地域、季节、气候等自然条件影响较小，生产相对稳定，产品可达到均衡效应，并且日用工业品品种繁多、品种规模复杂、用途广泛；日用工业品的消费具有多样性和多变性的特点，消费者会由于性别、年龄、职业、文化、购买力以及风俗习惯等方面的不同，其需求将千差万别，并且随着人们消费水平的提高，消费者对消费品需求的量与质都随之提高，这种消费的多变性促使工业生产不断开发新产品与产品更新换代，又间接促进了消费的多变性。

日用工业品是否需要通过形成批发市场的方式进行流通，主要取决于商品生产和消费的特征。商品生产和消费比较分散，生产企业规模不大，生产者众多，尚未形成垄断性的生产经营，商品的消费不集中，消费者也众多，是日用工业品形成批发市场的前提条件。如果商品生产比较集中，生产企业的规模较大、生产者数量较少，或者商品消费主要集中于少数集团性的消费，就不必以批发市场的方式来进行流通。

但是，随着商品零售竞争的日趋白热化，零售企业正逐步向规范化、连锁化、集团化的方向发展，大型的超市、百货商店以及专业卖场等也逐步取代了许多小型的零售商店，零售企业规范化的发展将促使商品的产销之间形成稳定的购销关系，这会在较大程度上削弱批发市场的流通功能。因此，随着商品生产技术和生产规模的不断发展，商品零售竞争的不断加剧，日用工业品批发市场的发展将会逐步呈现萎缩的态势。目前，大型超市在我国的发展非常迅速，在城市的各个区域遍地开花，使以经营烟酒食杂类商品为主的士多店的经营陷入了困境，大批的士多店纷纷倒闭，而以士多店为主要商品供应对象的食杂类商品批发市场，其经营状况已大幅萎缩，其发展的前景也令人担忧。

3. 生产资料批发市场

生产资料批发市场是指有组织地集中进行生产资料批量交易的有形交易场所。生产资料是用于生产性消费的商品，主要包括原料、材料、辅助材料、燃料、动力、设备、工具、配件等。但是，生产企业为了保证生产商品质量的稳定性，一般对购进的生产资料商品的品种、规格、质量要求较高，并且需要保持长期的稳定性，生产企业一般不需要经常更替购进生产资料商品的品牌、品种、规格，生产资料商品的产销之间比较容易形成长期稳定的购销关系，因此，绝大多数生产资料商品不需要通过批发市场的形式来进行交易，只有小部分的生产资料商品需要通过批发市场的形式进行流通。

需要通过生产资料批发市场的形式购进商品的生产企业，一般是因为其生产商品的品牌、品种、规格需要适应经常变化的市场需求作不断的改变，相应地，其购进的生产资料的品牌、品种、规格也会随之经常发生变化，以致生产资料商品的产销之间难以形成稳定的购销关系，或者说生产资料商品的购销活动具有零星的、小批量的、不稳定的购买特征。例如，皮具生产企业生产皮具商品，需要经常根据市场的变化设计生产新的款式、规格、品种的皮具商品，为适应生产的变化，生产企业购进的皮料类生产资料商品的品牌、品种、规格也需要经常发生改变，这样皮料商品的产销之间难以形成长期稳定的购销关系，在皮料商品批发市场中选购商品更适合生产企业购进商品的需求，所以皮料商品就需要通过形成批发市场的形式进行交易。

五、批发商业管理的要求

（一）培育现代批发商业

因为实现现代化批发商业的最重要标志是批发商业与物流、配送业务及信息的系统化。尤其在我国市场经济发展中，现代批发商业通过集约市场经营资源，开展集货、分货、备齐商品等，将批发功能和交易总次数集约化，节约流通系统整体成本，降低交易成本，实现产品从生产到消费的高效率流通。因此，培育现代批发商业，应是今后我国流通产业政策中的重中之重。

（二）正确认识生产企业、零售业与批发商业的关系

美国、德国、日本等发达国家零售商业的发展，都是以高效的批发商业或具有批发功能的商品物流和配送为前提保证的，是以增加投入为条件和基础的。这些发达国家在工业化的过程中及实现工业化以后，始终把商业的投入放在优先考虑的地位，对商业的投资额一直呈上升趋势。而我国对流通基础设施的投入远低于国家对其他产业的投入。因此，发达国家对商业基础设施的规划、投资等，带来了商业规模的扩大以及商业创新和流通革命，并对国家经济发展起到了不可估量的作用，对中国流通经济发展非常有借鉴意义。

（三）加强对现代批发商业的规划布局和政策指导

批发商业是生产、零售企业的桥梁和纽带，现代批发商业设施的布局应从生产、零售及消费人口密度等全方位角度出发进行配套布局，可以依靠政府通过制订科学合理的商业规划布局来施加有效的宏观控制。

（四）强化批发商品牌意识

鼓励批发商业向生产领域适度延伸，提高批发服务的组织化程度，提高产品销售比例，降低流通成本，最大限度地提高商品流通整体效益，进而提高批发商业的市场地位和现代批发企业的形象。

（五）支持建立共同采购和共同配送的物流体系

批发业是流通网络的节点和枢纽，对生产和流通的组织作用无与伦比，批发过程本身体现了高度的市场化、社会化、规模化和专业化。因此，要支持综合批发商业向专业批发商业转换，必须大力提倡推进流通现代化，发展第三方，甚至是第四方物流，走新型工业化道路。

第二节　批发商业物业的基本管理

一、批发商业的物业形态与特征

批发商业物业是指主要用于商品的集散，沟通商品市场的房地产或场所的综合体。批发

商业物业又因其用途、规模、分布、区位特征等的不同，各有不同的建筑特色和管理要求。

（一）批发商业物业的基本构成

1. 房屋建筑形式

根据房屋建筑形态，可以形成以下三种物业类型。

（1）简易的综合或专业市场：简易砖混结构、低层（2～3层）的连排式综合或专业市场，是早期批发商业物业的常见物业形态。现在这种建筑形式的批发商仍普遍存在于城市周边对外交通的主干道上，这既利于利用交通组织物流，也可以降低土地利用成本和管理费用，尤其是经济附加值较低、量大、储存时间短的各种农副产品的批发，常采用的就是这类简易的建筑形式。

（2）大型商城：位于城市外围的批发市场会使城市配送来的物流成本增加，尤其是需求量较小、可以有较长的存储和较高的经济附加值的产品，往往会在靠近城市内部的地方选择二次批发市场或再配送中心。越靠近市中心，土地价值越高，因此，为了降低物业成本，物业形态向立向发展，出现了大型商城。

（3）智能型的物业：随着现代电子信息化的进一步发展，批发商业对现代化物业管理的要求越来越强，许多批发物业都在试图营造一种服务的理想环境，这种理想环境主要具有办公网络化、操作智能化、管理人性化、功能综合化等特征。

2. 物业设备组成

物业设备种类繁多，数量较大，规格不一，性能不同，各有特点。物业设备按实物形态和专业用途可分为：检验设备、装卸搬运输送设备、动力设备、锅炉设备、清理设备、烘干设备、制冷设备、空调设备、通风设备、称重设备、包装机械、机修设备等。此外，还有越来越多的实现智能化服务的软硬件设施，以及储存商品的库房、职工生活用的房屋设施、办公用的办公室等。使用这种分类方法，有利于针对设备的性能和特点，配备操作人员，建立管理责任制。

3. 停车场配套

停车场是批发商业物业必不可少的配套设施，也是批发商业物业管理中最为复杂和困难的管理环节之一。其设计既要方便往来顾客停放车后的出入，更重要的是要协调好常常出现的装、卸货高峰的车辆停放。

4. 其他配套设施

一个完整的专业批发市场，不仅涉及加工、仓储、货运代理、分装配送、长短途交通、停车场、展览中心等基本环节，而且还需要银行、酒店、餐饮、行业协会、工商税务、报关、网上交易平台等相关商业服务、生活服务、信息服务等配套设施服务。这就要求一个好的专业市场为经营者和消费者创造一个良好的商业环境，同时也为项目后期经营管理打下坚实基础。

（二）批发商业物业的结构类型

批发商业物业从建筑结构上来看，可以分为以下几种类型。

1. 露天敞开型

其建筑结构简陋，甚至没有主体建筑，货物的交易往往只是在运送车辆上完成，其在管理上主要以收取场租和治安纠察为主，对环境的要求很低。这种类型的批发市场往往带有很强的时间性和季节性，并且由于其交易量大，大多分布在城乡结合部的主要交通干线上。如一些以农产品和工业原料为主的批发市场，又如木材、竹料批发市场，鲜活类的农副产品批发市场等。

2. 室内敞开型

一般有主体建筑，有围墙和顶棚，利于物品的短期堆放，不过设施设备较为简单。这类批发市场多分布在城市主要干道或交通出口，有便捷的交通，便于货物的集散。例如，一些中小城市的综合批发市场、肉菜市场等均属于这种类型。

3. 封闭型

这是一种多种经营形式、多种经营类别、多种管理服务功能和多地区客商并存的大型综合批发市场，其规模大、效益高，多位于交通较为便捷、人口较密集的老城市中心区，如鞋类、服装、百货、小家电、工艺品的批发市场等。

4. 综合型的物流中心

综合型的物流中心是指现代的集物流、配送、销售以及多功能于一体的新的大型批发物业。新建物流中心将应用先进物流技术、管理技术以及先进的信息技术，为社会提供流通加工、适时配送等综合性物流服务，逐步形成面向国内外的现代区域性生产资料物流中心。它多位于区域交通干道的枢纽或终点上，如铁路或高速公路的交叉口或港口附近。

二、批发商业物业的基本管理

（一）设备管理

批发商业经营设备是商业企业开展业务活动所必需的物质条件。

1. 设备管理的内容

商业物业设备管理是指对商业企业设备全过程的管理，从设备选购开始，到经营活动中设备的使用、维护、修理，直到报废为止的全过程。设备在整个运动过程中存在着两种运动状态：一种是设备的物质运动状态，包括设备的研制、选购、验收、安装、调试、使用、维护、修理，以及设备改造更新直到报废处理的全过程，这是设备的技术管理；另一种是设备的价值运动状态，包括设备的最初投资，维护费用的支出、折旧，改造更新资金的筹措、积累和支出等管理工作，称为设备的经济管理。这两种运动状态的管理是同时并存、不可偏废的。

2. 设备管理的任务

设备管理的根本任务是，保证设备始终保持良好的技术状况，提高设备的利用率和使用效果，从而保证商品经营活动的正常进行。具体任务主要有以下几个方面：第一，做好设备的选购工作。根据技术上先进、经济上合理的原则，正确选购设备，为企业提供优良的技术装备。第二，加强设备使用过程的控制。①保证设备始终处于良好的技术状态。②做好现有设备的挖潜、革新、改变和更新工作。③保证引进设备的正常运转，尽快掌握引进设备的维修技术，解决备品备件的供应。第三，建立健全和严格执行设备管理制度。为了加强设备管理，企业必须建立和健全设备管理制度，如设备的使用、维修、保管等一系列管理制度。企业的设备管理部门，要严格执行设备管理的各种制度，监督设备使用部门合理地使用设备，做好对设备使用的监督和考核工作，不断提高设备的管理水平。

3. 设备的维护与维修

为保证设备的正常运转，延长使用寿命，必须做好设备的维护保养工作，注意抓好检查和修理工作，全面掌握设备零部件的磨损情况和各种设备系统的技术状况，及时地查明和清除设备的隐患；针对检查发现的问题，提出修理和改进措施，并做好修理的准备工作。

设备的修理，就是指修复和更换由于正常或不正常的原因而引起的设备损坏，使物质磨损得以补偿，恢复设备的效能。它的基本手段是恢复和更换。为了保证修理的质量，应当认真编制好年度的大修计划和中、小修计划，制订相应的修复标准。妥善安排修理力量，做好修理前的准备工作和修理后的验收工作，明确修理后事故的责任范围。

（二）仓库管理

仓库是批发商业物业进行货品储存保管的要点，关系到产品的丢失损坏等。因此，这项管理工作是十分谨慎细致的工作，必须做好。

1. 制订严格的管理制度

仓库管理的制度主要包括：制订仓库的管理规定；制订各个岗位的工作职责及操作规程；制订机器设备的安装、管理、使用规定；制订材料领取、加工、检验等规定；制订产品出入库的规定；制订成品发货出库等制度。

2. 制订安全保卫制度

仓库的安全保卫制度主要包括：建立值班守卫制度，对人员、产品的进出进行认真的检查登记；无关人员不得进入厂房和仓库重地；下班后仓库要有值班巡逻及其他安全措施；严格执行两人以上进入仓库、锁门等制度。

3. 制订消防制度

仓库的消防制度应更具针对性，主要包括：建立严格的消防制度，明确各级的消防责任人；建立严格的消防措施，配备消防用具，如消防带、消防栓、灭火具、砂包等用品；配备先进的报警设备；不定期地组织消防教育和消防演习；制订仓库危险品火灾的应急扑救措施。

（三）安保管理

1. 安全保卫工作

批发商业物业的面积大、商品多、客货流量大，容易发生各种安全问题，笨重的机器和存量过多的货物，往往会超出楼面结构的负荷。因此对安全保卫要求高，应做好下列工作：制订严密规范的保卫制度和行之有效的安全措施；坚持不间断值班巡逻，以便意外事故发生时能及时处理；安装电子安全监视系统；所有固定设施、装饰品及设备，均需达到安全标准，使顾客不致意外受伤。

2. 消防工作

批发商场与仓库是较难管理的物业类型。由于商品量大、客货流量大，涉及易燃货物与材料，易造成火警；一些交易场所内货品较多，常常堵塞通道，造成环境复杂，应特别强调消防工作。一般应做好以下工作：制订严密的消防制度；管好、维护好消防设备；消防通道要保持畅通无阻，一旦发生火警能及时疏散人群；管理好义务消防队；制订一套紧急情况下的应急措施预案。

3. 车辆管理

由于批发活动特有的集散性质，产品出厂、农产品收获的时效性较强，常常出现客、货、车流高峰。车辆管理工作首先要设立合理的各种类的泊车位，国内还考虑自行车停放处，以方便顾客的交汇往来；其次是要有专人指挥管理，维持良好的交通秩序。

第三节　批发商业物业的经营管理

一、批发市场的开发

批发市场开发的核心要素是准确的市场定位，即开发什么类型的批发市场，批发经营什么类型的商品，才最具商业潜力，开发的成功率最高，所获取的投资回报最高。因此，开发定位思路是批发市场成功开发的关键。

（一）利用周边批发商业环境

如果项目所在区域或周边地带已有正在经营的其他批发市场，这些批发市场带来了大量的人流、商流、物流，使地段增值，因而可以充分利用周边批发商业环境的优势进行批发市场的开发，以达到事半功倍的效果。批发市场经营定位的目标客源应与周边批发商业环境的客流具有较高的重叠度。一般有以下几种开发思路。

1. 专业性开发

专业性开发是指将项目开发成专业性批发市场的经营思路。专业性开发思路适用范围较广，适合于多种特征的项目。

第一，可以选择周边批发商业环境中所经营的商品类型的某一细分小类商品作为项目的主要经营对象，如在鞋类批发中以女鞋作为主要的经营对象。一般细分小类商品项目要与周边其他批发商业相比，在经营规模、商品品种、选择性等方面必须具有较强的竞争优势，这样才能对目标客户形成较强的吸纳力。例如，广州流花地区服装批发市场区中，牛仔城的地段条件其实是较差的，但由于在牛仔服细分市场领域里，牛仔城具有较强的竞争优势，对目标客商产生了较大的吸纳力，从而使商业城的经营获得了巨大的成功。

第二，选择与周边批发商业环境中所经营商品的属性相似的商品，作为项目的主要经营对象。周边批发商业环境中所经营的商品与其属性相似的商品，目标客源重叠度较高，当客商批购某类商品时，可以附带批购。例如，在服装批发市场区中，可选择饰品类商品作为主要的经营对象。

第三，选择与周边批发商业环境中所经营的商品能够形成产业链的商品，作为项目的主要经营对象，也可以达到共享目标客源的目的。例如，广州站西路鞋类批发市场区中，集中了皮鞋、鞋材、皮革类等制鞋产业链上的商品，使皮鞋的批发经营者同时也可以作为鞋材、皮革类商品批发市场的目标客源，形成了庞大稳定的目标客源。

2. 综合性开发

综合性开发思路就是将多种属性相似的商品集中在一起经营。例如，在日用百货商品批发市场中，将厨具、日杂用品、日用电器、床上用品等多种类型的商品集中在一起批发经营。当周边批发商业环境中所经营商品的市场容量较大，还具有足够的发展空间，而项目与周边批发商业环境中其他批发市场相比，具有较大的经营规模，可考虑选择综合性开发的思路。

3. 相同相似性的开发

当项目位于批发商业区中核心商业圈的时候，项目可选择与周边批发商业环境完全相同或相似的商品作为主要的经营对象。此时由于项目具有良好的地段优势，其经营较容易获得成功。

（二）利用地段交通辐射的环境

所谓交通辐射，是指其他批发市场绝大部分的目标商客必须经过项目地段才能达到其他批发市场批购商品，也就是项目地段是其他批发市场目标客商的主要交通要道，此时项目与其交通辐射范围内的其他批发市场相比，就具有明显的地段交通优势，可以为批发市场的客商提供更便利的交通条件，因此项目可充分利用这一优势进行批发市场的开发。

1. 利用批发商业环境

如果项目地段交通辐射的范围内有其他批发市场，项目就可考虑充分利用这些批发市场的商业环境进行批发市场的开发。如果项目与其他批发市场相比，其开发经营规模较小，则项目选择其他批发市场所经营商品类型中某一细分小类商品作为主要的经营对象；如果项目与其他批发市场相比，其经营规模相当或更大，项目则可采用与其他批发市场相同的经营思路或综合性的经营思路。

2. 满足购买需求环境

这也就是销地批发市场的开发，其经营的商品主要满足项目所在的区域及其辐射区域范围内消费者的购买需求，进货商业主要来自项目所在的区域及其辐射区域范围内的零售商。项目辐射的区域可大可小，范围大的可包括项目所在的城市及其周边地区；范围小的可只是项目附近的区域，批发市场商圈范围大小主要根据不同的实际情况来确定。

销地批发市场的经营定位，需要对城市乃至周边地区各种类型的销地批发市场有一定的了解，调查分析它们的地段、规模、经营类别、商圈范围等特征，然后根据项目自身的地段特征，选择最具潜力的商品经营方向作为项目销地批发市场的经营定位。在初步确定了项目的经营定位方向后，还必须详细调查分析其他同类型销地批发市场的经营特点及其对目标客商的吸纳能力，并与项目的特征进行比较，从而进一步确定项目的经营潜力和商圈范围，预测项目的市场容量和经营规模。

3. 利用产业优势环境

如果项目在所在的区域及其交通辐射的区域范围内具有商品生产的产业优势，项目就可考虑利用这一产业优势进行批发市场的开发。一般也有两种开发方式：一种是形成生产资料批发市场，主要满足区域内生产企业生产消费的需要；另一种是形成产地批发市场，主要批发经营区域内生产企业生产的商品。

但是，并不是所有具有产业优势的区域都可以形成批发市场，能够形成批发市场的产业优势必须具备一定的条件：①区域内生产经营性质相似的生产企业必须达到一定的数量、规模，这些生产企业生产的商品类型相同或属性相似，在同类型商品生产领域及销售领域中具有一定的产业优势，这是利用区域产业优势进行批发市场开发的前提条件；②区域内生产企业需求的生产资料商品，或者生产企业生产出来的商品，其生产和消费的特性必须满足形成批发市场的条件。

（三）新类型批发市场的开发

新类型商品批发市场开发，是指某类商品生产和消费的特性从开始时并不具备形成批发市场的条件，到后来由于此类商品生产和消费的特性发生了变化，致使原来在批发市场领域中并不存在此类商品的批发市场出现，并开始被开发。例如，手机配件、饰品类商品等的批发市场就是在近年手机产品生产量与需求量快速增长的条件下形成的。

当然，也有一些已存在的批发市场随着商品生产与消费特性的变化，商品的批发市场可能会逐步萎缩与衰落。

多数情况下，新类型商品的批发市场是自发形成的。

地段决定了项目的经营方向，进行批发市场开发，首先必须综合分析项目地段的条件，发掘其最具价值的因素，然后才能确定批发市场的开发思路。

二、批发市场的营销

遵循现代市场规律，批发商和零售商一样，必须在目标市场、产品编配和服务、定价、促销和地点等方面作决策管理。

（一）目标市场决策

批发商需要明确其目标市场，即确定经营的品种、销售方式和面向的主要消费群。他们可根据行业的标准、顾客的种类、服务的需求，或其他标准选择一个目标顾客群，在顾客群内，找出其有利可图的顾客，设计更好的商品，和他们建立更良好的关系。他们可建立自动再订货系统，建立管理培训和咨询系统，可以成立自愿连锁店，还可要求扩大订货，对小笔订货增收高价。

（二）产品编配和服务决策

批发商的"产品"就是它自己的产品编配。为能应付迅速交货，批发商特别重视研究应以经营哪些和多少生产线。一般批发商都更愿意经营利润较高的产品线（即具有相同使用功能的系列产品）产品。因此，他们将产品分为ABC三类，A代表利润最高的品种，C代表利润最低的品种，这三类产品的库存水平也各有不同。

批发商还要考虑哪些服务项目对于建立良好顾客关系是最重要因素，哪些服务项目应该放弃或者收费，其关键是要发现顾客所重视的特殊服务组合。

【概念】 ABC分类

ABC分类是对于A类的物资要重点监控，每日盘点，采用频率高的采用办法；对于B类采用批量采购，每月或每周盘点；C类可以采用尽量少的采购次数和少的盘点次数。因为A类物资很小的差异就可以弥补BC类的损失。

（三）定价决策

批发商一般采用传统的成本加成方法定价。定价策略就是确定每一经营品种的价格水平，乃至种类产品线的利润空间，探索采用优化的定价方法，以争取新的重要客户，扩大市场和协作机会。

（四）促销决策

运用商业广告、销售促进、宣传推广和人员销售等常用的促销方法，扩大商品销售，巩固大客户并为其服务。

（五）销售地点决策

批发商一般选址在租金低、税收低的地方营业，在物质设施和办公室建设方面投资很少，从而无法适应现代流通业的发展。因此，其材料处理系统、订单处理系统和信息现代化，以及交通位置、市场氛围等，成为批发物业建设选址必须考虑的因素。

三、批发市场的信息化管理

批发经营管理离不开信息，信息化是现代批发业发展的必然趋势。在高度信息化的社会中，由于地域附加值信息网 VAN(value added network)等企业间信息网络的发展，企业间准确、迅速的信息传递成为可能，对批发企业来说是重要的环境变化。目前批发行业向兼并、合并和地理扩张发展。地理扩张要求批发商懂得如何在更广泛和更复杂的地区内有效地竞争。随着信息网络使用的日益推广，在批发市场管理中，应该建立起完善的信息管理系统。其主要结构包括以下几个方面。

(一) 信息基础平台

市场信息基础平台是批发市场信息管理系统的基础工程，它承担着整个网络架构、整个信息系统的安全及网络基础设施的建设。主要由网络基础设施、硬件设备、网络管理及安全、系统运行平台构成。

网络设施，主要包括交换机、网络布线、网络设备、互联网接入设施等；硬件设备，主要包括服务器、计算机、IC 卡设备、电子屏、触摸屏、扫描仪、打印机、磁带机等；网络管理及安全，包括网管软件和软、硬防火墙软件；系统运行平台，包括操作系统、数据库等。信息基础平台是批发市场在信息系统建设完成后，开展各项业务的基础，批发市场的日常办公、交易、交割结算等主要的业务都通过该信息基础平台进行。批发市场的所有计算机、服务器、打印机、触摸屏与 LED 显示屏，也都通过该信息基础平台连接成为一个整体。

通过建立统一的信息基础平台，提高批发市场的办公效率和管理水平，为市场管理者及交易用户提供更好、更便捷的服务。

(二) 业务运行平台

业务运行平台是批发市场电子信息系统的核心部分，主要包括电子结算系统、综合管理系统、电子监控系统、电子商务系统、物流配送系统、电子拍卖系统、网上招标系统等。

电子结算系统是市场业务运行平台的核心，它掌握市场中的全部市场交易和供求信息，便于为住商户提供服务，建立科学、严谨的结算和交易方式，满足交易管理、资金结算及市场各项费用的收缴。同时，电子结算系统的建立，为信息发布提供准确及时的交易信息和供求信息。系统还要适应对手交易的结算，最大限度地提高交易效率。

综合管理系统是实现市场的人、财、物集成管理，降低管理成本，提高市场经营效益，完成市场管理的电子信息系统。综合管理子系统主要包括办公自动化、财务管理、档位管理、市场基本信息管理。

电子监控系统是根据批发市场的网络环境，建成的完整、先进的全数字化网络视频监控系统，它可以全面监控批发市场日常运行，及时掌握并迅速处理相关事宜，确保市场安全高效运行。

电子商务系统可以提供网上磋商、网上交易、网上拍卖(竞价)、网上招投标等业务。它实现了招投标、拍卖(竞价)过程的跨地域交易，效率高、公正，而且能够最大限度地降低买卖双方交易成本。

物流配送系统是为了实现物流和商流的分离，满足供需双方用户交易的需要而建立起的以信息为载体的大宗货物配送体系。它涵盖整个供应链的平台，从供应、采购到销售、服务，其中包含了库存控制、仓库管理和分销管理。它能够和后台财务系统实现无缝连接，是涵盖企业物流和分销过程全部需求的物流配送平台。

电子拍卖系统可以实施固定座位席式或移动式拍卖。拍卖信息由 LED 显示屏发布，也可通过市场网站平台获得。

网上招标系统可通过增减现有的招标用户，按照招标用户、招标项目类别对所有的招标信息进行管理，包括对保存在文件系统下的招标书的管理。它利用网络的优势，提高了业务处理效率，改善了采购质量，为企业提供了优势的物资供应服务。

（三）信息采集发布平台

信息采集发布平台是市场电子信息管理系统的基础工程，负责将市场的动态新闻、供求信息、产品展销等栏目信息，通过互联网方式发布。

1. 数据交换系统

数据交换系统是采用国家价格检测中心下发的数据传输客户端实现其中数据采集插件、数据导入插件，由集成商开发。

2. LED显示屏与触摸屏信息采集发布系统

信息采集发布系统能够及时将各种信息发布给相关的商户及相关的供货商与生产者，方便不同层次的用户了解市场信息。系统提供标准信息接口，可方便发布市场各信息平台的相关信息，具体功能包括：行情信息自动发布、供求信息自动发布、重要通知自动发布、交易公告自动发布、市场介绍自动发布、办事指南自动发布、气象预报自动发布、法律法规自动发布等功能。

3. 市场门户网站信息采集发布系统

该系统是整个市场电子信息系统的基础工程，系统能够将市场的动态新闻、供求信息、产品展销等栏目信息，通过互联网方式发布。

第四节　批发商业的组织与管理模式

一、批发商业的组织

20世纪末，流通市场发生了巨大的变化。中国的批发市场也经历不断改革，形成多形式、多层次、多种经济成分共存的批发业格局。

（一）批发商业的主要组织形式

1. 国内存在的主要类型

从整个批发领域看，批发商业组织形式大体可分为经纪人公司、商业批发、工业批发（厂商自设机构开展批发业务）。若按其承担的任务划分，则可分为采购批发商、中转批发商和销售批发商三种类型。

采购批发商业组织一般也称作产地批发商。它是直接同生产部门发生业务联系的批发组织。其主要任务是通过收集分散生产的产品（农、副、渔业产品等）和大批购进集中生产的产品（工业产品），经过品种分类、选择、分等、整理、加工、包装、检验、储运等，组织向全国各地生产者、中转商、销售批发商和零售商销售供应。

中转批发商业组织是指从产地批发组织或大规模生产者手中大批量购入商品，再向各消费地批发商或零售商，批量销售商品的批发组织。这类批发组织一般设立在经济区域中心或交通枢纽所在地。其任务除在本区内收集采购商品、向外地销售外，主要承担中转发运、中转储存，向区内分散商品等业务。

销售批发商业组织主要是指以产地批发组织或中转地批发组织(包括直接从生产企业),集中购入商品,再向当地大小零售商、个体经营者批量销售商品的批发组织。这类批发组织处在批发商品流通的末端,因此,也可称其为分散批发组织。这类组织以为零售商业组织服务安排本地市场、调节当地市场供求等为主要任务。

若按批发市场的交易形式,主要有摊位制形式、交易所形式和配送形式三种类型。

摊位制形式是指将批发市场的营业场所分隔成多个摊位,然后将摊位分别租赁给多个不同的批发商,批发商向批发市场的管理者缴纳摊位租金及一定的管理费用的交易形式。摊位制交易形式的批发商各自独立地与客户洽谈批发交易业务,批发市场管理者不介入商品批发的商流活动,商品交易活动处于分散的状态,集中程度不高。我国市场经济的发展还处于初级阶段,同类商品的生产者众多,生产企业规模普遍不大,商品生产的规模化、标准化程度不高,因此摊位制形式在我国批发市场处于主导地位。

交易所形式是指批发市场的商品批发交易活动集中在一起进行,所有商品集中统一报价,进货商叫价竞购的交易形式。这种交易形式的商品交易活动集中程度高、公开性强,是较为规范的批发市场交易形式,它一般要求商品规格化、标准化的程度较高,商品交易的批量相对较大。交易所形式在发达国家比较常见,但在我国较少采用,随着商品生产水平的不断提高,交易所形式将是我国批发市场交易形式的重要发展方向。

配送形式是指批发市场的买卖双方达成成交协议后,卖方可按买方的要求对商品进行初步的加工,然后将加工好的商品配送给买方的交易形式。在经营属性相似的生产企业密集的区域里设立的生产资料批发市场,较为适于采用这种交易形式。这种交易形式的批发市场,物流运动一般在批发市场中占有较大的比重,批发市场的规划建设应充分满足商品物流运动的要求。

【案例】 交易所批发市场

德国波恩的罗伊斯多夫水果和蔬菜中心市场就是采用交易所的交易形式。该批发市场在每日下午13:00～15:00开市,来这里采购的大商号代表会提前在仓库中物色上午送来的商品,将选中商品的编号记下来。交易开始时,市场大厅中央墙上的大钟显示器就会显示出拍卖商品的名称、数量、编号、产地等相关信息,然后代表商品价格的大钟指针开始从高价格向低价格方向转动,如果商品交易员觉得合适就按座上的电钮,停止大钟指针转动,钟面上即刻就会显示出买方的价格和代号。如果交易员想以更高的价钱购买拍卖商品,则可按动自己座位上的按钮,指针会重新转动,交易员可以按上述方法选择自认合适的价格。大钟指针不再转动,则说明交易成功。该市场每次开市都要成交接近2000笔交易。交易成功后的商品,在24小时内就可在德国各地的市场上销售。

2. 国外盛行的配送中心类型

(1) 专业配送中心。专业配送中心大体上有两个含义:一是配送对象、配送技术是属于某一专业范畴,在某一专业范畴有一定的综合性,综合这一专业的多种物资进行配送。二指以配送为专业化职能,基本不从事经营的服务型配送中心。

(2) 柔性配送中心。这种配送中心不向固定化、专业化方向发展,而向能随时变化,对用户要求有很强适应性,不固定供需关系,不断向发展配送用户和改变配送用户的方向发展。

(3) 供应配送中心。专门为某个或某些用户(如联营商店、联合公司)组织供应的配送中心。例如,为大型连锁超级市场组织供应的配送中心,代替零件加工厂送货的零件配送中心都属于供应型配送中心。我国上海地区六家造船厂的配送钢板中心,就属于供应型配送中心。

(4) 销售配送中心。比较起来看，国外和我国的发展趋向，都向以销售配送中心为主的方向发展，即以销售经营为目的，以配送为手段的配送中心。销售配送中心又有三种不同的类型：第一种是生产企业为本身产品直接销售给消费者的配送中心；第二种是流通企业作为本身经营的一种方式，建立配送中心以扩大销售，我国目前拟建的配送中心大多属于这种类型，国外的例证也很多；第三种是流通企业和生产企业联合的协作性配送中心。

(5) 城市配送中心。以城市范围为配送范围的配送中心，由于城市范围一般处于汽车运输的经济里程，这种配送中心可直接配送到最终用户，且采用汽车进行配送。因此，这种配送中心往往和零售经营相结合，由于运距短，反应能力强，因而从事多品种、少批量、多用户的配送较有优势。我国已建的"北京食品配送中心"就属于这种类型。

(6) 区域配送中心。以较强的辐射能力和库存准备，向省(州)际、全国乃至国际范围的用户配送的配送中心。这种配送中心配送规模较大，用户也较大，配送批量也较大，而且，往往是配送给下一级的城市配送中心，也配送给营业所、商店、批发商和企业用户，虽然也从事零星的配送，但不是主体形式。这种类型的配送中心在国外十分普遍，美国马特公司的配送中心，"蒙克斯帕配送中心"等就属于这种类型。

(7) 储存型配送中心。有很强储存功能的配送中心，在买方市场下，企业成品销售需要有较大库存支持，其配送中心可能有较强储存功能；在卖方市场下，企业原材料、零部件供应需要有较大库存支持，这种供应配送中心也有较强的储存功能。大范围配送的配送中心，需要有较大库存，也可能是储存型配送中心。瑞士 GIBA-GEIGY 公司的配送中心拥有世界上规模居于前列的储存库，可储存 4 万个托盘。美国赫马克配送中心拥有一个有 16.3 万个货位的储存区，可见存储能力之大。我国目前新建的配送中心，大都采用集中库存形式，库存量较大，多为储存型。

(8) 流通型配送中心。基本上没有长期储存功能，仅以暂存或随进随出方式进行配货、送货的配送中心。这种配送中心的典型方式是，大量货物整进并按一定批量零出，采用大型分货机，进货时直接进入分货机传送带，分送到各用户货位或直接分送到配送汽车上，货物在配送中心里仅作少许停滞。

(9) 加工配送中心。尽管许多业内人士都指出配送中心的加工职能，但是加工配送中心的实例目前见到不多。我国上海市和其他城市已开展的配煤配送，配送点中就进行了配煤加工，上海六家船厂联建的船板处理配送中心，原物资部北京剪板厂都属于这一类型的中心。

(二) 批发商业的发展趋势

1. 改造、提升传统批发产业

从中国流通业的现状看，生产企业的自销、零售企业向生产企业的渗透，对传统批发企业形成了一定的冲击。因此，批发企业必须抛弃传统批发业的固有观念，对自身的社会存在机能进行再发展、再构筑。中国的传统批发业集中在原物资、商业、外贸、粮食、供销合作总社五大行业，以及烟草、药品、油品、黄金白银等专卖行业。

按照推进流通现代化的要求，通过实施有进有退、资产重组、结构调整等措施，改造、提升这些传统的批发企业，充分发挥它们原有的规模、网络、设施、人才等优势，实现产业组织形式和企业营销模式创新，向现代流通方式转型，从原有的单纯批发业务向两头延伸，用供应链原理改造自身，以贸易为依托，以代理、配送服务为切入点，发挥大型批发企业的组织优势，创新出一条以产品为纽带，从上游原材料供应、中游物流配送到下游产品销售的供应链管理模式，建立了新型工商和银企合作关系。

2. 推进供应链管理模式

由于经济的全球化以及跨国集团的兴起，企业生产产品的“纵向一体化”运作模式，逐渐被“横向一体化”模式所代替，围绕一个核心企业的一种或多种产品，形成上游与下游企业的战略联盟，即经济链。

上游与下游企业涉及供应商、生产商与销售商，这些供应商、生产商与销售商可能在国内，也可能在国外。在这些企业之间，商流、物流、信息流、资金流一体化运作。生产商可以以自己为核心，建立供应链，如海尔集团。批发商与零售商业也可以以自己为核心建立供应链，如香港利丰集团与美国沃尔玛连锁集团。建立自己的供应链与进入别人的供应链都是企业的必然选择。但整个供应链的运行中，往往以批发环节为主导。目前，中国许多企业还满足于孤军奋战，追求一时利益，而不去研究供应链战略与长远利益，这就是中国许多企业与国外成功企业的差距。

3. 积极探索电子商务批发交易

电子商务对传统流通业是一场革命，可以在网上虚拟市场，虚拟银行，实现网上采购与网上结算，通过物流系统送达千家万户。电子商务有 BtoB、BtoC、CtoC 等多种形式，但以 BtoB 即企业对企业的批发网上交易量为最大。有人预测，在未来 10 年，国际贸易额的 1/3 将通过互联网进行。电子商务的兴起给我国生产资料与生活资料商品在内的大宗商品批发交易提供了一种崭新的思路和模式。凡是适宜进行大批量批发的商品，通过电子商务，可以有效地延伸交易半径，扩大交易商圈，加速交易过程，降低交易成本。

由于我国诚信体系建设还不够完善，银行网上结算系统还在探索，物流配送水平对电子商务交易还有一定制约。目前，商品批发的网上交易还不普遍，总规模还不大。但是总的来看，通过电子商务进行批发交易，是我国大宗商品流通的发展方向，有着光明的前景。

4. 进一步推进和完善代理制

实行代理制要处理好与其他经营方式的关系。批发企业在推行总代理、总经销时，既要抓好名牌产品，也要注意发掘那些具有潜在市场的产品，有条件的批发企业还可以采取参股、合资、合作等方式，以资产为纽带与生产企业建立更为紧密的关系，充当生产企业的总代理、总经销。

5. 开展零售支援

目前批发和零售的界限正在逐渐淡化。对我国的批发企业来说，应该充分利用自己的信誉优势、渠道优势和人才优势等自办零售。通过向零售领域的拓展，可以直接了解零售企业和消费者需要，有助于科学地组织货源，提供优势服务，扩大销售。批发企业向零售领域延伸还可以将批零交易内部化，以节约交易费用。特别是小型批发企业，避开与大型批发企业的直接竞争，向零售领域发展不失为一种摆脱困境的好方法。

零售企业的经营状况直接决定批发企业的效益。批发企业必须强化为零售服务的观念，努力使自己具有独特的信息价值，建立数据库，为零售业活动提供全面支援服务。除了向零售企业转售商品外，还应向零售企业提供促销、广告营业技术指导和全方位服务；为零售企业提供市场信息，帮助零售企业进行市场调查、分析和预测，提供商品结构调整方案。

6. 向现代物流中心过渡

和传统批发业相比，物流配送中心是现代批发业的主要形式。目前，连锁经营方式在各种零售业态中的引进，为物流配送中心的发展提供了广阔的前景。我国的批发企业所具有的良好信誉和庞大的进货渠道是许多零售企业所无法比拟的。这些批发企业可以对现有仓库、网点、设施、设备加以改造，逐渐发展成为集仓储、包装、加工、分货、配送、运输等功能于一体的社会化专业物流配送中心，为其他连锁企业提供高效率、少批量、多品种的商品配送服务，帮助零售企业实现零库存。

7. 发展规模经济

对批发企业来说，规模就意味着效益。批发业应该逐步走向合并和协作之路。但这种合作与协作之路不仅仅是将所有经营资源纳入同一组织，借以扩大经营规模，更多应该是相互独立的组织通过经营资源的共享，实现优势互补。这种做法对尽快改变我国批发企业规模较小的现状，尤其是解决小型国有批发企业经营困难，取得规模经济优势是一种很好的办法。

在现阶段，可以借助政府或行业协会的力量，在明确不同企业责、权、利的基础上，明确分工，以网络组织原理重组批发业，通过资源的共享，充分利用现有的国有资产，取得规模经济效益。结合国内批发企业的改革，使国内少数实力雄厚的大型批发企业通过联合、兼并、参股、控股或连锁等形式，向多领域拓展，建立起全国范围的商品流通网络，并以此为基础向国际市场发展。

二、批发商业的管理模式

（一）我国批发商业管理存在的问题

目前我国批发商业发展中存在的主要问题是：批发商业基础设施建设滞后；批发交易方面，多数批发业仍沿袭传统高成本的交易方式，交易供求信息反馈滞后，市场预测利用率低；批发交易运营管理方面，对现代营销技术应用滞后，缺乏现代批发商业运营管理的专业人才，缺少统一的产业链规划布局；批发商业在流通经济中的社会地位和功能没有受到应有的重视，甚至误认为所有的批发环节都是导致流通成本上升的主要因素，进而出现重零售、轻批发的现象。由此带来一系列新的问题。

1. 专职批发商发展滞后

批零分工是商品经济发展的客观要求。批发商的存在可以减少交易成本，提高流通效率，改善供求关系，调节市场供求，在商品流通中具有重要的地位。事实上，只要存在以分工为基础的社会化大生产，只要在大量生产、大量消费之间存在着各种结构性矛盾，批发商就有其存在的必要性，并且市场经济越发展，这种必要性也就越突出。我国目前专职批发商数量的减少和在批发业中的比重下降，并不意味着专职批发商的过剩。

与市场经济发达国家相比，我国的批发业的密度和分布还处于一个较低的水平。据统计，我国的每千家零售店拥有批发店的数目远远低于美、日、英、法等发达国家。因此，与社会发展的需要相比，我国的批发商不是多余，而是不足。问题是现代市场经济需要的是现代批发业，而我国的批发商大多还未完成现代化的转变，由此造成批发商过剩的假象。这种局面如不改变，必将成为商品流通进一步发展的障碍，影响到整个经济的发展。

2. 批发企业的规模过小

批发贸易本身就是指商品的批量销售，因此要求批发企业必须达到一定的规模，实行规模经营。但是批发经营主体的多元化，使得市场被重新分割，原有的专职批发商规模缩小，而大量分散的、兼营的、贩运式的批发经营也难以形成规模。除了进出口贸易与生产资料批发交易中有小部分规模较大的批发商以外，各类批发市场中基本没有大批发商。因此，目前由小商贩为主体与支撑的传统批发市场已相对过剩，而依托现代科技、先进管理的大批发商严重不足。

批发商“小、散、差、乱”，极大地损害了中国批发业的形象，过小的经营规模使我国的批发企业经营成本高而效率低，难以形成规模效益，影响了批发功能的发挥，反过来又制约了批发业的发展。

商品流通效率低下，现代化的专职批发商的缺乏，必然导致大量非专职批发交易的发生，而多头分散的批发经营带来的直接后果就是无法通过批发交易的集约化实现流通费用的节约，造成流通效率的低下，流通费用的增加，具有很大的不经济性。按理说，生产企业自销和零售企业直接向生产企业进货，其目的就是为了要减少流通环节，降低流通费用，但事实上，生产企业为此往往需设置自己的销售机构，而零售企业也必须设置自己的采购机构，从而使批发机构重复设置，不仅没有减少流通环节，反而却呈增加的趋势，反映出我国批发体系的功能不全和效率低下。

3. 市场交易秩序混乱

由于批发业的发展滞后，生产企业和零售企业避开批发商直接交易，造成多头插手、百家经商的局面，这就必然促使偶然性、随意性的交易活动蔓延，给市场供求关系带来混乱。特别是大量的批发交易通过各种小商品批发市场进行，而这些小商品批发市场还带有很大的原始性和自发性，缺乏有效的市场规范和管理，市场交易秩序混乱的状况十分严重。许多人正是利用这种市场的物流、信息不畅的特点，依靠随意性很强的不规范交易行为来获取利益。更有甚者，一些不法之徒利用小商品市场在制度、管理上的不健全大量地造假、售假，使之成为假冒伪劣商品的主要通道，极大地破坏了正常的经济秩序，对社会造成严重的危害。

（二）批发市场的管理模式

1. 集中化管理模式

对于仍具有一定市场优势的批发商业，应继续发挥其在信息、储存、服务等诸多方面的优势，向专业批发方面发展。具体经营业务有两种选择：

一是专门化。专门经营某大类商品，形成规模优势，从而降低经营成本，提高服务水平，并通过向生产厂家和零售商提供多种服务，减少专门经营商品的社会交易费用来拓展市场。因为当生产厂家和零售商在比较交易成本较低时，他们自然会放弃自销和直接进货，转而通过专门产品的批发商进销产品。

二是综合化。从事各种产品的批发业务。但综合化产品批发经营具有过渡性，从发达国家的批发业来看，集中营销模式的具体产品业务趋向于专门化。就企业的营销方式而言，应逐步从买断式经营向代理经营过渡，积极推行批发俱乐部、批发会员制、批发连锁等现代经营组织方式。

2. 一体化管理模式

对于集中经营战略下经营已相当困难的批发商业，必须打破集中经营模式，向一体化经营转变。

一是通过企业自办、契约、联营的方式向产品生产加工、零售、服务方向发展。特别是对劳动密集型的加工产业，一方面可以有效利用闲置的库房设备，解决人员分流问题；另一方面控制了产品的供给来源和零售市场。不仅如此，通过生产、加工、批发、零售的一体化经营，企业可以有效地以产品品牌形象的塑造来带动企业形象的塑造，从而走出一条以生产加工促进批发、以批发带动零售、产品品牌与企业形象塑造相统一的大流通之路。

二是通过兼并的方式走向一体化。大型批发商业兼并吸收那些小的生产加工企业和零售商业，使自己走向一体化营销。小型批发商业执行破产，由生产厂家兼并或由大型零售商业兼并，作为生产企业的销售公司或大型零售商业的采购公司，成为其他企业一体化经营模式的成员。

3. 集团化管理模式

对于仍具有批发优势但在批发领域逐步失去阵地的批发商业，应选择集团化经营战略。

一是以批发为主的集团化。进一步加强批发企业之间、批发企业与零售企业之间、批发商业与生产企业之间的联合，形成规模化经营，增强抵御市场风险的能力，追求规模经济效益。

二是逐步放弃以批发为主的集团化，多向投资、多元经营、分散风险、平稳发展。批发商业集团化发展的投资方向，可以延伸到物业、租赁、餐饮、旅游、生产加工等多个领域。通过组建集团公司，变革管理方式，多元化经营，才能使批发商业走上健康发展的快车道。

第五章　酒店物业管理

酒店物业是商业物业的四大类型之一，酒店物业管理是酒店管理的一部分。众所周知，酒店以服务而闻名，酒店赖以生存、吸引宾客的就是其优质的服务。20 世纪 90 年代末，一些物业管理公司也开始意识到了服务的重要性，于是在物业管理日常操作中引入了酒店的一些做法，以期提高物业管理水平，达到提升物业管理企业品牌的目的，于是酒店式物业管理应运而生。同样，随着全球经济的不断复苏与快速发展，酒店行业在全球与中国地区的发展速度与就业率已远远超出传统型行业，以及高级商务人士阶层的形成呼吁快节奏与现代化的服务方式，酒店的服务同样需要效仿普通物业的规范化管理模式来规范酒店的服务与管理。因此，酒店也开始尝试在酒店经营上实行物业管理。

第一节　酒 店 概 述

一、酒店的含义

酒店(hotel)是提供旅客餐饮、住宿、娱乐、设施的建筑物，是顾客的第二个家，它是一种特殊的物业。酒店是国际上公认并通用的对多功能的旅馆、酒店的通称。为区别于规模较小、功能单一的餐饮企业，国内外均以“酒店”或“饭店”惯称。

现代酒店特指借助一定的建筑物及必要的设备、设施，将其和接待服务人员的劳务相结合，向客户出售客房、餐饮、服务等商品，满足客户物质和精神方面需求的经济组织。从根本上讲，酒店只销售一种东西，就是服务。酒店的目标是向顾客提供最佳的服务，而酒店的根本经营宗旨是让宾客得到舒适和便利。而现代酒店已成为向客户提供食、宿、行、购物、健身、商务活动于一体的，能满足客户多种需求的综合性服务企业。

二、酒店物业的分类

酒店的类别是因人们的各种不同的消费需要而出现的。根据不同的需要，按照不同的标准和尺度，可把酒店物业划分为不同的类型。

(一) 根据规模大小划分

根据酒店建筑规模的大小，即酒店拥有的客房数量的多少，可分成大、中、小型酒店。一般，大型酒店是指拥有客房数量在 500 间以上的酒店楼宇，通常大型酒店都是豪华级酒店。小型酒店是指拥有的客房数量在 300 间以下的酒店楼宇，这类酒店设施和服务基本满足酒店的标准和要求，一般价格较为便宜，多为经济型酒店。中型酒店是指拥有的客房数量在 300～500 间的酒店楼宇，这类酒店设施齐备、精良，服务项目齐全，价格适中。

(二) 根据酒店的档次分类

按酒店的建筑档次和服务层次划分，可分为高档、中档、低档三类，也可按酒店的星级标准来参照。

高档酒店的特色是建筑和装修档次高，各类设备设施齐全，所提供的管理服务层次也高，所以，房租及餐饮的定价也较高。目前中国列为高档酒店的，应是三星级以上的酒店。中档酒店在建筑装修、设备、设施方面逊于高档酒店，在中国一般指一、二星级的酒店。低档酒店的设备简单，具食、宿两个基本功能，能满足客人最简单的需要，提供基本服务，符合经济能力较差的旅客的需要。

【阅读资料】　酒店的星级标准与级别

当今世界上酒店数量与日俱增，为了保证酒店的服务质量，也为了便于管理与监督，保护消费者的利益，世界上许多国家都对酒店进行等级评定。不过，各国制订的等级标准往往各不相同，但通常都把酒店划分为以下五个级别。

(1) 一星级酒店。设备简单，一般只提供食、宿两项基本产品，能满足客人的起码需要。

(2) 二星级酒店。酒店规模较小，设备、设施较为简单，主要满足客户食、宿基本居住要求，提供长途电话、洗衣、送餐等服务。

(3) 三星级酒店。酒店规模较大，不仅能提供食、宿服务，而且还有商品部、宴会厅、美容、娱乐、健身等综合服务项目，服务水准较高，服务质量优良，主要服务对象是中等收入以上的客户。

(4) 四星级酒店。酒店规模较大，设备齐全豪华，综合服务设施配套，能满足客户食、宿、娱乐、健身、社交、商务等高级享受的需要。

(5) 五星级酒店。是最高等级的豪华饭店，其设备齐全、豪华、先进，不仅有相当高等级的套房，并设有最高等级的"总统套房"。服务项目一应俱全，服务水准最高，服务质量特佳，可以满足富商巨贾、社会名流和收入颇丰的大公司高级职员等在旅游、商务、社交活动的豪华享受需要。

在评定酒店的等级时，除了考虑上述标准外，还涉及酒店的位置、环境与气氛、设施与服务等方面的内容。为了便于评定等级，很多国家对酒店建筑客房面积、设施与设备条件、管理水平、服务项目和服务质量等具体方面都有详细和明确的规定。

酒店的等级并不是由每个酒店自己来评定的。在西方国家中，酒店等级一般由酒店行业组织或者由消费者的代表，如旅行社或出租司机组织进行评定。而在发展中国家，则多由国家旅游主管机构负责组织评定。

1985 年，中国国家旅游行政主管部门制定了《中华人民共和国旅游(涉外)酒店星级标准》，由国家旅游局设置酒店星级评定机构，负责全国涉外酒店星级评定工作，并且具体负责评定全国三星级、四星级和五星级酒店，一星级和二星级酒店由各省、市、自治区旅游局负责评定。1997 年对该标准作过修订。2010 年 10 月 18 日，国家质检总局、国家标准化管理委员会重新批准发布《旅游饭店星级的划分与评定》(GB/T14308—2010)国家标准，代替原来的 GB/T 14308—1997《旅游涉外饭店星级的划分及评定》，新版国家标准于 2011 年 1 月 1 日起开始实施。

新的标准的主要变化：用"旅游饭店"取代"旅游涉外饭店"；规定旅游饭店使用星级的有效期限为五年，取消了星级终身制，增加了预备星级；借鉴一些国家的做法，增设了"白金五星级"等。

(三) 根据酒店的特色和宾客分类

国际上通常按酒店接待对象和酒店的设备、设施条件，将酒店划分为如下六大类。

1. 商务型酒店

主要以接待从事商务活动的客人为主，是为商务活动服务的，所以其客流量一般不受季节的影响而产生大的变化。这类客人经济条件较好，文化水平较高，对于价格并不计较，但对酒店的地理位置要求较高，要求酒店靠近城区或商业中心区，设施设备齐全、服务功能较为完善，特别是他们开展商务活动所需的良好通信系统、商务中心、洽谈会议场所和文秘服务等要求相当高。酒店开发商应对此类楼宇从外观环境、内部设备装修及特殊服务等方面考虑，满足商务客户的需要。

2. 会议型酒店

近年来,“MICE”(meeting,incentive,conference,exhibition)的接待业务已经成为世界范围的酒店业共同追逐的目标。“MICE”四项业务中有三项直接属于会议性。酒店业逐鹿于“MICE”业务,主要是此类客户消费水平高,逗留时间长,且较少在价格上斤斤计较,受季节的波动影响也较小。它一般设在政治、经济中心的大都市或交通方便的风景区、游览胜地。除住宿、餐饮、购物等常规性服务外,它的最大特点是具有适应各类会议召开的系列装置,不仅有各类会议厅、办公室、多功能厅,还配齐了会议需要的各种设备,如扩音、照明、音像录放、视听投影、同声翻译等设备。

3. 旅游型酒店

大多建于名胜古迹、旅游景点密集、交通较方便的区域,主要服务对象为旅行、游览、观光者。不仅要满足旅游者的食宿需要,而且要有咖啡厅、酒吧、游艺室、商场等公共服务设施,以满足其休闲、娱乐、购物的需要。

4. 度假型酒店

主要是以接待度假、休闲、保健、康乐为主要旅游目的的客户。其经营的季节性较强。此类酒店多位于山城、海岛、海滨、温泉、瀑布、森林等幽静的风景名胜区或旅游度假区附近,大多开辟了适宜该区域的各类健身、娱乐项目,如爬山、骑马、垂钓、狩猎、潜水、划船、冲浪、网球等活动,以吸引此类游客。

5. 长住型酒店

主要是供一些贸易商社、机关、团体或家庭长期居住。长住型酒店有其独特的要求:客房都采用统一的结构与布局,以套房为主,面积宽敞,设备考究,并配备适应客户常住所需的家具、电器以及所需设备。既有酒店业的常规性服务,又要增添家庭式的乐趣与温馨。

6. 特殊型酒店

追逐“奇、特、异”是很多旅游者所具备的消费心理,满足特殊旅客或特殊身份的特殊酒店令人目不暇接。由主要供老人或带家眷长住的“公寓式酒店”,也有满足过往、过境需要的“机场酒店”“汽车酒店”,还有以其他特殊形式出现的“水上酒店”“森林酒店”“狩猎酒店”“井下酒店”“树上酒店”“仿古酒店”等。

(四)根据酒店经营方式分类

按照酒店的经营方式,可将酒店划分为独立经营酒店、集团经营酒店和联合经营酒店三大类。

1. 独立经营酒店

独立经营酒店是指由投资者独立经营的单个饭店企业。在实际经营中,绝大多数中小型酒店都属于独立经营酒店。独立经营酒店管理简单、协调容易,但市场竞争力弱。

2. 集团经营酒店

集团经营酒店是指由酒店集团以各种不同方式经营的酒店。一是由集团总公司直接经营的所属酒店;二是由集团公司按合同进行管理的联号酒店;三是由集团公司授权特许经营的酒店。集团经营酒店的优点是可以利用名牌酒店信誉占领市场,争取客源。缺点是要受集团公司不同程度的控制。

3. 联合经营酒店

联合经营酒店是指由许多单个酒店企业联合起来的酒店,以对抗集团经营酒店的竞争。

联合经营酒店在保持各酒店产权独立、自主经营的基础上，实行统一订房系统、质量标准和公认的标志，并进行联合宣传、促销和互送客源。

三、酒店业的特点

作为商业物业类型之一的酒店物业，它的经营管理具有与其他商业物业不一致的独特特点。

（一）顾客流动高频性

酒店的主要功能：一是餐饮，二是临时住宿。顾客到餐厅吃饭，所需时间少则半小时，多则也不过2～3小时。客房住宿亦是如此，除长包房外，客人住宿短则一天甚至只几个小时，长则也多只有三五天。顾客流动频率高，需要不停地为提高出租率而努力，这是其他类型商业物业不可比拟的。

（二）经营管理的综合性

酒店经营管理的综合性主要体现在两个方面：第一，酒店向客人提供的产品是一种组合型产品。酒店的产品是由各种性质特点不同的物质产品和服务活动组合而成的，客人在酒店不仅消费食品或使用客房，而且消费包括食、住、游、购、行等方面的产品与服务，从而获得利益与满足。第二，物质利益与精神利益相结合构成顾客的最终利益。顾客在酒店内不仅消费具有物质形态的产品，如食品、客房、娱乐设施以及其他服务项目，而且还体会到特定的环境气氛、热情的接待、周到的服务，从而得到享受和满足。有形的物质利益和无形的精神享受相结合，才是客人真正希望得到的最终的利益。

（三）酒店服务的不可储存性

酒店不可能像工厂、商店那样把销售的产品储存起来，以满足将来的需求，所以当天不能出售的客房就意味着失去这一天的客房收入，并且永远不能得到补偿。同样，顾客也不可能在他需要酒店服务产品时不去享受而等待着以后再提供给他。因此，酒店服务产品是在顾客需要时，以合适的价格出售给他。酒店服务的不可储存性要求酒店管理必须克服由此带来的被动和困难，通过提高经营的灵活性，采用科学的管理方法，来协调好淡旺季的矛盾，充分利用固定的饭店设施和接待能力，更好地满足顾客的需求。

（四）产品生产与传递在空间上的一致性

酒店作为企业，与其他行业一样，是通过向社会提供某种类型的产品和服务，从而达到实现企业的经营目标。不过，酒店所提供的产品和服务就其生产和销售的过程来说，与其他行业有着极大的差别。这种差别主要体现在酒店产品的生产和交换传递过程在时间上和空间上非常接近，以致可以认为是在同一时间、同一地点发生。例如，工业产品的生产和销售过程是分开的，在甲地进行生产，却一般要在远离生产的乙地进行销售。虽然酒店中饮食产品的生产过程与客人就餐场所是分离的，但不可能相距很远，因此饮食产品的形成也就视为与传递消费在空间上是一致的，顾客必须亲临酒店，才能进行消费，得到服务。

四、酒店服务的基础

作为酒店服务的基础有两部分，一是有形的物质设备基础，另一是服务人员的素质基础。

（一）有形的服务基础

1. 酒店的位置

位置是酒店经营成功的重要影响因素。因此，在酒店兴建时，尽量选择接近繁华地段、旅游中心和文化中心的位置。这些地方交通方便，风景秀丽，对游客有很大的吸引力，无疑也对酒店的经营创造了良好的先决条件。

2. 酒店设施

酒店设施包括客房、酒吧、宴会厅、会客厅和一些娱乐场所，如网球场、游泳池等。这些设施配置说明了酒店可以为顾客提供的服务。当然，每个酒店都有自己的风格，所以在服务设施上也略有不同。

3. 酒店的服务项目

酒店的服务项目是指酒店的服务设施所能提供的服务范围和服务质量。一个酒店的服务项目、风格、质量和效率，通常是酒店顾客最关注的事情。

4. 酒店的形象

酒店形象主要指酒店的建筑和名称，因为人们首先从外观和名称来了解酒店。一个酒店的建筑或是古朴优雅，或是奢侈豪华，或是雄伟壮观，或是超世不俗，或是温馨典雅，总会给人们留下深刻的印象。一个酒店的形象展示了它的特殊风格，并以这种风格吸引顾客。

5. 酒店的价格

酒店的价格是对酒店的综合评价，一方面表示了酒店的位置、服务设施、服务项目、酒店形象的价值，另一方面也反映了顾客对酒店的满意程度。

对不同的顾客，以上这些因素的重要性是不一样的。有的人视酒店的地理位置为第一重要；有的人在一定的价格下只接受最基本的服务项目，而不理会酒店的形象；相反，也有些人更注意的是酒店的形象，因为它是身份的象征。但是，这五个方面的因素本身是相互关联的，而且在一般情况下，顾客挑选酒店时总是将它们作为整体来考虑。

（二）无形的服务基础

酒店的无形服务既指酒店服务所给人的印象，如热情、友好、好客、周到，也包括了酒店环境表现出来的气氛，酒店的企业精神等，所有这些大都是通过人表现出来的，而且对这些无形服务的最终评价也是从客人的角度作出的。客人最关注的首先是这些无形的服务，其次才是有形的物质设备。因此，从酒店服务的整体结果来说，人的素质就成为最重要的因素。这里所说的“人”包括两个方面，一是酒店的管理中枢的素质，即高层管理人员的素质，这将直接影响服务人员的积极性，如服务程序的设计是否科学，将直接影响到服务的效率。因此，酒店的服务的好坏，是酒店管理中枢的管理水平的具体表现。二是酒店服务人员的素质，服务人员是接待服务工作的具体执行者，他们所做的一切都是管理中枢管理意图的具体实现。如果说管理是内在的、策略性的无形服务，那么服务人员的接待工作就是形于表面的，直接作用于客人心里的无形服务。

五、酒店物业的管理要求

（一）加强制度化管理

酒店管理具有鲜明的规范化和程序化的特点，因此，酒店管理应该在一般的商业物业管理制度的基础上，从规范化和程序化上予以完善，形成标准。为了保障制度的有效性，检查和培训是其基本保证。

（二）选拔能力强、素质高的成员

酒店的管理，重要的部分在于服务。现代化酒店的服务有着明显的尽量满足宾客需求的特性，向客人提供一条龙服务，是超越酒店一般服务概念的，只要不违反道德和法律，都会竭尽全力满足宾客的需要。因此，酒店管理对成员的要求较高，要求管理人员、服务人员精力充沛、性情豁达、幽默感强、悟性较高，具有较强的组织能力，善于与人沟通，语言能力强，综合素质高。

（三）重视服务质量的提高

个性化的服务属于委托方式，是超越物业管理常规意义上的增值服务。因此，酒店管理既要结合现代酒店业个性化的服务趋势，提供具有特色的服务，又要在无成本或低成本的服务上做足文章，让宾客获得超值感受。宾客的满意程度，是酒店质量最重要的标准。

（四）持之以恒地开拓市场

酒店的利润是靠入住率和顾客消费水平来支撑的。前已述及酒店顾客往往停留的时间短暂且流动频率高，因此，每个酒店都要根据自身条件着力开拓市场，并要特别重视做好两件事，一是做好回头客的工作。回头客是一个稳定的客源，而且通过他们的口碑联络，还可以带来新客人，其做法可以设立 VIP 顾客制或会员制来保障。二是要重视公共关系的发展。此外，酒店还可以通过举办各种公共关系活动，树立企业的良好信誉和社会形象来吸引宾客。

第二节 酒店物业的基本管理

一、安全管理

安全工作是酒店至关重要的工作。随着旅游业的发展，酒店管理人员越来越重视为宾客提供安全服务。为了保证保安工作的有效性，形成治安、消防组织相连接，专职与群众性相结合的安全护卫体系和网络，酒店管理人员必须采取有效措施，从人员配备上、设备配置上、制度建设上保证酒店的安全。

（一）酒店物业安全服务内容

从治安、消防、内保（内部安全服务）和监控四个方面着手配足相关的人员，配备良好的治安、消防、内保和监控设备和设施，并围绕这四个方面的主要工作制订与之相适应的工作程序和应急预案。应建立的工作程序和任务预案主要包括：内保工作程序、巡逻稽查工作程序、消防工作程序、门卫工作程序、车场安全工作程序、安全监控和消防控制中心工作程序、发生水电气事故应急措施程序、现行违法犯罪活动的处置程序、重要贵宾接待任务预案、处理突发案件与重大事故的预案、火灾应急预案等。

（二）酒店物业安全服务制度

鉴于酒店客源量大，人员进出多的特点，为确保酒店的安全，应建立健全的管理制度。主要要恪守以下的制度：住宿登记制度、治安消防管理制度、长包房安全服务制度、访客安全管理制度、钥匙管理制度、行李房安全服务制度、贵重物品保险箱安全服务制度、经营场所治安管理制度、计财部安全服务制度、要害部门安全服务制度、施工安全服务制度、动火作业安全服务制度、酒店员工的治安管理制度等。

（三）酒店物业安全服务人员的工作职责

酒店物业的安全服务人员主要分为酒店安全服务员、大堂安全服务员和酒店巡逻员三个岗位，共同承担内勤和外勤两类工作。内勤人员主要负责酒店大堂、舞厅、酒吧、会议室等公共场所的安全秩序，负责餐厅就餐人员的就餐安全，负责住客安全和维持秩序等。外勤人员主要负责所属停车场的车辆指挥和车辆管理，负责酒店大院内的客人及财产的安全，负责酒店重要部位（机房、仓库、油库等）的安全，维持酒店公共秩序，规整酒店员工的仪容，制止并迅速处理在酒店的滋事违法者。

（四）酒店消防管理

现代酒店功能越来越完善，集客房、餐饮、康乐、购物、娱乐、会议中心于一身，同时宾客需求对建筑及附属设施的要求高，这使火灾的潜在危险性增大。酒店火灾具有发生率高、火势蔓延快、扑救难度大、疏散困难、损失惨重等特点。因此做好酒店的消防管理工作是酒店安全的重要保证。

为了增强酒店员工的消防安全意识，加强酒店的消防设施和防火管理，保证酒店的消防安全，促进酒店消防管理工作的具体落实，应按照消防管理的流程来开展相关工作。

1. 制订消防管理制度与消防工作计划

根据酒店的实际情况，安保部定期制订消防管理制度、消防计划方案，方案应具有可执行性。消防计划方案经安全管理委员会审核讨论通过后，由总经理签字后下发执行。

2. 消防管理制度组织实施

保安部下发酒店消防管理制度，各部门落实执行。全体员工都必须严格遵守消防管理制度的要求，加强安全防火意识，各部门对本部门管辖范围内的消防安全，做到每天检查。

3. 消防安全培训

安全部每季度对员工进行一次消防安全培训，新员工必须经过消防安全培训方能上岗。此外，还应该让员工熟悉防火知识，学会使用灭火器械。

4. 消防安全检查

安全部安排好消防执勤，消防监控中心 24 小时值班。组织人员对公共区域进行日常巡查，发现问题及时解决。安全部定期对各部门的消防安全设施进行检查，发现问题及时要求有关人员或部门整改。对消防安全的重点部门和区域定期巡查，对操作人员的违规作业及时纠正。保安部有责任配合消防机关检查酒店的消防安全，并根据要求及时整改。

5. 消防工作改进和总结

根据消防安全检查结果，保安部有权对存在问题的相关部门或责任人进行处罚，并责令其对火灾隐患进行限期整改，然后对整改的情况进行检查验收。保安部可以根据检查结果及相关处理措施，改进消防实施，增补和修订消防计划，使得消防计划更趋于完善。每季度由保安部经理组织召开消防安全会议，对该季度的安全情况进行总结、评比，对表现好的部门予以奖励。由保安部负责组织对消防安全检查和总结会议，做好记录归档工作。在本次总结的基础上，由保安部组织，其他部门协同，编制下一阶段的消防安全计划。

（五）酒店突发事件处理

酒店是社会的缩影，人多且杂，流量大，管理难度也大，极易发生一些突发事件，而这些事件一旦处理不及时、不妥当，就会给宾客、员工的生理、财产和心理等造成一定的损害，而且还将影响酒店的发展。因此，为了防范和制止突发事件的发生，酒店必须建立、健全安全管理体系，规范突发事件的处理程序，正确应对突发事件，并及时有效地处理事件，把影响和损失减少到最低程度。主要要应对的应急处理事件包括：发生爆炸、火灾等恶性事件，发生自然灾害事件，发生斗殴事件，发生抢劫、杀人等暴力事件，以及发现爆炸物及可疑爆炸物等事件。

事件的处理，一方面首先要迅速向保安部、电话总机及各部门经理报警，同时拨打 119、110 等相关报警电话；另一方面要及时做好现场指挥工作，最大限度地抑制事件的扩大，减少损失；涉及审讯、拘留嫌疑人员的，要及时报告公安机关处理。

二、保洁管理

保洁卫生工作是酒店服务工作中很重要的组成部分，保洁卫生工作的好坏体现了酒店管理水平和服务质量。

（一）酒店保洁工作的特点

1. 注重室内保洁及室内绿化装饰

与其他商业物业类型和住宅小区相比，酒店更多的是注重室内保洁管理。作为酒店主要窗口，它的室内装修设计、设施设备往往要求档次高，而且类型繁多，既有装饰字画、花瓶摆设、音响设备，又有沙发、桌椅、餐具等，所以保洁显得更加专业与重要。同时，酒店作为客户进行商业洽谈或交际的主要场所，还要对入口、大堂、接待室、VIP 房、餐厅、宴会厅等主要公共场所注重保洁。另外，酒店室内的绿化管理工作也至关重要，可以说酒店的保洁工作应环境卫生与绿化管理并重。

2. 酒店保洁质量要求高

随着人民生活质量的不断提高，现在人们入住酒店消费，已不仅仅看重酒店的建筑档次、建筑质量和食品质量状况，人们更多关注的是酒店的环境卫生、绿化质量等，只有高档、高雅、幽静的环境，才能更多地吸引人们前来消费。为了配合酒店的经营，酒店的保洁管理也应按其标准进行，为酒店赢得更多宾客，提高酒店的效益和声誉。

3. 保洁管理工作时间灵活

在一般的小区或写字楼保洁管理中，人们一般都习惯早上上班、下午下班的所谓“正常”生活节奏，但在酒店的保洁管理中，由于特殊的经营及行业习惯性的要求，保洁工作者的时间往往比较灵活。除了白天需要一定的人员对大堂地面、公共区域及洗手间进行保洁管理外，更需要保洁工作者在晚上相关经营场所停止营业或客人稀少的时候，才进行大堂地面、前台、电梯的护理，地毯的吸尘机清洗等。

4. 注重服务意识

酒店的保洁工作者，除了要面对自己的本职工作外，有时也直接或间接地与客人打交道。因此员工的仪容仪表、言行举止均对酒店的形象有着极大的影响，要通过全方位的优质服务，使客人满意，有“宾至如归”之感。在进行保洁管理时，除了要考虑保洁工作的专业技能外，更多的要考虑保洁工作对顾客的影响，要具有强烈的服务意识，对保洁工作要制订严格保洁的规范、操作规程和质量标准。对每个服务岗位，都规定有具体的工作项目。每个具体工作项目，都明确了解其工作时间、操作程序和应达到的质量标准。

5. 服务时间相对短，但服务标准要求高

到酒店消费的人都是“过客”，但往往对服务与管理的设施条件和服务质量等要求也相应较高。为了使所有到酒店的人都对其留下良好的印象，酒店的保洁管理及绿化布置必须有即时效果，即讲究“一次成型”。

了解和掌握酒店物业保洁这些特征就可以有针对性地采取相应措施，加强酒店的管理与服务，为酒店良好的运作打下坚实的基础。

（二）酒店物业保洁管理基本原则与要求

1. 酒店物业保洁管理的基本原则

酒店物业保洁工作要遵循以下基本原则：第一，扫防结合，以防为主。环境卫生保洁工作非常重要，好像我们每天必须洗脸一样。但是不应该只把重点放在垃圾的清扫工作上，而应放在环境不被污染的防治工作上，否则会出现普遍存在的“扫不胜扫”的现象。因为，品牌物业环境形象的形成是管理者与被服务者共同配合、相互作用的结果，也是环境管理标准与物业业主和使用人不断调适的过程。第二，执法必严，直接监督。已出台的《中华人民共和国环境保护法》，建设部颁发的《城市生活垃圾管理办法》，各城市、各小区的有关卫生管理的实施细则、文明市民手册、文明公约，以及物业服务规定的公共契约等都规范了管理者、被服务者必须遵循的准则。物业服务公司必须做到执法必严、直接监督，杜绝以权代表、以情代法的行为，凡是遇到有损物业环境的行为，都应该进行耐心的教育和严格依法管理，决不因人而异。

2. 酒店物业保洁管理的基本要求

酒店物业保洁工作的基本要求是“五定”，即定人员、定地点、定时间、定任务、定质量。对辖区卫生保洁范围指定专人负责，并明确其保洁清扫的时间、地点，明确其具体任务、内容、频率和质量要求。

酒店物业区域内的道路保洁标准应参照建设部颁布的道路清扫保洁质量标准：一是要每天清扫两遍、全日保洁；二是达到“六不”和“六净”，即不见积水、不见积土、不见杂物、不漏收堆、不乱倒垃圾、不见人畜粪和路面净、路沿净、人行道净、雨水口净、树坑墙根净、果皮箱净。

垃圾的清除必须及时，做到当日垃圾当日清除，并建立合理的分类系统。如果采用垃圾通道的方式，一定要保持通道保洁；如果采用在各层楼道设垃圾桶或分发垃圾袋的方式，则必须设专人负责收集后送到垃圾站或垃圾转运站。

（三）酒店物业保洁管理内容

1. 酒店物业保洁项目

酒店保洁的项目包括经营区域的保洁卫生、公共区域的保洁卫生和灭害工作。

客房、餐厅、厨房、设施设备、门窗等经营区域的保洁，布件更换、餐具、用具消毒，地毯保洁，娱乐场所保洁，酒吧保洁等，须制定相关的保洁卫生制度，操作程序和标准要求。而公共区域的保洁，包括楼宇外墙定期保洁；电梯保洁保养；公共区域空调机房、风室、风口的保洁；公共照明设备的保洁；停车场(库)的保洁；垃圾库房的保洁；墙角堆放点的保洁；大堂地面打蜡、抛光和日常保洁；公共区域地毯保洁；大楼外围区域环境保洁；公共洗手间的保洁；其他保洁卫生工作。酒店将上述保洁卫生以成立 PA(Public Area)保洁班组的形式来加以负责，并制订相应的卫生工作标准和质量要求，保持酒店内外的保洁。

灭害工作主要包括根据季节变化，认真落实灭害工作，组织专门工作班子，每月一次召开灭害工作会议，布置灭害工作；定期投放灭鼠药以及鼠粘纸和鼠夹；合理吊挂灭蝇灯和灭蝇笼；定期投放蟑螂药；食品熟食间以及食品加工间安装纱窗、纱门；定期对大楼外围的下水道、绿化地带喷洒药水；配备足够的蝇拍、灭害灵喷剂及时灭虫、灭蝇。

2. 酒店物业保洁重点区域

酒店保洁的重点区域主要有以下六个地方。

第一，入口。酒店的入口处流量最大，因此需要严格保洁。入口处保持清洁不仅是为了美观，也是为了安全的需要。酒店入口处的保洁频率在很大程度上要视天气状况而定，雨雪天气当然要比晴天的保洁频繁。在春季和冬季带入酒店的泥沙会造成酒店地面的破坏，特别是地毯。放置在入口处的踏垫可以帮助减少一些麻烦，应保持这个区域没有积水、脚印和污迹，防止宾客在此滑倒。如果天气情况差，踏垫就要经常拖拭或更换。无论是什么样的天气，必须指定一个保洁员全天负责保持踏垫铺设平整，随时拖拭入口处以保持干净，同时，保洁员还要频繁地保洁门上的手印和污迹。即便只是几个手指印，也会破坏酒店入口的形象。彻底保洁大门的表面门轨，应安排在清晨，以免打扰客人。

第二，大堂。通常酒店会把大堂保洁的时间安排在深夜和清晨，即晚上 11 点半以后，到早上 7 点以前，这个时间段保洁大堂，给客人带来的不便最少，同时员工可以不受干扰集中精力打扫。但是有些保洁工作还是必须在白天进行的，以便保持大堂的保洁。许多酒店对大堂的保洁频率没有严格规定；有些酒店指定一名保洁员在这个区域巡视，并根据需要进行保洁。通常需要每小时或每天开展的保洁工作有倾倒并擦拭烟灰缸，倾倒并擦拭垃圾桶，保洁玻璃和门户，大堂电话的抹灰，擦拭喷泉或饮水机，擦拭扶手，去除墙上的手印和污迹，家具和其他装饰抹尘，擦拭门把手及周围部分，擦拭门侧柱和门轨，地毯吸尘，拖拭地砖等。

第三，总台。与大堂保洁一样，总台的保洁必须安排在非营业高峰时间进行，以避免打断总台营业流程。总台的保洁也必须同大堂一样重视，因为总台也是使客人形成对酒店印象的中心部分。总台台面、前后都要注意保洁，特别要注意清除手印、污迹及总台底部的鞋印。在任何情况下保洁员都不应该移动前台的文件或其他与前台工作有关的物品，不要碰触设备，不要拔去设备的插头。

第四，走道。酒店的宾客在进入客房前通常看到的区域是酒店的公共走道，在有些酒店里走道被视为“宾客区域”。走道保洁的工作主要在地面。通常走道的地面应该铺设美观耐用、易于保洁保养的地毯，地毯的吸尘根据当日的人流量和住户率而定，至少一天一次。地毯的保洁工作是一项特别工作，它的作业通常安排在淡季或入住率低的时期。在保洁走道地脚线、踢脚线时，应注意除去客房门口的污垢，并特别注意手指印和足迹。灯具要除尘，如有灯泡不亮，则必须更换。此外，出风口、喷淋也要除尘，并检查是否完好，保洁员还要检查出口的指示灯，如有损坏须向主管报告。

第五，电梯。酒店电梯的使用量很大，因此也需要频繁保洁。同大堂和总台一样，电梯保洁的最佳时间是在深夜或清晨，以避开人流高峰。根据电梯内装修特点的不同，电梯内的表面可能是地毯、玻璃镜子或各种材料组合，为了达到最佳的保洁效果，保洁员要根据不同的表面按照不同的保洁程序来操作。

第六，公共洗手间。酒店公共洗手间的保洁，从一个侧面反映了一个酒店的保洁管理水平。酒店的公共洗手间同大堂一样，给宾客的印象也是至关重要的。公共洗手间需要专人保洁，对洗手间地面、墙面、镜面等的清洗也同大堂一样需夜间进行，以免影响客人的使用。保洁洗手间需要对天花板、抽风机、光管灯槽板、小五金、马桶水箱、三缸、地板进行彻底清洗，同时还要擦拭墙壁、门板、三缸、地板，用家具蜡将卫生间墙壁、三缸外侧、云石台面打蜡，用干抹布擦干净洗手间所有金属。按吸尘顺序吸干净房边角位、组合柜底、地面、卫生间地板等处的积尘。用保洁阳台门玻璃的方法保洁洗手间镜。最后要喷洒空气清新剂。

（四）酒店物业保洁管理的方法

1. 合理划分工作范围

由于酒店保洁管理工作的内容较多，技术要求较高，一般要求每个员工均能较为熟练地掌握对地面大理石的抛光打蜡、地毯的清洗、墙面的清洗等技术，以便在某项工作繁忙时能够互相帮助。但由于不同的工作对技术要求不一样，为了提高工作效率和工作质量，在日常工作中，不同的保洁工作者应偏重不同的技术，这样可以根据保洁员工的特长合理地划分工作范围。一般来说，对于保洁员工较多的酒店，可根据技术偏重将保洁工人分为抛光打蜡组、外围组、保洁组、玻璃组、吸尘组、机动组等。

2. 灵活调整工作时间

对于白天营业或客人较多的前台、大堂、餐厅可在晚上人少时或停止营业后进行吸尘、抛光保洁等工作，白天只进行日常的保洁工作。对于客房，由于客人晚上需要休息，可在白天等客人离开后派员工按标准操作规程进行操作。对于只在晚上营业的夜总会等场所，则在白天未营业时进行保洁工作。为了方便工作，大型酒店一般将保洁工作分为早班、中班、夜班三个班次，全天候工作，有的甚至分为四个班次（即机动班）。

3. 加强员工的培训与管理

员工培训是一个工作团体得以成功的最有效措施，也是工作质量得以保证的前提，在酒店保洁管理中，除了要对员工进行专业知识、专业技能培训外，更重要的是对员工的服务意识、仪容仪表及礼貌礼节等进行培训。

4. 完善质量管理，实行标准化管理

为了使酒店保洁管理达到预期的目的，应采取有效措施完善酒店的质量管理。制订高标准的质量标准，制订科学合理的操作规程，制订较为完善的巡查线路与巡查方式，建立完善的质量记录、数据档案等。酒店的物业服务，可通过实行专业化、规范化、程序化的管理与服务，达到标准化。

三、设备管理

酒店的客人来自四面八方，选择住酒店的动机在于获得生理上的调整和心理上的享受。一般客人逗留时间较短，没有足够的时间留给客人来慢慢理解酒店的本质特征，因此，酒店必须提供完好的设备满足宾客生理和心理上的需要。

（一）酒店设备设施的类型

1. 供排水设施设备

生活供水设施设备主要包括贮水池、供水管道、高位水箱、水泵等；热水供应主要设备有锅炉、热交换器等。排水系统种类包括粪便污水、生活废水、冷却废水、雨水、特殊废水等。

2. 供电系统和配电设备

酒店供电系统由三大部分组成：配电设备（包括高压配电柜、变压器、低压配电屏）；输电设备（包括输电线路和接线箱）；用电设备（照明、动力）。

供配电设备包括自备发电机组变压器、控制装置和输送线路等。

3. 空调系统设备

酒店使用的空调系统基本包括两大类：中央空调系统和局部空调系统。主要承担加热、制冷和通风的功能。

4. 安全系统设备

酒店的安全系统包括了消防系统、安全监视系统和安全门锁。消防系统的设备主要有闭式自动喷水灭火系统、消防栓灭火系统和移动式灭火系统。安全监视系统设备有闭路电视系统。安全门锁现在是用 IC 卡门锁，它具有安全、可靠、防盗、防撬等性能。

5. 运送系统设备

酒店运送系统设备主要有垂直缆索电梯和自动扶梯，且以垂直缆索电梯为主，并根据使用对象分为客用电梯和服务电梯，另有供消防使用的消防电梯。

6. 安全系统设备

酒店的安全主要着眼于防火、防盗与防止人身伤害等恶性事故，保障这些安全一般会采用自动喷水灭火系统、消防栓灭火系统、闭路监视电视系统和安全门锁等设备。

7. 通信与信息管理设备

通信与信息管理设备主要包括电话系统、电视接收系统和计算机管理系统等。此外，还有客房设施设备，如卧室家具、卫生间设施等；餐饮设备，如烹饪器具、储藏及冷冻设备、洗涤与消毒器具等。

（二）设备的使用管理

设备的正确使用和维护，在很大程度上决定了设备的完好程度，并能延长使用寿命。保障设备正确使用和精心维护的主要措施是制订并严格执行有关的制度，强化员工的设备管理意识，对员工进行设备操作和使用的培训，加强对设备使用和维护的检查。

1. 设备技术状态完好的标准

设备管理的目标之一就是要保持设备良好的技术状态，以确保设备发挥正常的功能。设备的技术状态是指设备所具有的工作能力，包括性能、精度、效率、运行参数、安全、环保、能源消耗等所处的状态及变化情况。酒店的设备是为了满足各部门经营和客人使用需要而配的，设备技术状态是否良好，直接关系到酒店的服务质量和经济效益。

2. 设备运行要求

酒店物业服务与经营是全天候 24 小时连续进行的，对酒店各类设备正常运行的要求是十分严格的，各类设备一定要满足酒店经营和服务的需要。因此，务必要保持电梯、空调、消防系统、公共照明、给排水系统、变电室、弱电系统、客房内各种设施等，保持这些设备的不间断地正常运行。

3. 设备使用的要求

设备在使用过程中，其技术状态会发生变化并逐渐降低工作能力，要控制这种变化和延缓设备工作能力下降的进程，除应创造适合设备工作的环境条件外，要用正确合理的使用方法、允许的工作规范，控制持续工作时间，精心维护设备，而这些措施都要由设备操作者来执行。设备操作者直接使用设备，采用工作规范，最先接触和感受设备工作能力的变化情况。因此，正确使用设备是控制技术状态变化和延缓工作能力下降的基本要求。保证设备正确使用的主要措施是明确使用部门和使用人员的职责，并严格按规范进行操作。

（三）设备的维护保养管理

设备的维护保养是操作人员为了保持设备正常技术状态，延长使用寿命所必须进行的日常工作。设备的维护保养是设备管理中的重要内容，设备维护工作做好了，可以减少设备故障，从而节约维修费用，降低成本，保证服务质量，给酒店和员工带来良好的经济效益。

1. 日常维护保养

设备日常维护的基本要求是：整齐、保洁、润滑、安全、完好。整齐体现了酒店的管理水平和工作效率。设备的保洁是为设备的正常运行创造一个良好的环境，以减少设备的磨损。润滑是为了保障油路畅通，因此需要润滑的设备都应制订“五定”（定点、定质、定量、定期、定人）润滑图表，按质、按量、按时加油或换油。安全是要求遵守设备的操作规程和安全技术规程，防止人身和设备事故。完好是要求设备能正常发挥功能，是设备正常使用、精心维护的结果，也是设备管理的目标之一。

此外，设备还要求做到每班保养和周末保养。每班保养是指班前和班后都要进行设备的检查、检点与保洁，以便交接班时保证设备能完好正常使用。周末保养要求周末时要对设备进行彻底保洁、擦拭和加润滑油，并按照设备维护的“五项要求”进行检查评定及考核。

2. 定期维护保养

设备的定期维护保养是由维修工进行的定期维护工作，是工程部以计划的形式下达的任务。设备定期维护工作主要针对重要的机电设备，定期维护的间隔时间视设备的结构情况和运行情况而定。

一般定期保养主要包括拆卸设备的指定部位、箱盖及防护罩等，彻底清洗、擦拭设备内外；检查、调整各部件配合间隙，紧固松动部位，更换个别易损部件；疏通油路，增添油量，清洗滤油器、油标，更换冷却液，清洗冷却液箱；保洁、检查、调整电器线路及装置。

设备的定期维护保养根据保养工作的深度、广度和工作量可分为一级保养和二级保养。一级保养是指设备除日常保养外，所进行的设备内部的清洗，疏通油路，调整配合间隙，紧固有关部位及对有关部位进行必要的检查。一级保养有一定的技术要求，其保养工作应在维修工的指导下，由操作工完成。二级保养的作业内容除了一级保养的全部作业外，还要对设备进行局部解体检查，清洗换油，修理或更换磨损零部件，排除异常情况和故障，恢复局部工作精度，检查并修理电气系统等。二级保养的工作量比一级保养大得多，主要由专职维修工人承担，操作人员协助，二级保养具有修理的性质，也可以称为小修。

第三节　酒店的经营战略

一、酒店差异化战略

（一）差异化战略的概念

差异化战略，是指为使企业的产品或服务与竞争对手的产品或服务有明显的差别，形成与众不同的特点而采取的一种战略。差异化战略的目的是为了降低产品的需求价格弹性，进而在不减少销售量的前提下制订高于竞争者的价格来获得竞争优势。

差异化是针对顾客而言的，因此，酒店如果想成功实施差异化战略就必须认真地研究顾客的需求和消费行为，以了解他们认为重要的是什么，他们认为有价值的是什么，并细分目标市场，尽量满足相应细分市场的个性化要求及购买习惯。顾客对差异化的喜好程度越高，那么顾客同企业的联系就越紧密，企业所获得的竞争优势也就越强。

（二）差异化战略的实施途径

酒店可以通过产品、服务、品牌、人事等途径来使自己的产品区别于竞争对手的产品。

1. 产品差异化

产品差异化的主要因素包括产品特征、一致性、式样和设计等。产品特征是企业实现产品差异化的极具竞争力的工具。饭店可以通过增加产品新特征来推出新的产品。一致性是指饭店产品的设计特征和功能满足顾客主要需求的程度。一致性越高，产品许诺的功能越容易实现，顾客就会越感到满意。别具一格的产品式样往往能赢得顾客的青睐，因此饭店设计中的外观造型、内部装饰、餐饮菜点的盘饰等，无一不追求其式样的独特性。

2. 服务差异化

与有形产品的差异化相比较，酒店服务差异化拥有更大的空间，服务往往成为竞争取胜的关键。酒店服务差异化的实现途径多种多样，如快捷服务、情感服务、体贴服务、微笑服务、重视客人、超价体验等个性化的优质服务。想客人所想，为客人创造愉快的旅行经历，已成为世界成功酒店集团的基本经营宗旨。

3. 品牌差异化

品牌体现着饭店服务产品的差异与特色，一个品牌所体现的服务个性价值如果被与之身份、情感、喜好相符合的顾客群体所认同，那么其对这一品牌的忠诚将不可取代。因此，个性化品牌将有助于饭店集团形成差异化的比较竞争优势，从而更有效地占领不同的细分市场。

4. 人事差异化

酒店可以通过雇用、培训比竞争对手更优秀的员工，来赢得强大的竞争优势。训练有素的员工应能体现出下面的六个特征：第一，胜任，员工具备必需的技能和知识；第二，礼貌，员工对顾客的态度友好，充满敬意，能为顾客着想；第三，可信，员工得到酒店的信任；第四，可靠，员工能自始至终、准确地提供服务；第五，反应敏捷，员工能对顾客的需要和有关问题迅速地做出反应；第六，善于交流，员工能尽力去理解顾客，并能准确地与顾客沟通。

二、酒店品牌战略

（一）酒店品牌

酒店品牌一般是指酒店为了识别其酒店或产品，并区别于其他竞争者所用的一种具有显著特征的标记。国际著名酒店集团通常拥有多个具有巨额无形资产的品牌，如希尔顿酒店集团就有多个品牌：以商务和休闲旅游者为目标市场的国际豪华品牌希尔顿（Hilton）、康拉德（Conrad）；以商务和休闲旅游者为主要目标市场的高档型酒店品牌希尔顿逸林（Double Tree）；全美最大的高档、全套房酒店品牌大使套房酒店（Embassy Suites Hotels）；主要接待长期住宿旅游者的全套房住宅式高档酒店品牌家木套房酒店（Homewood Suites）；为商旅人士和休闲游客提供优质的专注式服务、先进的设施和适中价位的中等酒店品牌花园客栈（Hilton Garden Inn）；为旅游者提供舒适、设备完善的房间，创新服务并保证100%满意的中档酒店品牌汉普顿旅馆（Hampton）；为俱乐部会员提供全方位的休闲度假服务和灵活的休闲旅游机会的酒店品牌希尔顿度假俱乐部（Hilton Grand Vacations）。

（二）酒店品牌塑造

酒店品牌塑造是个复杂的过程，涉及酒店的经营、产品、服务、文化和管理多个方面的内容，具体包括以下几个方面。

1. 品牌定位

品牌定位是在综合分析目标市场与竞争情况的前提下，建立一个符合饭店产品和服务的独特形象，并对品牌的整体形象进行设计、传播，从而在目标顾客心中占据一个独具价值和地位的过程或行动（表 5-1）。其着眼点是顾客的心理感受，途径是对品牌整体形象进行设计，程序是依据顾客的特征，设计产品属性并传播品牌价值，从而在顾客心中确定该品牌的独特位置。品牌定位的目的是创造鲜明的个性和树立独特的市场形象，为此，饭店在品牌定位过程中，要考虑目标市场的特征，同时要结合饭店自身的特点。

表 5-1 精品国际饭店集团下属的饭店品牌及定位

品牌名称	品牌定位
住宿客栈（Sleep Inn）	经济型饭店，提供有限服务
舒适客栈（Comfort Inn）	高档经济型饭店，提供有限服务和有限设施
舒适套房（Comfort Suites）	高档经济型饭店（全套房）
品质（Quality）	中档价格，提供全方位服务的客栈及提供有限服务设施的全套房饭店
号角（Clarion）	高档饭店集团，全套房饭店集团，度假村和精品饭店
路边旅馆（Roadway Inn）	高价格的经济型饭店，有限设施及全面服务
经济旅馆（Econo Lodge）	中档价格经济型饭店，有限服务和设施
Mainstay Suites	中档价格，面向较长时间居住的旅行者，设施齐全

资料来源：仇学琴，2010

2. 品牌设计

酒店的品牌设计不仅在于酒店整体规划、单体建筑以及室内装饰的设计，还在于酒店品牌识别和酒店形象识别等的设计。

一个企业要想建立成功的品牌，首先是生产过硬的产品，其次是建立有效的品牌识别系统。一般来说，在品牌设计阶段，设计者都会列出许多有利于品牌识别的符号，然后从中选出一组最能代表品牌核心价值的符号，并对这些符号施与战略或战术管理，如实施广告、公关活动、营销计划、低成本战略等，以引起顾客对品牌的注意。饭店品牌识别系统主要由品牌的视觉标志、广告、品牌代言形象、世界性语言、企业文化符号等组成。

品牌形象是通过沟通和传播形成的。品牌形象对于品牌具有重要的作用,它影响着顾客对品牌的行为、态度和信念。因此,通过广告、公关活动、营销渠道、价格信息等各种沟通方式和传播手段,树立品牌的良好形象,是成功品牌塑造的重要方面。

三、酒店集团化发展战略

(一) 酒店集团与国际酒店集团

1. 酒店集团

酒店集团又称连锁酒店或酒店联号,是指在本国或世界各地直接或间接地控制两个以上的酒店,以相同的店名和店标、统一的经营程序和管理水平、一致的操作程序和服务标准进行联合经营的经济实体。

2. 国际酒店的发展

酒店集团连锁经营形式起源于美国,1907 年成立的"里兹发展公司"首次以管理合同方式,培育了现代酒店联号的雏形。表 5-2 列出的是目前一些国际著名酒店集团的品牌。

表 5-2　现代国际著名酒店集团

集团名称	国家	所属品牌
洲际饭店集团(Inter Continental Hotels Group)	英国	洲际、假日、皇冠、假日快捷、恒桥公寓、Candlewood
圣达特公司(Cendant Corp)	美国	豪生、天天、速 8
万豪国际公司(Marriott Inter National)	美国	万豪、万丽、万怡、丽嘉、华美达、新世界、行政公寓
雅高集团(Accor)	法国	老沃特尔、伊比斯、墨奇勒、Formule 1、Motel 6
精品国际酒店集团(Choice Hotels International)	美国	Clarion Hotels、Comfort Inn & Quality Suits、Quality Inns Hotel & Suits、Sleep Inn、Econo Lodge、Rodeway Inn、Mainstay Suits
希尔顿饭店公司(Hilton Hotels Corp)	美国	希尔顿、康拉德、斯堪的克、希尔顿逸林、大使套房饭店、家木套房饭店、花园客栈、希尔顿度假俱乐部
最佳西方国际公司(Western International)	美国	最佳西方
喜达屋国际饭店集团(Starwood Hotel & Resort Worldwide)	美国	圣·瑞吉斯、福朋、寰鼎、至尊精选、W 饭店
凯悦饭店国际集团(Hyatt Corp)	美国	凯悦、君悦、柏悦
香格里拉饭店集团(Shangri-La Hotels & Resorts)	中国香港	香格里拉、商贸、嘉里中心

资料来源:中国酒店业门户网 http://bbs.meadin.com/dispbbs.asp? boardid=23&id=9376

3. 国际酒店集团的成功经验

(1) 高水平的酒店管理。国际酒店集团非常重视标准化的管理,严格的检查制度、奖惩分明的制度并严格执行是国际酒店集团服务质量和管理始终处于领先水平的基本保证。它一般通过忠实客户计划以及会员的折扣、积分转换与积分购买等各项优惠特权,吸引扩会展员。

(2) 全球品牌扩张策略。通过品牌国际化快速扩大市场网络已经成为世界著名酒店集团发展的必由之路。酒店集团在品牌国际化过程中能够迅速地统一配置集团的营销资源,在全球各区域市场开展统一的广告宣传、促销活动等，从而大大减少了集团重复性的品牌营销工作，降低了营销成本，提高了酒店集团的盈利能力。酒店集团的品牌还有助于酒店集团形成差异化的比较竞争优势，从而更有效地占领不同细分市场。总之，品牌经营是酒店集团加速扩张的重要有效手段之一，是可以使酒店集团摆脱地域限制，以品牌拓展发展空间、扩张市场规模、扩大市场覆盖，从而促进酒店集团走上规模经营、快速扩张的道路。

(3) 强大的销售网络。运用高科技提高酒店经营效率已经成为世界著名酒店集团的普遍选择。他们从酒店内部的管理系统到集团所属酒店的信息传递都是通过企业内部网进行，既快捷又准确。同时，利用网络来进行酒店集团整体宣传和推广营销，建立世界一体化营销网络，开展全球网上客房预订，便于客人在网上对酒店业务的了解以及预订客房，由此减少经营成本，大大提高效率与效益。

(4) 成功的资本运营。国际著名酒店集团非常善于通过资本运营迅速成长。以下几个方面尤其值得借鉴：第一，重视明晰产权关系。明晰的产权关系是每一个酒店集团发展的重要条件，一方面有利于酒店集团的运行与发展；另一方面也有利于市场机制作用的发挥，使酒店集团有效进行资源配置，实现利益的最大化。第二，进行多渠道融资。多渠道融资是酒店集团筹集资金的重要手段，他们通过与其他领域大型企业集团、国内外金融机构合作，成立酒店财团、酒店上市等渠道筹集资金，实现其在全球范围内融资。第三，优化配置酒店资本。对酒店资本、生产要素优化配置和产业结构动态调整，是实现资本增值的一种经营管理模式。纵观世界著名酒店集团的发展历程，它们普遍以兼并、收购、重组等资本运营手段实现了集团迅速跨地域扩张。

(5) 致力于人才的培训。优秀的资本运营人才是决定酒店资本运营成功的关键。国际著名酒店集团在人力资源培训、储备上往往站得高、看得远，投入巨资建立相关学校，培养酒店资本运营专门人才。这类人才精通财务、管理、运营、采购等知识。

(二) 酒店集团化经营的类型与优势

1. 酒店集团化经营的类型

(1) 酒店集团所有制类型。按照酒店集团与所属酒店之间的产权关联程度，可将酒店集团分为全资酒店集团、控股酒店集团、酒店管理公司三类。

全资酒店集团是指酒店集团的总公司是独立的全资酒店，并且集团内所属酒店由总公司自己建设、购买，以统一的法人从事酒店经营活动。随着酒店集团资本运营的多元化，纯粹的全资酒店集团并不多。不过，全资酒店集团由于产权高度集中，因此各酒店的利益高度一致，彼此的协作性较强，易发挥酒店集团的综合优势。

控股酒店集团是一种以资本为纽带，以股份制为手段，把若干酒店结合在一起的股份制企业集团，并以经济实力雄厚、具有经营声誉的酒店为核心，作为控股股东，从而带动整个酒店集团的发展。控股酒店集团并不要求对酒店财产的全资拥有，只要求达到控股比例即可。虽然控股酒店对其他酒店的经营具有较强的控制和影响作用，而其他酒店具有独立的法人地位，需要靠自己的独立经营活动生存，因而集团内的统一经营比全资酒店要弱得多，分工协作关系也没有全资酒店那么密切。

酒店管理公司是一种不转移其他酒店财产所有权，只是拥有经营权的酒店集团。酒店管理公司利用自己经营管理酒店的能力与声誉，代表其他酒店所有者经营管理酒店，并收取一定的费用。这是一种通过合同形式来约束的酒店管理模式，是一种更为松散的经济联合体。

（2）酒店集团经营形式。酒店集团经营类型根据酒店集团的经营形式分类，可划分直接经营、合作经营、租赁经营、委托经营和特许经营五种类型。其中，特许经营是指酒店集团把自己在经营和管理方面的"专利"，以一定的费用让给其他酒店使用。而获得特许经营权的酒店，可以有权使用酒店集团的名称、标志、服务规范、服务标准及广告宣传资料等，以提高本酒店在市场中的地位和竞争力。特许经营是当今酒店集团化经营普遍采用的形式，也是对特许经营双方都最有利的经营形式。

2. 酒店集团化经营的优势

（1）经营管理优势。酒店集团一般具有较为先进完善的管理体制，行之有效的管理方法，以及高标准的流程与服务规范，能为所属酒店制订统一的经营管理方法和程序，为酒店的建筑设计、内部装饰和硬件设施规定严格的标准，为服务和管理订立统一的操作规程，能为所属酒店制订统一的培训员工的标准和规范，确保所属酒店经营管理的先进性，提高所属酒店的经营管理水平。

（2）技术优势。酒店集团有能力向所属酒店提供各种技术上的服务和帮助，也为生产和技术的专门化及部门化提供了条件。如集团化经营能为所属酒店提供集中采购、专业洗涤等服务，这些服务和帮助通常根据所属酒店的需要有偿提供。

（3）财务优势。酒店集团以其庞大的规模、雄厚的资本和可靠的信誉提高了所属酒店的可信度，拓展了融资渠道。

（4）市场营销优势。酒店集团通过共同宣传，集中资金进行世界范围内的大规模广告，这样既减少了宣传费用，又扩大了影响和知名度。此外，通过共同促销，配备高效率的客房预订系统，形成促销网络，销售部门主动地在各酒店间互荐客源，让进入集团预订网络的客户尽可能在集团内重复消费。

（5）采购优势。酒店集团内标准化程度高与其规模大的特点，使酒店集团可以集中大批量地向生产商订购或采购，从而有可能得到优惠价格或其他条件，充分发挥集中采购的优势。

（6）预订优势。酒店集团在世界各地建立起自己独立的、全国乃至全球性的客房预订中央控制系统，或与其他集团联合，使用共同的预订系统。通过这一系统，可以在世界各地集团内的酒店办理客房预订。

（7）人才优势。酒店集团可以从整个酒店集团的实际需要出发，集中聘请各方面的专门人才。例如，工程技术、装潢、会计、促销、经济分析、人事管理、计算机技术、食品技术等方面的专家，为酒店集团内的各酒店服务，他们有专门技术，了解集团整体的战略与经营状况，处理事故快，解决问题合理。

（8）抗风险优势。酒店集团，特别是大型的国际酒店集团，由于它的酒店分布地域广，产品品种多，有较强的应变能力与抗风险能力。

（三）中国本土酒店集团的发展

中国本土酒店业的集团化起步于 20 世纪 80 年代初。1982 年北京建国酒店作为中国首家中外合资酒店正式开业，并由香港半岛酒店管理集团来管理，为中国酒店集团化发展迈出了第一步。1990 年，上海锦江（集团）联营公司正式接管北京国际酒店，标志着中国酒店集团的发展进入了跨地域发展的新阶段。20 世纪 90 年代中期以后，以行业性集团为主体向旅游业渗透而成立的酒店集团大量涌现（表 5-3）。与此同时，国际酒店集团在中国的兼并和收购浪潮迭起，使中国刚建立起来的本土酒店集团受到极大挤压。

表 5-3 2005 年中国本土酒店集团前 10 强

集团名称	品牌	2004 年 *Hotels* 杂志排名
锦江国际酒店管理有限公司	新亚之星、锦江之星	第 29 位
首旅建国酒店管理有限公司	如家、欣燕都、凯燕、首旅日航	第 91 位
粤海(国际)酒店管理集团有限公司	粤海、粤海之星	第 145 位
如家和美酒店管理(北京)有限公司	如家	第 152 位
东方酒店管理有限公司	东方嘉柏	第 158 位
南京金陵酒店管理有限公司	—	第 159 位
浙江世贸饭店管理有限公司	世贸	第 174 位
海航酒店集团有限公司	—	第 194 位
泰达酒店管理有限公司	—	第 206 位
凯莱国际酒店集团	—	第 212 位

资料来源:中国品牌总网 http://www.ppzw.com/Article_Show.asp? ArticleID=24333

四、经济型酒店发展战略

(一) 经济型酒店发展情况

经济型酒店是在传统星级酒店基础上发展出来的一种强化客房功能、弱化附属设施,以大众和商务工作者、旅行者及学生群体为主要服务对象,以干净、舒适、实惠、方便为产品特征的新型酒店。它以低档的价位,面向对价位敏感的低端市场消费者。经济型酒店多布局在经济较发达的城市,并采取连锁经营的方式运营;酒店没有附设大量休闲场所及服务设施,而是充分利用交通便利、生活设施齐全的地段附近已有的成熟社区服务网络;酒店内硬件环境也不追求奢华的排场,而以安全卫生、服务到位著称,这恰恰与现代大量普通消费者的住宿需求不谋而合。

经济型酒店的概念产生于 20 世纪 80 年代的美国。我国的经济型酒店起迹于 20 世纪 90 年代,以锦江集团建立第一家经济型酒店锦江之星为起始,直到 2004 年,国内的经济型酒店才以雨后春笋式地破土而出。

(二) 经济型酒店的发展战略

1. 连锁经营

经济型酒店由于规模小、财力有限,单体作战,势力单薄;客源没有保障,服务质量和水平都难以保证。发展连锁经营,可以使经济型酒店在品牌、客源、管理质量上均得到保证,又无须支付太多费用。通过连锁经营可以扩大该品牌的酒店在某个城市的空间分布,从而有效地解决其空间局限性;连锁可以极大地提高连锁集团内各个酒店的效益,并且可以提升整个连锁集团的整体形象。连锁的具体措施是通过一定的形式组成若干个联合体,通过企业形象的标准化、经营服务的专业化、管理活动的规范化和管理手段的现代化,使原本复杂的单体经济型酒店的经营变得简单化,同时实现客户资源、品牌资源、供应商资源、管理资源等重要资源的共享,从而取得规模效益并获得企业的成功。

酒店连锁扩张的主要形式包括以下几种。

(1) 直营连锁(regular chain,RC)。直营连锁是指酒店总部直接经营的连锁店,即由酒店总部直接经营投资管理各个分店的经营形态,此连锁形态并无加盟店的存在。总部采取纵深式的管理方式，直接下令掌管所有的分店，分店也毫无疑问地必须完全接受总部的指挥。直接连锁的主要任务在于“渠道经营”，意思指透过经营渠道的拓展从消费者手中获取利润。因此直营连锁实际上是一种“管理产业”。

(2) 特许加盟(franchise chain，FC)。特许加盟是指与酒店总部签署特许经营协议的加盟店，是由拥有技术和管理经验的酒店总部，指导传授加盟店各项经营的技术经验，并收取一定比例的权利金及指导费的连锁方式。特许加盟总部必须拥有一套完整有效的运作技术优势，从而转移指导，让加盟店能很快地运作，同时从中获取利益，使得加盟网络日益壮大。

(3) 自愿加盟(voluntary chain，VC)。自愿加盟是指自愿加入连锁体系的酒店。这种自愿加盟体系中，酒店的所有权属于加盟方所有，而运作技术及酒店品牌则归总部持有。自愿加盟体系的运作着重于总部和加盟方二者间的沟通，以达到观念一致为首要合作目标。

2. 差异化和品牌建设

经济型酒店是一种全新的酒店业态，市场十分广阔，各个酒店应具有自身非常明确和独特的目标市场，如有专门为自驾车的客人准备的汽车旅馆，有专门为青年背包旅游者提供的住宿设施，有专门接待女性旅游者的酒店，还有针对家庭出游的公寓式经济酒店。如果不进行市场细分，笼统的市场定位和无差异的产品仍然不能有效地吸引顾客。由此可见，差异化战略已成为经济型酒店实施市场竞争的主要战略之一。另外，品牌建设能够有力地突破经济型酒店行业中产品同质化、个性面貌同一化的现象。所以，经济型酒店的发展，要立足品牌和特色策略，谋求特色发展和品牌效应，只有这样才能在未来越来越激烈的市场竞争中获得稳定的客源。

在中国经济型酒店行业中，欠缺的不是经济型酒店的产品形态，而是群体意义上的经济型酒店品牌。

3. 专业化管理和技术进步推动

专业化管理是经济型酒店发展的必然要求。我国大部分经济型酒店的服务管理不规范，缺乏科学化、制度化、标准化，员工中存在较强的情绪化服务倾向。管理的专业化和规范化、服务的标准化是中国经济型酒店发展的必经阶段，完善的管理系统和强有力的后备人才支持，以及严格统一的标准是服务标准化的必要条件。

另外，要实现经济型酒店经济效益的提升，经营者必须寻求服务质量和成本控制的最佳结合点。许多新的技术，如电子预订系统、财务控制系统，以及一些先进管理制度，如前台管理、客户管理等，能有效地提高服务效率，降低管理成本，经济型酒店对这样的技术和制度有很大的需求。所以建立基于客户的完善的信息支持系统是连锁经济型酒店必要的。把网络技术的优势整合到销售业务和服务中，完善信息支持系统，将从销售、服务和管理等多个角度大大减少酒店运营成本。

【阅读资料】 锦江之星：中国经济型酒店品牌先锋

锦江之星旅馆有限公司成立于1996年5月。1997年2月国内首家经济型旅馆——锦江之星乐园店在上海创建。锦江之星在同行业中具有五个明显的优势：品牌优势、产品优势、市场优势、管理优势、人才优势。其品牌特点是“洁、廉、优”，即清洁、舒适；安全、便捷；质优、价廉。其高标准的品质要求和经济实惠的价格，完全符合一般商务客人和大众旅游者的要求。

【阅读资料】 莫泰：中国最大的民营酒店集团

2003年，上海美林阁酒店及餐饮管理有限公司成立上海莫泰酒店管理有限公司，创建全新的经济型旅店品牌——“莫泰 Motel 168”是国内首家以“汽车旅馆”为概念的经济型酒店。它是以“时尚创新”为战略定位，具体在装修风格、服务理念等方面注入大量时尚、舒适的现代化元素，摈弃了经济型酒店过于简单、粗糙的做法，提高了性价比，很快吸引了商务、旅游及白领阶层的眼球。莫泰168连锁旅店完全按国际上通行的经济型酒店的标准设计。除了现代酒店必备的卫星电视、国内/国际直拨电话、宽带上网、标准卫生洁具等设施外，复式的客房布置、静音的排风装置、就地控制的灯光等，营造出温馨的家庭气氛。旅店配有大型停车场，泊车方便。此外，还设有融中餐、茶座、酒吧、咖啡为一体的西班牙风格餐厅——美林小厨，以满足顾客方便、快捷、美味的饮食需求。

第四节 酒店物业的管理模式与组织架构

一、酒店经营管理的模式

目前，国内外酒店物业的物业服务与经营管理，主要有业主自己经营管理、租赁经营管理、委托经营管理和联号经营等几种模式。

（一）业主自己经营管理的模式

采取这种经营模式是由业主公司自己投资兴建酒店物业，然后自行组织酒店企业进行经营与管理，不依赖其他的物业服务与经营管理公司。

目前国内有相当一部分酒店采用这种经营管理模式。其主要的优点是，如果经营得好，可以创造最大的经济效益，业主不必向经营公司支付酬金。但是，如果业主缺乏酒店管理方面的经验，不了解市场，缺乏各种专业的人才，加上经营管理不善，有时经济效益不但不能增加，反而还会减少，此时业主需要承担可能面对的所有风险。因此，较高档的酒店一般不采用这种管理模式，采用这种模式的以中、低的酒店较为常见。

（二）租赁经营管理模式

采取这种经营管理方式是业主将酒店物业通过签订租赁合同，明确租金、租赁期限和双方的权责与权限，租给经营公司进行管理。

采用这种经营模式，实现了所有权和经营权的分离，权责清晰，比自建自管进了一步。在这种模式下，业主放弃了经营权，排除了经营风险，换取了由租赁合同明确规定的有限的租金收入；而承租公司有独家经营权，经营得好，除了按租赁合同规定向业主交纳租金后，可以获取更多的收益，但同样要承担更大的经营风险。因为如果经营不善，不但仍要按合同规定按时交付租金，亏损额也将全部由承租经营着自己负责。所以，经营公司除非有十分的把握，一般不希望采取这种经营管理方式，尤其是高档酒店更少采用这种模式。

（三）委托经营管理

这种管理模式是酒店业主采用委托的方式，将酒店的经营管理权有限度地委托给受托方，由受托方进行酒店的日常经营与管理。

在这种经营管理模式下，业主须按委托合同约定的数额支付经营管理方面的酬金，而酒店的经营权益全部归业主所有，经营风险全部由业主自己承担，或者说绝大部分由业主承担。管理酬金在国内一般为营业收入的3%～5%，在国外一般为4%～7%，具体由租赁双方商定，并在委托合同中注明。也有的在确定基本管理酬金的前提下，为鼓励经营管理方多创收，规定超过计划指标实现的收入部分或者营业利润超计划实现的部分，可另行提取一定比例的奖励酬金，具体计提比例由双方协商确定。

采取这种经营管理模式，其优点是业主不用担心酒店的收益被经营管理者拿走，营业收入和营业毛利润都归业主，因此，业主会千方百计支持经营方的工作，鼓励其多收、超收。同样道理，经营管理方面因酬金是按营业收入一定比例计提的，他也会努力创收，还因为他不用承担经营风险，经营管理起来比较灵活，不需要或只需要少量资金投资，不用计提折旧，不必支付物业的维修保养费，就能增加自己管理的酒店数量，增加酬金的收入。

正是由于这种合作方式双方都认为利多弊少，不用为租赁价格讨价还价，不必为经营风险过分担心，故容易为双方所接受。所以，目前国内的高档酒店很多都采用这种管理模式。

（四）联号经营管理

所谓联号经营，就是联号公司授予成员店在某特定的地点、特定的期限内，按照规定的方式经营业务的权利。与管理合同不同，联号既不是租赁经营管理，也不是委托经营管理，联号公司只是提供成员酒店权益品牌、各种标准和要求、营销网络、采购网络及质量控制服务。

现代联号经营始于20世纪50年代，酒店业主越来越意识到品牌形象、声誉、顾客网络、经营方式和预订系统的价值，联号集团也认识到联号是扩张酒店的一种易获利且低成本的方法。1952年，蒙斯·威尔逊创建的假日集团，到20世纪70年代集团旗下的酒店已超过1500家，开创了美国、也是世界现代酒店联号的新局面。最初起始于汽车旅馆的联号，汽车旅馆是一种地价比较便宜，结构比较简单的底层建筑，多位于交叉路口、高速公路出入口、地方居民中心等区位，尽管收入较低，假日集团还是想方设法让其他旅馆参与投资，以实现酒店的迅速扩张，因而开创了联号经营方式，规定只要遵循联号公司设计的营业程序和会计制度，就能成为假日集团的成员。联号公司让成员酒店参与共同采购计划，从而享受采购的折让优惠；成员酒店得到联号公司在规划设计、经营规范、口碑、国内广告、预订服务、促销服务等方面的支持。成员酒店参加联号集团要支付一笔初始费和百分之几的销售收入，一般是客房收入的3%～4%。假日集团成功后，其他类型的酒店也纷纷效仿发展联号经营。

二、酒店管理的组织架构

酒店因规模、档次、经营特点不同，应采取不同的管理组织形式。酒店经常采用的组织形式主要有直线制、直线-职能制和事业部制三种形式。

（一）直线制

直线制是指按直线垂直领导的组织形式。它的特点是组织中各个层次按垂直系统排列，酒店的命令和信息是从酒店的最高层到最低层垂直下达和传递的，各级管理人员对所属下级拥有直接的一切职权，统一指挥各种业务。直线制组织结构的基本形式如图5-1所示。

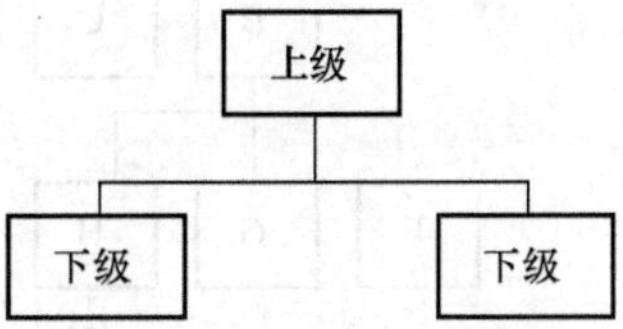

图5-1　直线制组织结构图

直线制组织形式的优点是：结构简单、权责分明、命令统一；组织程序与业务程序简单而一致，上下级间均按照规章或指令行事；运转敏捷，信息沟通迅速；责任明确，解决问题及时，人员精简，工作效率高。

直线制组织形式的缺点是：由于没有实行管理劳动的专业分工，各级主管的工作极其繁杂，事必躬亲，容易陷于日常行政事务之中，不利于领导者集中精力研究酒店发展的重大问题。这种形式的管理职权都集中在一个人身上，故要求管理者必须具备全面的知识和才能。因此，这种组织形式只适用于产品单一、规模较小、业务单纯的小型酒店。但直线制的组织形式被现代化大型酒店广泛地运用于部门以下的基层管理之中，如餐饮部、客房部、娱乐部等业务部门。

（二）直线-职能制

直线-职能制在现代酒店业中也称“业务区域制”。这一组织形式的特点是把酒店所有的机构和部门分为两大类：一类称业务部门，有自身特定的接待和供应业务内容。业务部门按等级链的原则进行编制，形成垂直系统，实行直线指挥，因而称直线制。业务部门按直线形式组织，结构简单、责权分明、效率较高，但不利于横向的多维联系。饭店的前厅部、客房部、餐饮部、商品部、娱乐部等均属于业务部门。另一类称职能部门，职能部门不直接从事接待和供应业务，而是为业务部门服务，执行自身某种管理职能。职能部门按分工和专业化的原则执行某一项管理职能，这种形式称为职能制。职能部门执行专业管理职能，发挥职能机构的专业管理作用和专业管理人员的专长。饭店人力资源部、市场营销部、保安部、财务部等均属职能部门。直线制和职能制互相结合，通过取长补短，发挥各自的长处，形成了现代饭店的直线-职能制组织形式。按照这一制度，饭店每个业务部门就是一个业务区域，每个业务部门下面根据业务活动的不同，又可以分为若干个次级业务区域。例如，餐饮部是一个业务区域，下面又可以再分为餐厅、厨房、采购、保管等业务区域，而餐厅业务区域又可分为中餐厅、西餐厅、快餐厅等再次一级的业务区域。

按直线-职能制的组织形式进行管理，要注意以下几点：第一，饭店下达命令按直线制进行。第二，职能部门只对下级对口业务单位进行业务指挥，并监督其他部门执行管理职能的情况，而不能指挥其他部门的本身业务。第三，职能部门拟定的计划、决策、方案、制度等，若涉及各部门的，应由总经理批准发布，由各部门经理对该部门下达执行命令。目的是既要使职能部门有效地发挥管理职能的作用，又避免多头领导、多头指挥。

直线-职能制组织结构的基本形式如图 5-2 所示。在上下两层次间，彼此有直接权责关系的，用直线串联起来。职权由上至下，较高的是直接上级。各下属均有直线与直接上级相连。如图 5-2(a)，A 是 B、C、D、E 的直接上级，而 F、G、H 是 B 的下级；但虽然 F、G、H 的职位比 C、D、E 低，C、D、E 并不能直接指令 F、G、H 工作，因为 C、D、E 与 F、G、H 之间无直接隶属关系。图 5-2(b)是一个实际案例。

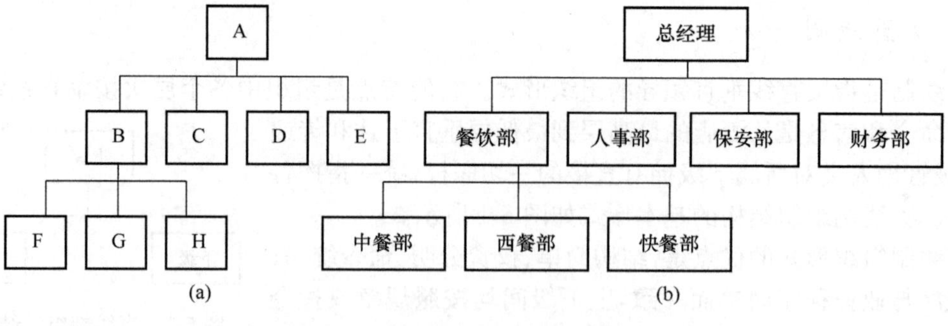

图 5-2　“直线-职能制”组织结构图

“直线-职能制”的优点是：这种组织形式吸收了“直线制”中集中统一指挥的优点，又吸取了“职能制”中发挥专业管理部门或专业人员职能作用的长处，比较适宜高度集中、统一指挥和建立严格责任制度的要求。因此，这种形式为我国大多数饭店所普遍采用。

虽然“直线-职能制”是我国饭店业普遍采用的一种组织结构，但这种组织结构也存在一些缺点。主要表现在：①各职能管理部门之间的横向联系复杂。由于各主管副经理或总监分兵把关，容易形成权力分割。②组织程序与业务程序繁杂，信息迂回时间长，效率不高。③最高领导层的管理幅度大，例行的琐事多，不利于集中精力研究经营决策等重大问题。④权力过于集中，影响下层人员工作的积极性和主动性，对于信息多变的市场经济和意外事件的处理缺乏灵活性。

（三）事业部制

所谓事业部组织结构，是指酒店对于具有独立的产品和市场、独立的责任和利益的部门实行分权管理的一种组织形态。它必须具备三个要素：第一，具有独立的产品和市场，是产品责任或市场责任单位；第二，具有独立的意义，实行独立预算，是一个利益责任单位；第三，是一个分权单位，具有足够的权力，能自主经营。这种组织结构是在总公司领导下设立几个事业部，各事业部是为特定的产品而设立的，各事业部内部在经营管理上拥有自主权和独立性。它的组织特点是：公司集中决策，事业部分散经营，每个事业部实行独立核算。事业部组织形式是一种适用于大型饭店、饭店管理公司和集团化经营的饭店组织形式。其特点是突出分权管理。

饭店公司（集团）按地区、产品、市场等因素，成立若干个事业总部，每个事业总部即为一个饭店或公司。事业总部具有法人地位，进行独立的经济核算，对事业总部内的计划、财务、销售等有决策权。饭店公司控制事业总部的盈利指标，负责筹集资金和事业总部主要负责人的任免等。饭店公司的工作重点是进行新市场的开发、新技术的引进工作。饭店公司成立事业总部的核心目标是为了实现利润指标，所以事业总部又称为利润中心。

事业部组织结构的基本形式如图 5-3 所示。

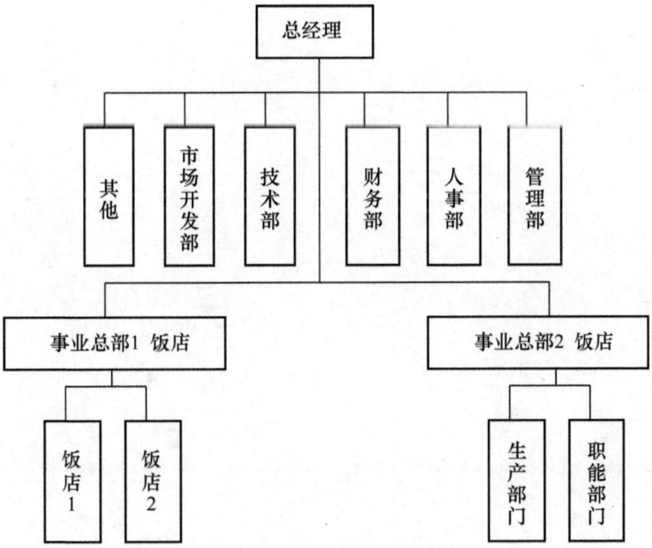

图 5-3　事业部组织结构图

事业部制的优点是：这种组织形式可以减轻高层管理人员的负担，让其集中精力考虑饭店的重大经营决策和发展战略，成为真正的决策层；明确各饭店的利润责任，有利于发挥各事业部的积极性，各事业部可以对本产品或本地区业务快速决策，有利于扩大饭店规模、市场覆盖面积和产品多样化。

事业部制的缺点是:由于各事业部职能部门重复,管理费用较高,各事业部之间横向协调困难,易滋生本位主义,各事业部往往为本部门的眼前利益而牺牲公司的长期目标。

上述几种饭店组织形式各有利弊及适用条件,饭店必须从实际出发,选取有利于饭店经营管理,这样才能有利于提高工作效率,使饭店组织发挥最大效能。

第六章　会展物业管理

在国际上，现代会展业已有近150年的悠久历史。如今，一个城市会议展览场所的有无或多少，已常被用于反映其城市地位，以及城市适应信息社会和现代文化交流的程度。20世纪90年代以来，伴随着经济全球化的浪潮，各国之间的技术、贸易、文化、经济等往来日益频繁。在此背景下，全球会展业进入一个高速发展期。尤其是中国的会展业获得了前所未有的发展，以年均20%左右的速度递增。由此，会展业被称为21世纪的朝阳产业。随着一座座大型国际会展中心的出现，物业管理也进入了这个领域。

第一节　会展概述

一、会展的含义

从国外许多国家对会展活动的管理体制和统计方法上可以看出，在绝大多数会展业发达的国家，都没有“会展业”这种叫法，而是将两者分开，一般将大型会议活动归属于旅游管理部门，而将展览业作为一个行业单独管理。其实，随着会议业和展览业的发展，“展中有会，会中有展”已经得到大家的公认，会议与展览的融合也越来越密切。

由于对会展的研究角度不同，现阶段对会展的含义还没有一个统一的界定。一般人们把以经营各种会议和商品展销为目的的展览而形成的行业称为会展业。国际上惯称 MICE Industry，MICE包括四个构成部分，即会议(meeting)、奖励旅游(incentive tourism)、大型会议(convention)和展览(exhibition)。美国习惯用 Convention Industry，欧洲习惯用 Meeting Industry。

可见，会展的内容包括各种类型的专业会议(如公司会议、协会会议等)，博览交易会(如展览会、博览会、交易会、招商会、展销会等)，奖励旅游以及各种节事活动(如庆典活动、文化活动、体育活动等)。简言之，会展业是指以会议、展览为媒介，以在一定时期内聚集大量的人流、物流、资金流和信息流为手段，达到经济、社会等方面发展的行业。

二、会展业发展的特点

(一) 发展速度快，效益较显著

我国的会展业起步于20世纪80年代，由商贸活动的快速发展带动。20世纪90年代，经济的持续活跃，使会展业快速成长。到2000年以后，中国会展业已渗透到各个经济领域，从机械、电子、汽车、建筑，到纺织、花卉、食品、家具，各行各业都有自己的国际专业展。

会展业一般被认为是高收入、高盈利的行业，其利润率在20%以上。从国际上看，瑞士日内瓦，德国汉诺威、慕尼黑、杜塞尔多夫，美国纽约，法国巴黎，英国伦敦，新加坡和中国香港等，都是世界著名的“展览城”，会展业为其带来了巨额的利润和经济的空前繁荣。据统计，美国一年举办200多个商业展会带来的经济效益超过38亿美元；法国博览会和其他专业展览会每年展商的交易额高达1500亿法郎；在2004年深圳举办的“第六届中国国际高新技术成果交易会”上，成交项目1593个，成交额超过100亿美元；第97届广交会(中国进出口商品交易会，即

广州交易会,简称“广交会”)一期(2005年4月15～20日),有来自209个国家(地区)的逾12万家采购商参会,成交总额达188.3亿美元;昆明召开的’99世界园艺博览会接待的中外游客超过930万人次,当年云南省旅游总收入突破200亿元;《财富》论坛在上海召开,产生了巨大的轰动效应,仅会议期间的广告、宣传收入就达到亿元以上;福布斯全球行政总裁论坛仅与会人士交的注册费用就达到1600万元。

(二)产业关联强,互动性能好

会展业具有较强的产业关联性,涉及交通、旅游、通信、广告、装饰、宾馆与餐饮等诸多部门和行业。会展活动的顺利开展,一方面需要这些部门和行业的鼎力配合和协作,提供高效率、高质量的配套服务;另一方面又直接或间接带动和促进了这些相关行业的发展,使举办地在取得良好经济效益的同时,也获得巨大的社会效益。

据专家测算,国际上展览业的产业带动系数大约为1∶9,即展览场馆的收入如果是1,相关的社会行业收入则为9。这么高的产业关联度使得会展也成为拉动城市和区域经济发展的新增长点,因此得到政府和各方面的重视和推动。

会展业还可以增加大量的就业机会。据测算,每增加1000平方米的展览面积,就可创造近百个就业机会。1996年在德国汉诺威举办的世界博览会,创造了10万个就业机会,获得了145亿马克的利润及45亿马克的税收;在香港,一年的会展活动可为香港居民提供9000多个就业机会。对于人口众多的中国而言,会展业的发展无疑为增加就业提供了一条有效的渠道。

(三)成为新产品推介和对外交流的主渠道

传播先进的技术成果,展示和推广新产品、新工艺是会展的重要功能之一。从科技发展史来看,许多划时代的发明创造,如电话机、留声机、蒸汽火车、电视机等都是通过展览会首先进行展示并进而扩大影响的。即使是在信息技术和手段迅速发展的今天,会议和展览的便捷性、集中性、直观性和快速性,在新技术的推广方面仍起着不可替代的作用。通过会展,可以最先地、集中地、系统地传递出某个行业、某类产品科研的前沿水平、生产的最新成果、消费的心理等信息,从而展现出业界的发展动态和趋势。这不但可以满足消费的需求,也可以引导消费需求,从而在科研、生产、消费三者之间架起信息沟通的桥梁。

另外,会展活动还能促进国内外的政府与企业、企业与企业、企业与消费者,以及社会其他各主体之间信息的沟通与交流,直接或间接地影响其发展战略的形成、调整及相关政策的制订。会议和论坛的作用十分明显。

(四)已经形成独特的会展市场运作模式

美国的达拉斯、比利时的布鲁塞尔、日本的大阪、韩国的汉城、我国台湾的台北等都有成功的市场运作实践。这些地方会展的共同特点是将短期展览和常年商品展示、交易结合在一起,将各类目标产业的产品集中起来,吸引各行业的制造商、代理商、进出口商,以及批发商进入展场,从而形成独特的内销与外贸相结合的“交易市场”,并联合有关机构,将海关、商检、报关、运输等业务引进市场,为客户提供“一站式”服务。同时,利用市场的集聚效应,建立商情网络,提供商情咨询服务等。

在中国,这种市场运作模式在一些城市中已经出现,如上海的世贸商城,已初步显示了其综合性、多功能的市场优势,成为会展经济的一种有效载体。

三、会展业的发展趋势与空间格局

（一）会展业的发展趋势

会展物业是指用于进行会议及展览的各类建筑物及附属的设备、设施及场地。会展物业是发展会展业必需的硬件，近20年来，国内外对会展物业的兴建都非常重视，出现了以下的趋势。

1. 物业规模不断扩大

北美最大的美国芝加哥麦克米展览馆，始建于1960年，1992年再次扩建，1997年完工，总规模为占地面积36万平方米，总建筑面积46万平方米，其中展览馆面积20万平方米，会议厅部分6万平方米。德国著名的汉诺威国际博览中心在20世纪70年代初兴建时只有5万平方米，而到了90年代已达45.1万平方米。并且它的规模还在逐年扩大，加上2008年新建成的27号馆，室内展示面积已近50万平方米，总面积100万平方米。汉诺威博览中心不愧是世界最大的展览场馆，虽经历过多次其他场馆的挑战，但始终将"世界第一大展馆"的称号握在手中。香港会展中心从1985年动工兴建，1988年建成，不久即饱和，预订展馆要提前2～3年。1994年10月新馆动工，1996年建成开业。会展中心于2006年5月开始第二次扩建工程，并于2009年4月完成，总占地面积24.8万平方米。日本最大的东京国际展览中心于1995年建成，占地24.3万平方米，建筑面积23万平方米，其中会展面积10.8万平方米。居日本第二位的幕张展览馆，1997年完工，占地37万平方米，建筑面积13.1万平方米。表6-1是近年我国一些主要会展展馆的现状。

表6-1　国内部分主要展览场馆的规模状况

会展场馆	规模状况
香港国际会展中心	占地面积24.8万平方米，可租用面积6.43万平方米
上海新国际博览中心(一期工程)	室内展览面积4.5万平方米，室外展览面积2万平方米
上海展览中心	占地面积9.3万平方米，建筑面积8万平方米
上海国际展览中心	展览面积1.2万平方米
北京中国国际展览中心	室内展览面积6万平方米，室外展览面积0.7万平方米
中国出口商品交易会展览馆	总建筑面积17万平方米
深圳中国国际高新技术成果交易展览中心	占地面积7.7万平方米，建筑面积5.4万平方米，展览面积3.6万平方米
武汉国际会展中心	规划建筑面积12.7万平方米，展厅面积5万平方米
武汉科技会展中心	规划建筑面积5.5万平方米，展厅面积3万平方米
大连星海会展中心	展场面积2万平方米
重庆技术展览中心	占地面积24.4万平方米，建筑面积4.5万平方米
天津国际经济贸易展览中心	展馆面积1万平方米
陕西国际展览中心	建筑面积4.7万平方米
西安国际展览中心	占地面积13万平方米，室内展览面积2.6万平方米
苏州国际会议展览中心	展馆面积1.5万平方米，展览广场0.5万平方米
昆明国际贸易中心	建筑面积9万平方米，室外面积1.2万平方米，室内面积7万平方米
厦门国际会议展览中心	展览面积10.3万平方米，室外面积5.6万平方米，室内面积4.7万平方米

续表

会展场馆	规模状况
南京国际展览中心	建筑面积 10.8 万平方米
广州琶洲国际会展中心	建筑总面积 70 万平方米，首期占地 41.4 万平方米，建筑面积 39.5 万平方米，是目前亚洲最大的会展中心
上海世博园区	总建筑面积约 200 万平方米，总建筑面积约 85 万平方米，以临时性展馆为主

资料来源：马勇、王春雷，2003

2. 综合性能功能不断加强

早期的展览馆场，功能都比较单一，只能作展会。而现在新建或扩建改造的会展中心，已经发展为集会展、购物、住宿、餐饮、娱乐于一体的综合性建筑。例如，自 1957 年起，广交会拥有过中苏友好大厦、侨光路陈列馆、起义路陈列馆、流花路展馆、琶洲展馆 5 个展馆。首届和第二届广交会在中苏友好大厦举行，即现在的广州交易会 5 号馆机械大厅。1974 年投入使用的流花路展馆，展厅面积 12 万平方米，与前几个展馆相比，设施和功能上有了较大改善，逐步配套建设了互联网、物流、餐饮休憩等服务系统。2008 年 10 月，第 104 届广交会(更名为中国进出口交易会)正式全面迁址琶洲展馆，全新建设的琶洲展馆配套了国际会议中心、酒店、博物馆、金融咨询服务、商务办公、国际传媒、医疗服务等设施。由此可见，为适应会展活动多样化的需要，会展物业的性能向着以会展为主题的综合性方向发展。

3. 设备高档，设施先进

近年来新建的会议展览中心，在设备、设施上都非常注意先进性、实用性和灵活性，不仅对电梯、空调、消防、照明等有很高的要求，而且还特别注重同声传译系统、IDD 电话、宽带数字传输系统等信息设施的建设。会议展览厅除了展厅外，还设有国际会议厅、专业会议厅和各种规格的会议室，以配合展览及其他商务活动之用，可满足各类大型主题报告、国际会议、产品发布、时装表演等活动的需要。

（二）中国会展业的空间格局

目前，中国会展业已基本形成了五大会展经济产业带。

1. 以北京为中心的“京津—华北会展经济产业带”

该会展经济产业带中的核心部分由两个超大型城市构成。北京拥有各类科研院所近千所，高等院校近百所，科技人员 150 余万人，是全国知识最密集、科技实力最强的区域；天津则可以利用处于环渤海经济中心和与北京毗邻的区位优势，利用国际性现代化港口城市的优势条件，积极参与经济贸易交易会。这就形成了以北京举办大型国际会议、论坛和高技术含量、高附加价值的展览会为主，以天津的经贸交易会为补充的会展结构。

2. 以上海为中心的“长江三角洲—华东会展经济产业带”

上海作为长江三角洲区域经济的龙头，并以其与周边城市(如南京、杭州、宁波、苏州等)紧密的经济区位联系，通过各城市之间相互协调和配合，形成三角洲会展经济产业带，成为亚洲最大的会展城市群。

3. 以广州、香港为中心的“珠江三角洲—华南会展经济产业带”

以广州、香港为中心的“珠江三角洲—华南会展经济产业带”与其他地区相比，具有较强的产业优势、区位优势和开放优势。因此，各城市依据自身特色开发各类会展，形成多层次、相互补充的会展市场结构：广州作为华南会展业的中心城市，以继续举办“广交会”这样大型的综合性的展览为主，以“规模大、参展商多”见长；深圳以举办高科技专业会展为主；其他珠三角各城市依托特色产业，举办具有浓厚的产业色彩的会展，如虎门的服装节、东莞的民博会等；而海南三亚和博鳌以大型论坛和研讨会为主；南宁和桂林则重点发展专业会展，以“小而精”为特色。

4. 东北边贸会展经济产业带

随着中俄经贸合作的稳步发展，形成以大连、哈尔滨、长春、沈阳为中心的东北边贸会展经济产业带。东北地区与中国其他经济区域相比，最大的优势就是与俄罗斯、韩国、朝鲜相邻，边境贸易具有相当大的发展潜力。因此，东北地区这几大城市可以利用自身的特色和产业开发对俄、韩的经贸类展会，培育地区特色的会展经济。

5. 以武汉、郑州、成都、昆明等城市为龙头的中西部会展中心城市

中西部会展中心城市的发展则不是以谁为龙头，而是突出个性，培育地区特色的展会。例如，中部的郑州，因其具有得天独厚的交通优势，能够使大批货物大进大出、快进快出，使广大客商既节约时间、又节约费用。因此，郑州会展业的发展应主要突出这一特色，多举办大型机械、建材、农产品等物流量大的会展。西部的成都，作为西南地区的中心与枢纽，具有较强的地缘优势和辐射功能，因此，应根据其经济、环境的特色，形成节、会、展相结合的会展经济模式，如继续提高四川国际熊猫节、全国春季糖酒会等节会的影响力和知名度。

综上所述，虽然我国各地区和城市经济整体水平及其特点和会展业发展水平存在很大的地区差异，但就整体利益而言，各地区都在通过挖掘本地的资源优势，制订科学的、侧重点不同的会展经济发展规划，使各地区、城市的会展业得到协调、持续的发展。

四、会展物业的类型与特点

（一）会展物业的类型

1. 按会展场馆的主要用途划分

根据会展场馆的主要用途，可以将其划分出博物馆、展览馆、会议中心，还有美术馆、纪念馆、陈列馆、体育场、体育馆、文化广场、文化馆、剧场等。前三者是主要类型。

博物馆是指对有关历史、自然、文化、艺术、科学、技术的实物、资料、标本等进行收集、保管、研究，并陈列其中一部分供人们参观、学习的专用建筑。许多城市都建有博物馆。展览馆是指作为展示陈列和举办一些定期、不定期的临时性展览会、博览会的公共建筑。会议中心主要是为各种会议活动提供专门场地、设施设备和服务的场所。

2. 按照会展场馆规模大小划分

会展场馆按照规模可以分为大型会展场馆、中型会展场馆、小型会展场馆和临时会展场馆。

大型会展场馆是指会展规模庞大，一般举办大型的国际性会议和综合性的展览活动，如广州国际会展中心、上海国际会展中心等。中型会展场馆是指会展场馆规模比较大，一般举办区域性的国际会议、大中型的行业会议和行业性的展览活动，如西安国际展览中心、昆明国际展览中心等。小型会展场馆是指会展场馆规模较小，一般举办地区性的会议和地区性、专业性的贸易展览活动，如广州锦汉展览中心、广州百越展览中心等。临时会展场馆指不是专门用于会展的临时性会展场所，一般不会经常性举办会展活动，如广东国际大酒店等各种大型物业的展览馆。

3. 按照会展内容不同划分

会展场馆按照会展内容可分为综合型、展览型、博览型和会议型会展场馆。

综合型会展场馆是指可同时和分别举办会议和展览活动的场所。展览型会展场馆一般只举办各类产品和信息的展览活动,不举办交流会议。博览型会展场馆是指举办各种画展、花卉展、艺术品展、文物展等博览性活动的场所。会议型会展场馆是指主要举办国际会议、行业会议等大型会议的场所。

4. 按照会展场馆性质不同划分

会展场馆按照会展场馆性质可分为项目型、单纯型和综合型会展场馆。

项目型会展场馆指不是专门用于会展,只是偶尔举办会展的场所。单纯型会展场馆指专门用于某种产品展览、某个行业展示或举行某种会议的活动场所。综合型会展场馆是指可以举办各种商贸展览和交流会议的活动场所。

5. 按照会展场馆功能划分

会展场馆按照会展场馆功能,大致可以分为三种类型:大型展览中心、大型会议中心和会展中心。

大型展览中心和大型会议中心的功能较为单一,主要是各类的展览和会议。会展中心又可分为会展建筑综合体和会展城。大型会展建筑综合体是当今较为流行的一种会展场馆类型,包含了展览、会议、办公、餐饮、休憩等多种功能。会展城是指超大规模的会展中心。

(二)现代会展物业的显著特点

1. 规模大

规模宏大是现代化会展场馆的重要标志。现在国外新建的会展场馆占地面积一般都超过100万平方米,而且场馆的建筑呈现越来越大的趋势,一些会展场馆的展馆面积达20万平方米,并且出于前瞻性的考虑,国外新的会展场馆均有一定比例的预留地,以便将来增建场馆。

2. 设施全

现代化会展场馆不仅有展馆,还有会议中心、餐饮服务等设施。会展场馆既可以展览、开会,又可以进行文艺表演、体育比赛等活动,人口流动量大,因此,必须考虑停车难的问题。所以,会展场馆多建有大面积的停车场。

3. 智能化水平高

高科技在现代化会展场馆得到充分利用。国际上发达国家的会展场馆基本上都配备了智能化程度很高的网络系统,如观众、参展商电子登录系统,电脑查询系统等。此外,多媒体、手机短信、无线上网等多种通信手段也在场馆内得到广泛应用。

4. 规划设计"以人为本"

会展场馆是为参展商和观众提供服务的场所,因此会展场馆的场址选择、内部布局和展馆设计都要体现以人为本。选址一般位于城乡结合部,并将交通、环境与市政规划的一致性作为重要的参考依据。场馆内部的要求布局合理,管理有序,以方便不同人群的需求。展馆的三维设计应考虑不同布展作业的多样化需求。

5. 政府支持

现代化的会展场馆公益性很强,因而它从规划到建造都需要得到政府的大力支持。有些城市在建设会展场馆时,政府不仅在土地方面给予了很多优惠政策,而且还提供资金和人才。

五、会展物业的管理要求

（一）确保会展业硬件的安全正常运行，提高使用效益

会展物业是会展业经营的物质基础和场所，作为城市会展场馆又是城市的永久性建筑物，同时，会展场馆建筑物内部设备昂贵，使用和维护的技术性要求高，因此，需要对其进行专业性、技术性管理，保证物业及设备的有效利用，从而提高物业及设备的使用效益。

（二）使会展物业保值和增值

会展场馆与其他物业不同，其在使用过程中内部装修频繁，基本上每举行一次展会都要进行内部装修，在装修过程中如若不加管理，可能会引起物业内部结构的破坏，人为地减少物业使用寿命，使物业价值损失。因此，物业管理企业通过对装修布展进行全过程的管理，就可以对物业有效地防护，避免破坏，延长物业使用寿命，使物业达到增值和保值。

（三）动态的跟踪管理和个性化的全方位服务

现代的会展物业，由于其功能的多元化，需要在公共建筑管理、公共事业管理、公众管理的基础上，配合个性化的服务、动态管理、快速反应等与之相应的管理服务模式。所以，会展物业管理除了与其他类型的物业管理一样，对建筑物及其附属设备、设施提供养护服务外，比较特殊的是要为会议和展览过程提供动态的跟踪管理和个性化的全方位服务。

（四）积极开拓会展物业管理市场

物业管理企业的综合服务优势，是物业的所有者、使用者及经营者都无法具备的。因为，会展场馆所有者的主要作用是对场馆进行投资建设，确保会展的基础设施，为会展业保驾护航；而会展经营企业的主要业务是进行会展的策划和组织，保证会展的顺利进行，不可能参与会展物业的管理或为参展商、客户提供全方位的服务。所以，只有物业管理企业能够承担会展物业的管理和为客户提供综合服务，尤其在会展物业产权多元化的市场条件下，更适合物业管理企业介入。

（五）构筑人才高地，提高竞争力

物业管理企业要进入会展物业管理领域，必须提高自身素质，主要是对企业人才的培养和企业人员服务素质的培训，这是企业发展的关键所在。要造就一批熟悉物业基础知识、懂技术、懂管理的高素质管理人才，要有具备服务意识，爱岗敬业，吃苦耐劳，具有专业化、知识化、年轻化的企业员工。这样才能具有市场竞争能力，更好地拓展新的服务领域。

第二节 会展的基本管理

一、过程管理

（一）展前管理

每次展览前，应尽量掌握展会的第一手资料，从组委会、业主、展会承接部门了解展会性质、规模、参展商资料、展务及货运计划、展位用电、展位分布、贵宾接待任务等一系列详细资

料，以便于通知和协调物业公司各部门，作好相应的计划和安排，同时，仔细核对组委会、参展商及业主对物业管理的要求，提前做好人力、物资、项目活动等各项准备工作。

接到业主下达的展会工作计划后，根据其要求和标准，一般按设备运行、清洁卫生、展会服务、安全保卫以及环境布置五个方面进行分解、制订物业公司的展会工作配合表。明确具体项目、时间、标准、操作人。责任到岗，任务到人，计划分配中还有重要的一点就是：在时间上必须预置提前量。

然后就是进行标志、导视的制作与布置。该服务系统主要有三类，第一类是建筑及公用设备、设施的编号；第二类是服务标志；第三类是功能标志。第一、二类标志系统多为提示性标志，是相对稳定的一个体系，分别按系统类别、性质与功能、规模、层次等确定系统代码、编号代码及功能识别码、视觉标志等；而第三类则因不同性质、类别及规模等展览内容需提供临时、机动或相对稳定的提示性、禁止性的功能标志、导视系统，包括展馆功能指引及安全、导视警示等标志，并要考虑最能体现效果的最佳摆放位置和具体形式。此外，该系统还为新闻发布会、各类经济合同、经济活动仪式、展中展、会中会等编制临时标志系统及隔离标志。

（二）布展管理

布展期的首要重点服务内容之一就是布展现场管理，即装修布置和展台搭建的管理。主要有以下几项主要工作。

1. 展区设计的建议

由于展区的布置与一般的家装或工装有很大区别，物业管理公司不能按照住宅或写字楼二次装修的管理方式来进行展区的设计审批和监管。通常的做法是将现有的设备清单、强/弱电位置详图、照明分布图、结构荷载标准，以及现场平面图提供给参展单位，并签订约束双方的相关协议，由参展单位在允许范围内进行自行设计和施工。

2. 布展设备的搬运

多数情况下，参展单位的参展设备都是半成品，由搬运公司送到现场组装。由于现在参展单位对自己展台的要求越来越高，因此，展台设备也就越来越复杂。对于搬运的管理，首先是道路荷载的计算；其次是规划好大型车辆的进出时间和路线；第三是正确引导设备进入展厅，对展品或展台的高度、宽度和重量要加以限制。

3. 布展期间的监管

虽然展台布置是由参展单位和搭建公司自行施工，但物业管理公司在布展期间要加强对施工工艺和过程的监管。监管内容主要包括：展台面积、展台高度、参展设备负荷、辅助灯光功率、与原有设备接驳的工艺、地面保护、消防措施、施工人员管理，以及特殊装置的安全性和可靠性（如喷泉的防水、化工原料的异味、上人高台的牢固等）。

4. 布展期间的安全管理

参展单位的展台设备、展品和搭建用具进入展厅，物业管理公司就有为其保管的责任和义务。在布展期间，物业管理公司应关闭展厅的辅助出入口和相关通道，只留 1～2 个工作人员在出入口，出入口由物业管理公司的保安和参展单位的指定人员 24 小时把守。施工人员佩戴由物业管理公司配发的统一证件，无关人员禁止入内，现场由物业管理公司人员 24 小时巡视检查，纠正违规现象和违章操作，杜绝消防、安全和设备的事故隐患。

5. 货运车辆的管理

由于布展车辆进场时间集中，车辆大部分都是长途跋涉从全国各地汇集而来，驾驶人员均很疲惫，都想尽早进场，容易发生抢道、占道飞车、提前冲馆等情况，很容易引起司机之间、司机与管理人员之间的冲突。为避免秩序失控，保证货运通道畅通，必须在货运停车区按预定计划事先设置好第一、第二甚至第三控制区，协助交管部门和保安部门按“先来后到”的顺序编号排放，每个展厅入口视具体情况控制一定数量的卸货车辆，并通过有关岗位按序号放行。另外，还要配合有关部门保持货运通道、展厅人行通道、安全通道、货运出入口处的畅通，及时清除各类乱堆、乱丢的包装物品，纠正违章停滞的车辆。

（三）在展管理

开展期间的物业管理是对展会最重要的保障和支持。具体内容有以下几个方面。

1. 设备的运行保障

设备的正常运行是物业管理公司服务的基本要求，简单讲就是保证供电、供水、中央空调、电梯、卫生间的正常使用。

2. 人流和车流的疏导管理

在开展期间，不可能做到人车分流，因此，如何保证人车混行时的安全是交通疏导的工作重点。一般展会主题的不同，可能产生的人流和车流特点也不一样。如人才招聘会，人多但相对车少；展销会、房展会，人多车也多；产品推介会，人车来去的时间段相对集中；业务洽谈会，人少车辆多，等等。据此，可以采取用绳网引导人流方向、设立单向入口和出口、在人车集中时间段增加保安和疏导人员等措施，最大限度地保证人员和车辆的安全。并且在政策允许范围内，通过调整停车收费标准和方式，也可达到控制车流数量的作用。

3. 展厅的安全的管理

除非有特殊约定，在一般情况下，开展期间的展品和展台设施由参展单位自己负责，每天闭展后的安全管理由物业管理公司负责。现在大多采用共同检查、相互认可后的真空式管理方法。即在每天闭展后，由物业管理公司、主办方和参展单位一起清场，确认没有剩余人员和消防、设备隐患后由物业管理公司封闭展厅，直至第二天开展前30分钟，由以上三方共同开启展厅。如果没有特殊要求，一般不在展厅内设值班人员，以免发生意外。

4. 配套设施和相关服务

根据展会的主题、内容和级别，物业管理公司应提供和准备相应的设施和服务，供参展人员和看展顾客使用，如存包处、问讯处、签到处、失物招领、休息座椅、领位引导、VIP休息区、纸杯饮料、包装饮料、热饮、中西快餐、自助餐会等，既提高了物业的服务档次和水平，还能够多种经营，为公司创收。

5. 撤展过程中的管理

一个展会结束后，搭建公司会根据参展单位的要求拆除展台，运走设备和参展物品，恢复展厅的原有状态。要注意：在有看展顾客的情况下不能进行拆除工作；拆除的物品不论是否完好均应带离展厅；恢复原有设备状态；运送设备的车辆按指定路线行驶。只有在撤场时认真管理才能避免混乱和设施损坏。

（四）展后管理

一般展后都要归类整理本次展会所获取的信息资料，尤其是对展会现场收集的观众信息和观众行为数据进行深入的规范化管理，为主办单位和参展商提供基于数据的多种统计分析报告。然后对本次展览工作、展览质量和展览效果进行评估。还要积极收集各方反馈意见，每次展览都从组委会、业主、参展商、参观者等不同的目标群中选择对象，分析不同对象对展会服务工作的反馈意见，便于展会服务工作的不断改进和提高。

（五）无展管理

每一次大的展会活动结束后，物业管理公司都应该对展厅设施和机电系统作全面养护，以便迎接下一个展会的举办。这其中的主要工作有以下几个方面。

1. 机电系统维护

为保证展会期间机电设备的正常运行，无展时的保养极为重要，特别是供电设备和网络。对现在的展厅而言，保证展厅大容量供电的正常和网络畅通是能否举办展会的关键。而由于展会的举办期多集中在春秋季节，随时要求空调供应（主要是供冷），因此展厅没有固定的换季保养期，中央空调系统的保养工作应随着展会结束同时进行。

2. 现场的清理

不管物业管理公司怎样监管，参展单位撤场后展厅现场仍需进一步清理。应由专业公司，使用专业工具，配备专业药剂对展厅现场进行全面保洁，并对所有相关设施进行清理，特别是卫生间和消防通道，不能形成卫生死角。

3. 外围园区的设施修缮

在展会间歇期，物业管理公司应对外围园区内受损的道路、地砖、石材、绿植、照明、围栏、广告牌、灯箱等设施进行修复、养护和完善，以便展会招商工作的开展。

二、安保清洁管理

（一）安保服务管理

展会安全保卫工作一般包括展会治安秩序管理、消防安全管理及意外事故的查处等。一般大型展会活动都会专门成立展会保卫办公室，负责会展场所和重要活动安全保卫工作的组织领导，包括制订各种保卫方案和措施，协调各级公安部门行动，为展会创造安全良好的社会环境；指导各参展商做好自身的安全保卫工作；做好展馆的防火工作；维护展会现场及其附近道路交通秩序，保障交通畅顺；负责发放内宾证和车证等。

安保服务也就是保证所管辖展会环境范围内的安全、稳定秩序的服务。安保人员服务范围包括防盗、消防、应急、捷运、停车场及车库管理等。

（二）清洁服务管理

展会尤其是大型会展场馆占地面积大，功能区域多且分散，因此，会展的清洁服务工作难度也较大。展会清洁服务包括环境卫生和日常清洁卫生两方面的工作。

1. 环境卫生工作

环境卫生包括场馆外部环境卫生和场馆内部环境卫生。

场馆外部环境卫生的范围有场馆建筑物外墙和屋面、人行道路、广场、室外楼梯和平台、室外餐厅、草地、垃圾站、沟渠、外部绿化养护、停车场及车库清洁、大楼外部保养等。有些场馆还设有水池、喷水池、人造小溪等，也需要进行卫生管理。

场馆内部环境卫生包括各楼层和各展厅及会议室地面、墙面、玻璃、茶水间、停车场、公共厕所、楼梯、各类门、电梯、餐饮区、室内天花、立柱、楼道开关、垃圾箱、灯具，以及内部绿化保养等卫生工作。

2. 日常清洁卫生工作

根据会展活动的周期，大型会展的日常清洁服务一般分筹展、展中和撤展三个阶段。

筹展的清洁卫生工作主要有：进行场馆卫生检查、制订展会活动的卫生管理计划、确定人员分工与责任区域、制订每个岗位的工作任务和责任，以及对相关人员进行岗位培训等。展中阶段是人流最为密集的阶段，也是最容易发生卫生安全事故的阶段，因此，应按照清洁卫生计划，严格进行清洁卫生管理，确保展会期间清洁卫生工作的顺利开展。撤展阶段清洁卫生的重点是将场馆环境恢复到与展前的状况一样，以迎接下一个展会。除了以上三种情况之外，还有一种特殊的情况，即展会期间出现了流行疾病，或者参加活动人员中出现了流行疾病疑似患者。对于这种情况，必须加强对环境卫生的管理，严格控制流行疾病。

三、设施设备管理

（一）设施设备的购置

展馆设施设备的购置是展馆设施设备基本管理的服务基础，其购置必须遵循一定的依据：首先，要考虑实用性，根据场馆要求和场馆经营决策，从实际出发来决定对设施设备的购置，保障所购置设施设备使用与保养的方便性、安全性和耐用性；其次，要注意国际上和国内先进水平对该设施设备的使用趋势，还要注意顾客对该设施设备的需求倾向，保障所购置设施设备的设计先进与使用的效率；最后，要把节能和环保作为衡量设施设备先进性的重要标准，以达到场馆计划和质量要求所规定的标准。

设施设备管理部门还要对场馆所有的设施设备进行统管，把设施设备进行分类、登记和保管；对设施设备的迁移、处理和报废进行管理。

（二）专业设施管理

会展的专业设施主要由展览中心和会议中心所需的设施设备构成。

1. 展览中心的设备及其管理

为了适应各种类型的展会服务，展厅的设计要考虑不受区域使用的限制，令多个活动同时举行或个别举行，展厅内的间隔墙设计成可以移动的，使整个空间开放。因此，展厅的设计要用标准尺寸，适当采用标准组合配件以快速搭建标准结构。

最大的展厅往往也是为体育运动和文娱活动设计的，这种多功能大厅要求必须有增高的顶棚高度，能看到远处的座椅，安装有精密的照明设备、空气调节系统、音响设施，以及公共广播系统、投影屏幕、记者间等。

展厅的设计还有许多细节问题，如出入口、卫生间、通道宽度等。每个场馆的入口处要有简明易懂的场馆平面图，并设计明显的标志和导视系统。在入口设置门口机，采用读卡过闸的管理方式，以便于管理和统计。紧急出口必须标志清楚，便于疏散。通道宽度关系到展品运输和场地安全，在规划时必须综合考虑场内人流量、防火需要等因素，在展览期间一定要保证通道的畅通，不允许展品、废弃物品等胡乱堆放在通道上。卫生间也不容小视，它是体现展览场馆服务水准的重要场所，必须方便人们就近使用，时刻保持清洁。

2. 会议中心的设备及其管理

会议室面积一般要大、小规模俱全，以容纳不同规模的会议团体。还需要准备一些气墙、折叠门供随意地分割空间，以满足不同的需求。

会议室的空间布局也设置了礼堂式、剧院式、教学式、圆桌式等多种形式，以适合不同种类和规模的会议活动。会议室的家具也要设计成可以随意组合,同时要考虑家具的牢固性、耐用性、多用途性以及便于储藏性。会议室的照明系统对会议效果和气氛有很大的影响。所以要配备射光灯、泛光灯及特效灯,甚至舞台灯、聚光灯等多种类型的照明设备。还需要配备室内灯光的调光器,也可以设置头顶暗光灯开关,以便使观众既能看清屏幕投影,也能记笔记。此外,还需要考虑会议室的空气流通、会议室高度、墙壁隔音效果、梁柱的设置等细节。

(三)配套设施管理

1. 视听设备

会议中心视听系统主要包括麦克风、扬声器、屏幕、幻灯机、投影仪、VCD/LCD/DVD 机、同声传译系统、电脑系统、网络专用高速度数据接口等,保证所有这些设备规格齐全、质量过硬,是顺利举办会议活动的前提。此外,会议中心还要充分应用电脑和网络的功能,更好地为会议活动服务,以便视频点播、可视电话会议等的举行。

2. 客房条件

客房的数量、大小、档次是影响会议组织者选择会议地点的重要因素。足够的客房数量是保证所有会议客人能同时入住的基础条件。对于会议组织者来说,所有的与会者住在同一地点有利于管理、安排,因而在选择时会给予有此容纳能力的竞争者以较多考虑。此外,还要适当考虑贵宾房间的设计和房间里媒体设备的配置等。

3. 娱乐设施

会议客人的团体性通常要求酒店或会议中心具有丰富的娱乐设施,供与会者举行文化交流、休闲活动等。有些会议对于娱乐设施的要求比较高,如果会议中心的娱乐设施不够丰富,也可以和周边的娱乐场所合作,安排一些优惠活动,鼓励与会者参与,实现互利互惠。

4. 公共区域及设施

会议活动的举行不可避免要涉及走廊、电梯、卫生间等公共区域,电梯载客量要满足会议期间大规模的人流要求,卫生间要保持干净整洁,要设有专门的衣帽寄放处等,这些公共区域的条件也是影响会议整体吸引的要素。

四、会展物流管理

(一)会展物流的特征

会展物流是指为会议、展览、节事及其他各类活动提供的物流服务。具体包括展览前后的仓储、包装、国内运输、进出口报关和清关、国际运输,展览中的装卸、搬运,以及在此过程中所需要的信息流动。会展物流除具有一般物流的特征之外,还有自身的一些特征。

1. 专业化

会展各项组织管理工作必须具有较高的专业化水平才能突出个性、保证质量。例如,必须拥有具备物资管理专业技能的人才、通畅的物流渠道、有效的物质配送手段和功能齐全的物质转运与仓储中心作为支持,这样,才能确保安全、高效地完成物流任务。

2. 信息化

在会展活动物流的组织与管理过程中,物流信息管理是一项非常重要的内容。会展组织管理者会同各参展企业的有关人员,必须不断对各种交流信息进行实时监控,并根据反馈信息,及时调整物流过程中的具体行动措施。

3. 及时性

一般的展览都是很早就预先安排好日程的。展览能否如期举行,物流管理起到很重要的作用。如果展品提前到达,参展商就需要考虑高额的仓储成本;如果忽略了突发事件,展品就可能无法准时到达。因此,必须综合考虑各方面因素,尤其是会展物流及时性的特点,以达到最佳的效益。

4. 安全性

确保物流过程中的物品安全是会展物流的第一任务。会展活动所需的设备、物品一般由会展组织者采购,而参展商展销产品的运输则在会展组织者的统一调度下自行负责。

(二)会展物流的管理

会展物流管理的目标是实现会展物品在流动过程中的效益,具体包括以下几个方面。

1. 质量管理

由于会展活动的开展具有期限的短暂性和展期的固定性等特点,这就要求会展物品必须在严格的时间和空间要求下,通过高质量的物流作业来完成其时空的转移。会展物流质量管理的目的就是用最经济的办法向会展企业客户提供满足其要求的高质量物流服务。

2. 成本管理

物流成本是指产品在空间位移过程中所耗费的各种劳动和物化劳动的货币表现。因此必须做好会展物流成本预测和计划、会展物流成本计算、会展物流成本控制、会展物流成本分析、会展物流成本信息反馈、会展物流成本决策等工作。

3. 运输管理

会展物品运输管理的主要目标就是在限定的时间内,科学组合各种运输方式,将会展物品从供给地运送到指定的地点。运输过程也是物流过程作为"第三方利润源"的主要实现途径,运输成本的控制对降低整个物流系统的成本有着至关重要的作用。

4. 仓储管理

不像生产企业产品物流的大批量、多批次的仓储作业,会展物流的仓储一般只发生在展会进行的过程中。因此,会展物流仓储管理的目标主要是通过会展物品在会展中心或附近的库存场所的仓储管理,实现会展的供求、调节好配送加工等功能。

5. 会展信息管理

物流信息既包括物流作业过程中的信息总和,如与运输、仓储等环节相关的信息,还包括可间接联系的其他流通活动的信息,如市场信息、商品交易信息等。物流信息具有量大、变化快、关系复杂等特点。所以会展物流信息管理的主要目标是为会展活动提供迅速、准确、全面的物流信息,以便进行科学的决策。

五、会展危机管理

会展是一项参展企业多、参与人员复杂、人流高度集中的大型公众活动,它对环境、场所等都具有很强的敏感性,也是危机事件的易发场所。

(一)会展危机的特点

会展危机的出现既有偶然性,也有必然性,具有突发性、危害性、紧急性和不确定性等特点。

1. 突发性

危机往往都是不期而至，令人措手不及。小则如展馆里突然发生火灾；大则如SARS流行和甲型H1N1流感等重大意外性事件，其影响范围广、速度快。因此要求展馆在进行经营活动时，必须作好场馆风险管理，做到有备无患。

2. 危害性

会展危机一旦发生或即将发生，就可能出现失控、混乱、无序和无规的局面。如果危机没有得到有效预防和控制，就可能给会展造成巨大的损失，甚至会造成会展终止，有的还会造成社会负面影响。因此要求展馆在进行危机管理时，必须竭尽全力控制事态的发展。

3. 紧迫性

会展很多危机不但会突然发生，而且会很快蔓延。如果没有得到及时的控制，危机所造成的损失将越来越大。所以，时间非常紧迫，要求必须在最短的时间内对危机作出正确的反应。而且，危机的发生会引起各大传媒以及社会大众的关注，所以，相关会展机构必须立即进行事件调查与对外说明，尽量降低危机对会展业的影响与危害。

4. 不确定性

危机事件爆发前的征兆一般不是很明显，难以作出预测；危机出现与否与出现的时机也是无法完全确定的。因此，只有树立全面的危机管理理念，创建科学的会展危机应急管理体系，加强预测预报和有效监控，才能使危机防患于未然。

（二）会展危机的管理

会展危机常出现的类型有：医疗保健类，如食物中毒等；安全事务类，如火灾、盗窃、工程事故等；政策和法律法规类，如劳动纠纷等；重大活动变更类，如天气变化、嘉宾缺席等。因此对会展危机需要进行不同的管理。

1. 医疗管理

由于会展活动是一个人流密集的群体活动，人们从外地赶来参展，在空气流通不畅的会展现场有时会突发疾病或感染上流行疾病，因而参展者通常发病率比较高。为此，会展组织者应建立紧急医疗救护系统，在会展现场安排医疗人员，就地诊治轻微症状病人。

关于传染病的应急方案，早在1929年首届西湖博览会上就制订了《传染病之预防与消灭》的应急方案。食物中毒事件，则应立即报告部门经理，并请医生立即对中毒客人进行紧急救护；要对客人食用的所有食品取样备检，对可疑食品及有关餐具进行控制，以备查和防止其他人中毒；通知当地卫生防疫部门，通知中毒客人的有关单位和家属，并向他们说明情况，做好善后工作。如果是由于会展物业提供的食品造成客人食物中毒，会展物业应负损害赔偿责任。

2. 防盗管理

对于盗窃事件，会展物业应当以防范为主，从加强内部管理与配备相应的设备设施着手。

会展工作人员在日常工作和服务过程中，有机会接触到会展企业的各种财物以及客人的财产。如果对他们的教育不够，管理不严，加上其自身修养不够，很容易发生偷盗，会展企业应当不断对员工进行教育培训，并采取必要措施。首先要求员工上班必须着工作装、佩戴胸牌，不得串岗；上下班须从员工通道出入，主动让门卫检查所携带出会场的物品。其次，要加强客人入驻登记工作，注意验明客人身份。最后，加强对楼层及其他有关场所的巡逻。楼层服务员注意发现不正常状况，工程维修等人员进入客人房内，须有客房人员陪同，并进行登记。

此外，通过配备安全设施，如闭路电视安全监控系统、红外报警系统、楼层紧急报警系统等，来监控、预警和快速应对突发事件的发生。还可以通过加强对会展物业的出入口控制，封闭不常用的出入口；对于消防用的疏散通道，可安装单向火灾疏散门，必要时在疏散口处设一个闭路电视摄像头。其他防盗管理措施还包括加强客房钥匙管理、使用电子钥匙系统、设置客人贵重物品安全保险箱等。

有贵重物品参展时，必须对每一件物品做好标志并进行登记，并安装警报器保护展品。对于存放珠宝的陈列箱需装有安全防盗、防弹玻璃，并配以特制的保险锁。若展品属于极高风险或贵重展品，则需要雇请保安人员值夜守卫，但这要事先与展览组织者商定并与展厅保安部门取得联系，除了请展厅的保安人员守卫，最好由主办者请来保安人员，这样主办者会更安心。

3. 展品的安全管理

展品的安全管理工作可以被划分为四个关键阶段：展品迁入、开展时间、闭展时间以及展品迁出的管理。

迁入和迁出这两个阶段是最关键的，因为在此期间，许多临时的、身份不明的人都能进入展厅，安全人员必须对可疑迹象和可疑分子提高警惕；同时，有必要在装卸处设立严密的安全检查，任何材料和展品要有展览管理处的通行证才能出入。在展览期间，由于看管展位的大部分责任是参展商而不是安全人员，此时安全人员主要是辅助作好常规安全管理。

4. 消防管理

会展场馆必须有明确的紧急逃生出口及指引，并向与会者充分提供预防火灾方面的资料。在做场地检查时，要重点检查其安全设施的配备和完好情况，如是否有灭火系统、灭火设备是否完好有效、安全出口是否畅通等。

5. 会议保密管理

很多会议都不同程度地涉及保密问题。会议机密等级主要根据会议内容的重要程度以及会议内容的泄漏对与会单位利益的损害程度来划分，一般可划分为绝密、机密和秘密三级。

作为会议的举办地点，会展物业有责任、有义务配合主办者做好会议的保密工作，重点要做到：制定保密纪律；技术保密；文件保密；会场和新闻报道的保密。

6. 突发事件管理

会展业是一种极易受社会以及会展现场的一些突发事件影响的行业。在会展策划筹备的漫长时间里，一些突如其来的国际国内政治、经济和社会事件会严重地干扰甚至阻碍会展筹备工作的正常进行。办展机构在策划举办会展时，对可能发生的“危机”要有应对方案，要能对这些“危机”进行有效管理，以便让会展顺利筹备并圆满举行。

（三）危机管理措施

为了预防与避免会展危机的产生，其管理需要遵守一定的原则，具体主要包括：未雨绸缪、快速反应、单一口径、信息对称、全面衡量、维护形象等。一般的程序是：首先，建立会展危机预案。建立会展危机管理机构，对会展危机事态进行分类、预测和分析，并做好分类预案、危机管理培训和演习。其次，作好会展危机控制。既要做好危机监测，检测范围不仅包括展会活动现场，还有场馆以外的政治经济和社会环境对展会造成的潜在影响。进行危机处理，可以采用公关宣传、召开新闻发布会、与相关部门保持沟通、主动说明和积极赔偿等手段。要及时调整预案，把危机管理纳入一个动态的过程中。最后，要做好危机过后的恢复提升和总结评估。要给参展商、观众等最大安慰，极尽可能挽回和塑造会展形象；进行媒体沟通，转移公众注意力，尽快恢复形象；同时编写危机总结报告。

另外，购置保险是危机管理计划中一个不可或缺的部分。从根本上说，保险可以在会展出现危机情况时提供补偿，可以最大限度地避免风险、控制风险或转移风险。

但会展涉及的保险类别比一般人想象得多，包括展览会取消险、展会推迟险、雇工责任险、运输险、战争险、火险、盗窃险、破损险、人身伤害险、公众责任险、人身事故险、个人财产丢失险、医疗保险等。所以，为了降低会展危机所造成的风险，在建立危机管理时，需要增加适当的保险项目，各参展企业也可根据规定和需要选择险别投保，以确保会展活动的正常运行。

六、会展信息管理

从某种意义上来说，信息管理贯穿了会展企业物业服务与经营的全过程。会展主要信息包括：政府下达的信息，如国家公布的有关会展业的各项方针、政策、法令、经济计划、有关部门情况等；市场方面的信息，如市场产品销售、竞争者情况、消费要求变化等；从各方面获得的各种经济情况，如通过参观、访问、学习、经验交流以及咨询机构等获取的信息。还有企业内部的信息：管理部门的信息，如各种决策、计划、指挥、控制以及经营销售情况等；经济活动的信息，如会计、统计、业务核算等，还有原始记录、报表、总结等经济情况；技术方面的信息，如技术水平、工艺流程、新设备的研制和开发情况等。因此，信息管理可以通过建立系列管理系统来完成。

（一）建立智能信息网络系统

会展中心的智能化体系一般包括：照明及控制系统、自动化控制系统、通信设备及网络设备、安全监控系统、门禁及安检设备系统、消防及应急设备系统、安防应急系统及解决方案等。

门禁是会展中心智能化管理当中最为特殊的环节，它不仅具有单一检票的含义，也可以收录观众从登录信息网络系统所进行的一系列数据，为参展商提供较为翔实的观众信息。一方面，可以有效控制展会现场，成为参展商与专业观众的互动平台；另一方面，可以为后续的展会举办提供依据。

随着展会活动越来越趋于专业化发展，参展商数据库、展品数据库、观众数据库等越来越在这一贸易活动当中起到重要作用。因此，利用系统可以采集观众信息，建立展会观众数据库；记录宣传资料、促销赠品发放对象；对展会期间观众进行统计分析，对展会效果进行评估分析；对专业、目标观众进行系统管理，建立客户关系服务；进行目标推广销售；进行新产品调研、推荐以及下届会展邀请参观等。

（二）设计智能化导视系统

会展中心的导视系统设计，一般主要包括：为到达会展中心的观众提供的导视标志；供参展商、管理者、工作者使用的导视标志；以管理为目的的区域标志和设施标志；通常所规定的标志类导视。

凡涉及在整个活动区域当中的人流、货运，均需要有翔实的导向标志。会展中心当中的展览通道、出入口等，均应辅以导示牌、问讯处、垃圾投入点等。会展中心众多的出入口和紧急通道，是供特殊情况下人流疏散使用的。

【资料】 会展中心导视系统

1. 会展中心多媒体导视系统的主要组成部分

(1) 互动查询导视系统。这是针对来访人群的窗口，可以手动查询、浏览展览馆的各项信息，让来访者通过此系统了解本展馆的背景、具体的布局、各展项的内容等。

(2) 展区自动演播系统。采用多媒体播放技术,通过影视文件来诠释展区的整个建造思想、具体展项、各展项的操作规程及科学原理等。

(3) 多媒体宣传系统。这种宣传手法远远超出了传统的印刷品、电视、海报乃至电子出版物的范畴,除了文字资料,影像、声音、互动动画、三维虚拟现实、数据库等技术都得到了应用,产生了不同凡响的动感体验。

2. 会展中心常规导视类别

(1) 来访客人使用的标志:卫生间、功能区间、相关通道、服务中心等。

(2) 管理目的使用的标志:设备区间、后台管理、工作通道、消防或其他警示标志等。

(3) 共享空间导视:总平面图及所处位置、停车场、辅助性服务导引等。

(三) 开办网上会展

在会展发达的国家,通过互联网建立虚拟展馆,发展网上展览会,这一行为已经冲击了传统意义上的展览市场。开办网上会展具体包括以下几个方面。

1. 网上展会

网上展会是对实物展览会的虚拟,展览的组织、展出及展览活动的各个环节都实现了电子化,组展者、参展商和观众之间的交流通过计算机和互联网络进行,属于电子商务的范畴。

2. 网上会议

网上会议是基于网络实时交互式多媒体通信平台技术的支持,提供语音、视频、数据共享等全面高效的实时通信服务,不同地方的单位和客户只需有上网浏览器,就可通过互联网共享远在千里之外的咨询,甚至操作远端的计算机,并实现实时、交互的在线会议,可以更加节约、高效地与客户、同事或合作伙伴进行交流沟通。

3. 视频会议

视频会议以宽带为主,兼容窄带接入的一种交互型视讯多媒体业务,能实现点对点、点对多点的视讯传输,将不同地点的图像信息和语音信息安全可靠地、实时地相互传递。

不过,虽然网上会展具备树立和加强企业形象、增强会展的吸引力、加强顾客的忠诚度和可以全面降低成本的优点,但也存在对商品的限制性、企业和顾客不能很好交流等缺点。

第三节　会展的服务与营销管理

一、会展服务管理

会展场馆的服务管理是场馆能否正常运行的基础,是场馆经营管理的重要环节。根据提供服务的广度与深度,可以包含以下几种服务类型。

(一) 专业服务管理

场馆专业服务主要是指与场馆有直接关系的服务,主要包括以下服务管理内容。

1. 场馆展前服务管理

(1) 会展现场管理。首先要为会展开幕仪式场地布置好会展的背板、门楼或展览会的横幅。如果场馆有序幕大厅,则要在序幕大厅准备好场馆、展区和展位的分布平面图,各服务网点的分布图,各参展企业及其展位号一览表及名录牌,会展简介牌,展区参观路线指示牌,会展宣传推广报道牌,会展相关活动告示牌等。在会展各展馆里,除了各参展企业的展位以外,还要布置各展馆或展区的主要展览内容提示牌、参观线路指示牌、本展区服务网点提示牌、到其他展馆或展区的路线提示牌、本展区参展企业及其展位号一览表等。此外,很多场馆还会在场馆适当的区域内开辟一定的空间作为展会嘉宾的休息室或者会客室供展会嘉宾使用。为了方便参展商和观众，大会还可以在场馆序幕大厅、场馆的主通道或其他便利的地方设立“联络咨询服务中心”，现场处理和回答客户的有关问题。

(2) 媒体接待与管理。会展开幕前，场馆要与有关媒体取得联系，为召开新闻发布会或邀请媒体记者对会展开幕现场和展览现场进行采访和新闻报道作准备，并在场馆现场适当的地方开辟一定的区域作为场馆“新闻中心”，供各媒体和记者使用。场馆要安排专人负责新闻记者的接待和联络工作，还可以有意识地组织、引导和安排各新闻媒体对场馆进行新闻报道，为各媒体记者提供必要的会展资料，积极回答记者提出的问题。

(3) 开幕服务。开幕式是一项较为大型的活动，一般还有有关领导参加并伴有一些表演活动，涉及的层面很多，事务也很复杂，需要事先经过周密的部署和仔细的筹划。因此，场馆开幕式的时间和地点要事先作好安排并通知到有关方面。开幕式的时间一般不宜太早，太早了不利于参展商进场准备和出席开幕式的嘉宾按时到场；开幕式的地点一般要安排在场馆的广场上，这样更方便有关人员在开幕结束后入场参观。此外，还要落实好出席开幕式嘉宾的名单，并与他们沟通好开幕的准确时间和地点，他们一到场馆，场馆就要派人负责接待，准备签到簿让嘉宾签到。

2. 专业观众登记服务管理

专业观众是场馆除了参展商之外的另一个重要的客户。场馆必须要准备好场馆参观指南、观众登记表、展会证件、门票、展会会刊等。可以在场馆的序幕大厅或者专门的观众进馆大厅内设立专门观众登记柜台来进行场馆的专业观众登记工作，与此相对应，场馆还要设立观众登记通道。

观众登记工作是场馆的门户，所以到会观众要入馆参观首先就必须进行观众登记，观众登记对场馆现场管理工作十分重要。

3. 场馆现场服务管理

场馆现场服务管理是指从布展开始，包括展会展览期间到最后展会闭幕这段时间对场馆布展、展览和撤展等事物的组织管理工作。

当展会开幕日期临近时，场馆要迎接参展商进馆进行布展。布展是场馆对场馆现场环境进行布置和对参展商的有关工作进行协调。场馆要进行的布展工作主要有：展位画线工作，场馆地毯铺设，参展商报道和进场，展位搭建协调工作，现场施工管理和验收，展位楣板的制作、安装和核对，现场安全保卫工作，消防和安全检查，现场清洁和布展垃圾的处理。

在展览期间，场馆的现场工作是场馆最重要和最关键的阶段。主要包括与参展商现场联络和服务、观众登记和服务、公关和重要接待服务、媒体接待与采访、相关活动的协调管理、现场安全保卫工作、有关信息的收集整理、与有关方面商谈下一届会展的合作与代理事宜。

4. 撤展管理

场馆的撤展管理包括：展位的拆除、参展商租用展具的退还、参展商展品的处理和回运、场馆的清洁和撤展安全保卫等。

展览完毕之后，各参展商的展位要安全拆除，让场馆场地恢复原貌，展位的拆除工作一般要在展品取下展架之后才进行。场馆要监督各参展商或承建商按规定的程序进行展位的拆除工作。

展览完毕，各参展商临时租用的展具要及时退还展馆或各承建商。为了保证所有出馆人员带出场馆的展品是他自己的物品，在展会展览期间及展会结束之后，场馆要对所有的出馆展品进行查验才给予放行。场馆撤展时一般会比较杂乱，千万不要松懈撤展现场的安全和消防保卫工作。

（二）配套服务

配套服务是指与会展业息息相关的其他增值服务，如餐饮、住宿、旅游等相关产业。

1. 餐饮服务

餐饮是会展服务的重要组成部分，它同时可以给与会者一个休息的机会和社交的机会。

餐饮服务要严格注意：第一，饮食卫生。要严格按照有关食品卫生的要求和规定，采取得力措施，实施严格管理，确保饮食安全，从而保证会展活动的顺利进行和圆满结束。第二，规格适中。会展活动中的饮食一定要根据经费预算确定就餐标准来安排，一般由会展活动的领导机构确定。第三，照顾特殊。参加对象中如有不同饮食习惯的少数民族代表、外宾或其他有特殊饮食要求的代表，要特别予以照顾，尽可能满足他们的需要。第四，饮食服务安排要具体，就餐时间一般要同会展活动的作息时间综合考虑，如果人数较多，要多安排几个就餐地点。

2. 住宿

一般外地参展商和参观者会选择在会展场馆附近的饭店、宾馆住宿。因此，会展场馆为了提供更为全面的配套服务，可以在场馆的醒目处标明附近饭店、宾馆的联系方式和交通。场馆还可以和附近的饭店、宾馆合作，提供更加便捷和全面的服务。可以根据会展活动通知的回执、报名表、申请表统计到会的大致人数，并据此事先告知附近饭店、宾馆，预算房间数量能否容纳会展活动的住宿人数，避免因住宿问题影响参展商和参观者参展的情绪，给参展活动带来混乱。

3. 旅游

旅游是很多会展活动密不可分的组成部分，在很多时候，组织会后旅游甚至成为吸引人们前来参展和参观的一个有效手段。不过在组织旅游时要注意，进行参观、考察、游览的项目要尽可能与会展活动的目标和主题相适应，还要考虑参观、考察、游览的当地是否具有足够的接待能力。必须制订详细计划。项目确定后，还应及时与接待单位取得联系，落实好车辆、食宿。旅游项目也可以委托旅行社实施，但必须选择信誉好、价格合理的旅行社，并签订合同。

4. 交通设施

四通八达的交通可以使参展商及参观者能够更方便迅捷地进入会展场馆。如果说会展场馆的选址已经不能改变了，那么还可以通过一些场馆的交通服务来弥补。例如，场馆可以提供一些班车，免费接送往返展馆及火车站、汽车站的参观者，使他们轻松便捷地到达场馆。也可以建造能停泊很多车辆的停车场或多层停车楼，或是建造行人天桥，引导参观者直接进入各个展场。

5. 新闻中心和商务中心

可以在展会现场设立新闻中心和商务中心。新闻中心吸引国内外媒体对展会进行深入报道，加强对展会和参展商的宣传力度。商务中心能为参展商拓展业务、现场办公提供很多便利，甚至可以帮助他们做成很多生意。

6. 入口管理

场馆必须要有完善有序的入口管理。在国内举办的很多展会中，拥挤的人流一直是影响整个展会质量的因素之一。因此要做好有效分散与合理组织会展期间突然增多的人流的工作。

（三）个性化服务

不同的会展场馆为了体现自己的优势与特色，会为参展商和观众提供个性化服务。

1. 特殊设施与服务

有时参展商、观众会携孩童和妻子一起来参加展会。会展场馆一般很少设置为这些人专设的场地。孩童有时会成为展会上一个很不稳定的因素，嬉笑打闹很容易在繁忙的展会上造成一些不必要的伤害和损失。如果说可以在展馆内或者展会外建立一个儿童乐园、嬉戏区或儿童看护中心供家长安顿孩童的话，那么就体现出这个展馆的人性化。另外，如果在女用洗手间设立一些独立的化妆室和更衣室，在零售部准备一些丝袜、指甲刀、创可贴等紧急小物品，不但可以增加额外销售，还能用这种贴心的服务提高女性顾客的忠诚度，并且通过这些设施也可以打广告、做宣传。

专门设置残障人士的专用通道、专用洗手间、专用电梯设备、视听设备、盲道等，以及在可能的情况下，配备可租借的轮椅等工具，这也可以被视为是一种人性化的服务。

2. 咨询指导及翻译传播

现代国际展览馆多为大型场馆，且结构复杂、功能设施齐全。对于不熟悉环境的参展商、参观者来说，除了明确的公告牌及指示公告外，还需要大量的现场咨询和引导服务。

展览也是人流、物流、信息流交汇的场所，信息的传递、秩序的维护、安全消防的通知、各类求助启事、宣传广告、优雅气氛的营造都离不开展馆播音。而展览无国界、信息和技术交流无国界，参展商、组委会国际化趋势也越来越明显。因此，作为一流的展览服务需提供相应的双语播音，展览现场还要有相应的翻译咨询，为参展商、顾客、访客、参观客提供即时翻译服务。

3. 场内布置体现场馆的别具匠心

若一个场馆能做到“空气流通、光线明亮、室温适宜、布局宽敞，随处可见可供休息、交流、洽谈的咖啡屋”的话，这些突出、到位的服务，一定能使它从众多场馆中脱颖而出。在这方面，汉诺威展览中心是个很好的榜样。凡进入汉诺威展览中心的人，第一感觉是这里不像在搞展览，倒好像是一个交流、休闲的场所。展览中心满目春色，到处是鲜花、绿色植物。展览场内宽敞、优雅，展品布置得当、美观，每个展馆内都有风格不同的休息区域，并且装饰得很漂亮、很舒适。

4. 细节的体贴服务

现在很多场馆内举办的都是国际展，有很多来自欧美的展商参展。由于欧洲电源插孔与中国不同，如果他们随身携带有小电器，就需要我们准备一些欧洲标准插头转换器，方便他们使用。虽然这只是一个小细节，可能不值得一提，但是却尽显用心，可以赢得更多的客户。

5. 投诉处理与意见反馈

不管什么样的服务，都会存在漏洞和不足之处。反馈就是一个很好的能不断完善服务的方式。展览现场接受投诉及其反馈也是展会服务体系的重要内容。展务人员须本着让参展商满意、让参观者满意、让组委会满意的宗旨，积极热情、灵活有效地处理各类投诉，耐心解释，争取谅解。同时，积极收集反馈意见，并应该从组委会、业主、参展商、参观者等不同的目标群众选择对象，收集对会展服务工作的反馈意见，便于会展服务工作的不断改进和提高。

二、招展策划与宣传推广

会展是否能够成功地举办，首要和最直接的因素就是招展工作的成效。

（一）招展策划

1. 招展的准备工作

(1) 建立参展商数据库。目标参展商就是组展商认为可能会来参加展会的企业和单位，通常是会展题材所在行业及其相关行业的企业。招展的基本工作是从收集参展商信息开始的，主要通过以下几种渠道：行业企业名录、商会和行业协会、政府主管部门、专业报刊、同类展会、外国驻华机构、专业网站以及电话黄页等。收集的信息内容主要有：企业资料，包括企业名称、企业联系方式、联系人、企业性质、主要产品、主要市场、年产值、企业信誉等级等；人员信息包括：企业联系人和决策人的姓名、国籍、职务、联系方式、年龄、性别、兴趣爱好、忌讳等；参展商生产的产品种类、目标市场、企业规模等。为了便于对目标参展商进行管理，必须建立目标参展商数据库。当然，数据信息应随着招展工作的需要进行调整修改，以确保数据库使用的安全性与便利性。

(2) 分配展区和展位。合理划分展区和展位便于会展进行招展和招商，从而提高参展商的满意度。划分展区展位时必须注意：第一，按专业题材划分展区，即在满足展品对场地要求的基础上，将同类展品安排在同一个区域展出；第二，按地区划分展区，这主要适用于国际参展商较多的展会；第三，按展品的相关性划分，即将与某类展品相关联的展品类别划分在相邻展区；第四，划分展区展位要考虑现场管理和服务的方便，如要使展览场地充分利用，要注意方便人流疏散，要方便展位的搭建和拆卸，方便展品的进馆出馆等；第五，注意适应参观人流的规律，在入口处、主通道、服务区和大展位等人流比较多的地方，要注意疏散人流；第六，注意合理安排展会的功能服务区域，如登记处、咨询处、洽谈处、休息区、新闻中心等，要对这些区域进行统筹安排。

在具体安排展区展位时，通常采用：第一，先到先分法，即按报名参展的时间顺序先到先挑。采用这种方法的前提是保证所有的潜在参展商同时收到招展说明书，以示公平。第二，打分法，即通过对一系列因素的评估给参展商打分，这些因素包括以往的参展记录、在协会期刊中的广告数量及对协会的捐赠等。这种方法的缺点是对新参展商或小公司来说不公平，因为它们在竞争中处于不利的地位；另外对于主办方，可能会因等待回头客的光顾容易导致剩余展览场地发售的延误。第三，抽签法，即通过抽取数字对号的方式决定展位。这种方法随机性强，看似公平，但问题不少，如果一个大展商拿到一个靠后的号码被分到一个角落位置，那他下次可能就不会再参展了。为此有时会采用分类抽签法，即根据参展商所需要的展位面积的大小分别进行抽签。第四，预订法。这一般是在本次展会期间预先选择下次展会的场地。预订一般在会展的某一特定时间进行，或者贯穿整个会展，按先到先分法进行。第五，竞标法，即好的展位由出价高的参展商购得。

不论采用何种方法分配展位，都需要有确定的标准来规避不满情绪，所有方法都应有明确记录，方法的选择和相关信息应在给参展商的招展书中明确说明，防止发生误解。

(3)确定招展价格。招展价格与通常企业的定价策略相似，可以采用成本导向定价法、竞争导向定价法和需求导向定价法等。在定价时还要考虑保证会展不亏损的最低定价，需采用盈亏平衡分析法。此外，还要考虑行业的特点，具体如下：第一，要充分考虑竞争的需要。要考虑那些与本展会有竞争关系的同类会展的价格状况，评估本会展在市场上处于何种地位，从而确定价格。第二，结合会展的发展阶段考虑价格。一般会展项目的生命周期经历投入期、成长期、成熟期和衰退期等发展阶段。在会展的投入期，市场认知度比较低，价格不宜太高；在展会的成长期，会展规模扩大，在行业内知名度开始上升，企业参展的主动性增强，会展的价格可以适当提高；在会展的成熟期，会展在市场上的地位基本稳定，本会展与其他竞争会展的价格基本相对稳定，参展商的数量也基本稳定，市场份额也难以进一步扩大，会展价格也基本固定；在会展的衰退期，会展吸引力减弱，参展企业开始减少，会展面临重新定位，会展价格应该较低。第三，结合会展的目标考虑价格。如果会展的目标是以会展生存为主，那么会展的“盈亏平衡价格”就是其最后的底线；如果会展的目标是尽可能扩大市场份额，那么招展价格可以暂时低于盈亏平衡价格，但这要以会展亏损作为代价。第四，考虑会展的价格弹性。价格弹性可以用于衡量会展展位销售量变动对展位价格变动的敏感程度。如果会展的价格弹性大，会展招展价格的降低会引起展位销售量的大增；如果弹性小，招展价格的降低对展位的销售量不会产生太大的影响。第五，考虑展览题材所在行业的状况。行业如果处于卖方市场，企业参展的积极性不高，招展价格就应该低一些；反之则相反。第六，展区和展位的位置差别。一般位置比较好的展位价格也较高。另外，对国内参展商和国外参展商，通常是实行“双轨制”，国外参展商的展位价格较高，位置也较好。

实际上，招展在具体的执行过程中，价格并不是严格按照期初制定的价格执行的。通常展位的价格还会有一定的折扣，这是给予参展商和招展代理的价格优惠，以吸引更多的参展商参展。常见的价格折扣主要有：统一折扣，即所有的参展商都适用于一个统一的折扣标准；差别折扣，即针对不同的标准执行不同的价格折扣；特别折扣，即给那些参展规模巨大、在行业内有较大影响力和知名度的企业特别价格优惠；位置折扣，即针对展馆内不同展区，以及同一展区的不同展位的位置好坏而制定的价格折扣，以避免位置较差的展位无人问津。

2. 招展

招展书是办展机构用来说明会展以招揽目标参展商的小册子。编写招展书是为了向目标参展商说明会展的有关情况及招商推广计划等，引起他们对参加会展的兴趣，以此招徕参展商。招展书主要包含以下内容：第一，会展的基本内容，包括会展名称和会展标志(logo)，会展的举办时间和地点，往届会展的情况、业绩及有关图片，办展机构名单，办展起因和办展目标，会展特色，展品的范围，展位的价格等。第二，市场状况介绍，包括行业状况和地区市场状况。行业状况是结合会展的题材定位，将所在行业的状况进行简要介绍；地区介绍主要涉及会展的定位和市场辐射范围所决定的地区。第三，会展的招商和宣传推广计划，包括会展招商计划、宣传推广计划、相关活动计划和会展服务项目等。第四，简单的参展事项，包括如何办理参展手续、付款方式、参展申请表和办展机构的联系办法等。如参展商决定参展，具体的参展规则和细节内容可参照参展商手册。

参展商手册是帮助参展商进行参展筹备的纲领性文件，也是办展机构对会展布展、展览和撤展等环节进行有效管理的指导性文件。具体内容：第一，前言，包括欢迎词，说明本手册编制的原则和目的，提醒参展商在筹展、布展、展览、撤展等环节须遵守的相关规定。第二，展览场地基本情况，包括展馆及展区的平面图、酒店或车站至展馆的交通图、展览场地的基本技术数据等。第三，会展的基本信息，包括会展的名称、举办地点、展览时间、布展时间和撤展时间、会展信息网址、会展秘书处、参展证件、推荐搭建商、推荐运输商、住宿推荐、展览期间车证办理及报价、交通指南、大会指定法律顾问和办展机构等。第四，会展规则，即会展要求参展商和观众等参加会展时所必须遵守的一些规章制度，包括会展有关证件的使用和管理规定、会展现场保安和保险规定、展位清洁规定、物品储藏规定、现场使用水电的注意事项、现场展品销售的规定、消防规定、知识产权保护规定、现场展品演示的注意事项等。第五，展位搭建指南，即对会展展位搭建的一些基本要求和说明，主要包括标准展位说明和空地展位搭建说明。第六，展品运输指南，即对参展商将展品等物品运到展览现场所作的一些指引和说明，主要包括海外运输指南和国内运输指南。第七，会展旅行信息，即对参展商及观众等参加会展期间的吃、住、行、娱等作出的一些说明。第八，相关表格，主要包括展览表格和展位搭建表格两种。第九，付款方式，即列明开户银行、收款单位和银行账号。参展商手册应该在会展开幕前寄给参展商，也可以发布在会展的专门网站上供参展商阅览和下载，如果有海外参展商，还要将参展商手册翻译成外语文本。

（二）宣传推广

会展宣传推广的目的就是要促进会展招展；促进会展招商；树立会展的良好形象，创造会展的竞争优势；协助业务代表和代理们顺利展开工作；指导内部员工正确对待客户。

1. 宣传推广的策略和渠道

宣传推广策略主要分为两类，即推动策略和拉引策略。推动策略是组展商运用人员推广和其他手段，把产品推销给中间商，再推销给最终的顾客；拉引策略是用广告等措施，吸引客户购买会展产品。会展宣传推广的渠道有很多种，可以采用召开新闻发布会，在专业和大众媒体上做广告，建立会展专门的网站，向有关人员直接邮寄资料，公共关系营销推广，在国内外同类会展上宣传推广，在网上宣传推广，通过专业协会和商会宣传推广，利用国外驻华机构和我国驻外机构进行宣传推广，与相关会展合作推广等多种渠道。

第一，广告是会展宣传的重要方式，也是覆盖面最广的宣传方式，要求尽可能覆盖所有的（包括现实的和潜在的）会展客户。当然广告也是比较昂贵的宣传手段，因此要注意控制广告预算，明确广告宣传的目的，采用适当的广告媒体。表 6-2 是对不同媒体的比较，可以参考选择。

表 6-2　不同媒体广告的优缺点

广告媒体		优点	缺点
印刷类	报纸	影响广泛；时效性强；成本低；当地的覆盖面广；可信度强；描述细致	重复性差，延续时间短；广告表现力差；印刷不精美
	杂志	针对性强，可保存性强；广告表现力强；发行面广；印刷精美易引起注意	时效性差；不宜针对特定的地区；费用高；广告周期长
	DM 宣传单	投入少；效果显著；灵活性强；可随报纸或杂志发行；受时空限制少	人员时间投入相对高；针对性不强；可能会引起收件人的反感等
	旅游指南	吸引参观客户，针对性强，费用低廉	对参展商特别是现实的专业参展商的针对性弱
户外广告	户外广告	表现手法灵活；展示时间长；成本低；醒目	针对性不强；限制了广告表现力；内容局限性大；时效性差
音频视频类	广播	迅速及时覆盖面广；成本低；地区针对性强；灵活性强	缺乏视觉效果；时间短促等
	电视	覆盖面广；影响面大；视听并存，感染力强；多方面传递信息	展示时间短；费用高；受时间频道限制；单向传递信息
	网络	成本低；覆盖面广；不受时空限制；效果易于统计；双向沟通	诚信度不高，受网络技术设备影响

资料来源：丁霞，2006

另外还有交通媒体广告、包装媒体广告和焦点媒体广告等，办展机构应该充分考虑各自的优缺点进行针对性多样化的选择，以期达到最好的广告效应。文章和图片也属于一种隐性的广告，它一般由专业人士或记者撰写，可信度较高。

第二，新闻发布会是会展在社会上进行会展形象宣传推广的主要方式，它对塑造会展的社会形象和传播会展的品牌知名度有很好的效果。

第三，人员推广。会展有关工作人员对各机构和客户直接拜访以及电话、传真和电子邮件往来等，与客户进行一对一的沟通，更好地联络客户的感情，倾听客户的声音。

第四，机构推广。与各行业协会和商会、国内外的办展机构、国际组织、外国驻华机构和我国驻外机构、政府主管部门合作。

第五，公共关系。办展机构利用各种传播手段和社会公众沟通感情，建立良好的社会形象和树立品牌，如加入国内外著名的行业协会，积极参加行业活动，举行公益事业活动等。

此外，会展期间举办的各种活动，如表演、比赛等都是会展宣传推广活动的重要组成部分。

无论用哪种宣传推广方式和渠道，都应该明确推广目标，制订推广计划，作出费用预算，以便于宣传推广活动的实施和效果的评估。

2. 会展各阶段的宣传推广重点

会展的不同阶段，宣传推广的目的和侧重点各有不同，采取的推广渠道和方式也应有所区别。

在会展筹备阶段，即展前阶段，主要是为会展造势，其具体目的是从告示宣传，到促进招展，再到促进招商。在会展的现场阶段，即展中阶段，宣传推广的重点是促使参展商和观众获得最大的经济效益。在展后阶段，宣传活动更多的是展后跟进工作，即通报会展的效果，对会展活动的跟踪评估工作进行相关报道，让广大受众了解本次会展的盛况，也为下次会展宣传作准备。

三、开展多种经营

（一）开展大型活动

随着中国市场经济地位得到国际的广泛认可，各类国际间的会展及大型活动必将越来越多地进入我们的视野。例如，奥运会、亚运会、大运会等体育活动；广交会、高交会（中国国际高新技术成果交易会，简称“高交会”）、东盟博览会等大型展览会；博鳌亚洲论坛、G20 峰会、APEC（亚太经济合作组织，Asia-Pacific Economic Cooperation）等大型国际会议，都给会展主办城市带来巨大的经济效益和区域影响。极大的商机及影响力，使越来越多的会展追逐着国际化、专业化和规模化。

由于大型活动所涵盖的社会受众较广，应该得到社会各界的广泛支持与协作。为了保障大型会展活动的顺利进行，活动举办之前需要报批并得到许可，主要涉及文化、公安、消防和环卫四大机构。

（二）自办会展

自办会展是在场地出租不能满足较好的经济收益时，会展企业的一种“生产自救”。它与一般展览会组织一样，要经历会展调研、会展立项、会展设计、会展销售、会展改进等过程。

自办展营销的渠道有直接渠道和间接渠道两种。销售的直接渠道是指办展机构通过邮寄销售和电话销售及对重要客户的上门销售，将信息传递给潜在的参展商，从而达到销售展台的目的。间接渠道是指通过中间商来向企业销售展位，一般是各地区的代表。

（三）增值与衍生服务

会展中心不仅具有一般意义上的经营空间，而且由于其在社会中的特殊意义，其中蕴藏着众多的商机，也蕴含着多种经营开发的空间。

1. 会展中心的冠名

“冠名权”作为一种商业运作形式，目前在各类比赛、活动中非常流行。冠名权主要是指在各项活动的筹办和举办过程中，由于赞助单位向活动的组织者提供了赞助，组织者将某种实物或活动冠以该单位的名称，体现该单位的形象或确定其为协作单位的一种回报形式。这种形式可以加强企业及品牌的宣传，提升企业的知名度，是一种重要的无形资产。冠名权可分为实物冠名和活动冠名，还包括企业名称转让等形式。通过这些方法，不仅使会展中心的运营经费得以增加，而且通过强强联合创造了商业领域的双赢局面。

2. 与大企业的联姻

会展中心售出冠名权，是会展中心与大企业间的联姻，而这种联姻可以更广泛地应用在多个方面。可以利用各自优势，组成集团性经营公司，将各自企业的长项进行整合，从而创造一种综合的经营性收益。例如，会展中心与汽车行业的联姻，可以利用会展活动中心举办活动的受众效应，充分利用场地的开阔、会展的人流，来进行商品陈列、甚至售卖。可以组成会展专属车队，以经营实体的形式开发经营空间，建立服务于会展活动所必需的货物运输、人力运输等经营实体。两者（甚至是多者）共同投放广告、共同在相关领域加以定向推广，利用原本各自品牌的市场美誉度以及顾客忠诚度等，使得市场宣传的效果事半功倍。

3. 场地出租的多样化

会展中心可以充分地挖掘场地的经营特点与潜力，真正因地制宜地加以开发与利用。空间相对狭小的，可以开发成体育健身俱乐部、运动项目练习场；空间宽敞的，可以应用于文艺演出、婚庆活动举办、体育赛事组织举办等。具备足够的停车场地，可作为商业店铺的开发；适合用于办公的局部场地，可以面向为会展提供相关服务的机构予以租赁，如鲜花、礼仪、邮政、劳务、广告、展具设备出租、展位搭建等。对于小而多的展厅，则按照多功能的定位，应用于新闻发布、小型宴会、会议、培训等。

4. 会展中心的外向型服务

会展中心配备了功能齐全的设施，而除了用于满足会展中心内部举办活动的需求，更应该充分开发其商用价值，使之产生综合性的效益。例如，会展中心的大屏幕显示器、灯光音响设施、观众登录系统、叉车、同声传译等易于拆卸的设备，都可以在市场中开发应用；会展中心大面积的场地，局部可以考虑用于仓库出租或类似功用；会展中心的物业、安保等人员，也可以在会展淡季或经营空隙，合理地面向社会承揽业务。

5. 会展中心的综合经营开发

会展中心所举办的活动可以带动多个相关产业。会展中心可以考虑成立相关的经营性实体，或以分公司的形式，相对独立地开展经营活动。例如，开设旅行社，面向会展活动期间到场的人流开发区域内部的一日游，甚至利用会展营销的客户空间来开发组团旅游等一条龙服务。结合会展现场对咖啡厅、商务中心等商务活动场地的需求，还可以利用场地条件，根据城区定位，适当考虑开设精品店、礼品店也是一种不错的方式。

6. 会展中心的商业空间

传统意义上的会展中心所举办的会展活动多是一种短期的贸易、宣传形式，但结合不同的商品，开办不同主题的长设展厅，将可以持续有效地保证场地销售的利益，如汽车展、家具展、服装展等已经成为长设展览的主流。室外展场以及大面积的停车场等，在展览业务利用率不高的前提下，可以用于驾校、公共停车场等。昆明国际会展中心与沃尔玛成功的合作经营模式，北京中国国际展览中心八号馆与家乐福的合作，向我们展示了会展中心与超大型商场合作的美好前景。

四、品牌形象管理

（一）会展品牌形象问题

会展品牌是能使一个会展与其他会展相区别的某种特定的标志。一个会展经过营造，形成一定的规模，具有自己的品牌定位、内容、优势与个性，能反映行业的发展动态与趋势，并对该行业有指导意义和具有较强影响力，那就成为了品牌会展。

品牌既是会展组织者的一面旗帜，也是会展竞争优势的重要来源。品牌会展正受到越来越多的重视。而拥有品牌会展是一个会展企业赖以生存和发展的根本。有没有品牌会展，有多少品牌会展，是衡量一个城市会展水平高低的标志之一。

（二）会展品牌形象管理的基本策略

1. 制订品牌发展战略

要建立品牌会展，最重要的一点是会展的经营者与管理者要有牢固的品牌观念，要制订长期的品牌发展战略。这其中，制定相关的措施、法规，提高会展市场的规范化水平十分重要。我国目前尚没有全国统一的会展管理部门和行业自律组织，有关会展的各项规范化程度都较低，因而，借鉴国外经验，应尽快制定相关的法律法规，组建全国性的行业协会，充分行使行业协会“服务、代表、协调、自律”的职能，为会展的品牌建设铺平道路。

2. 走专业化、集团化发展之路

经济全球化对会展产业的发展模式，特别是管理模式提出了更高的要求。从会展经济发达的国家来看，越来越多的行业协会开始寻求与专业公司合作，有的甚至把会展业完全移交给专业的会展公司，专业化程度越来越高。我国会展企业采取资产重组、上市经营、参股控股、兼并收购等多样化的资本经营战略，跳出仅靠内部积累成长的圈子，实现快速扩张，成就会展品牌。

3. 加快国际化进程

会展的国际化是建立品牌会展的重要保证。会展的国际化主要表现在两个方面：一是会展的国际化程度，即会展、展商的国际化；二是会展运作的国际化。因此，招展、招商的国际化是会展组织者需要精心策划的问题。在会展运作国际化方面，会展题目的出售与收购以及通过会展企业的合作共同开拓会展市场是一种趋势。随着国际会展公司进入中国市场，这种国际化的运作方式将会得到加强。

4. 提升经营服务和管理理念

会展服务是否专业化也是品牌会展的另一个标志。根据客户的需求量体裁衣是服务营销的最高境界。专业的会展服务包括会展公司的整个运作过程，从市场调研、题目立项、营销手段、观众组织、会议安排和会展现场服务的迅速高效直到会展后的后续跟踪服务，服务的内容应有尽有。对会展企业来说，不仅要转变经营理念，而且要树立明确的企业服务管理目标，将企业提供的服务组合起来形成独特的“产品”，运用到服务的每一个环节中去。

5. 打造网络会展品牌

互联网为会展提供了附加值，它延长了会展的生命，使人们在展前和展后都可以对会展进行研究。网上会展可以将传统的商务流程电子化、数字化，以电子流代替了物流，大大减少了人力、物力，降低了成本，提高了效率。网展将组织者、参加者和观众通过网络联系起来，摆脱了时空限制，为会展带来了更大的发展空间。

（三）会展品牌形象的保护

会展的形象往往会受到会展侵权、专利侵权、商标侵权、软件侵权、专有名称侵权、招展过程中的虚假广告宣传、盗用其他单位名称办展以及在著作权方面的设计图纸等知识产权侵权的影响。为了解决会展知识产权问题，维护会展的品牌形象，应做到以下几个方面的工作。

1. 健全法律法规，建立会展市场良性运行机制

1995 年 9 月 1 日，我国对外贸易经济合作部（中华人民共和国对外贸易经济合作部，简称“对外贸易经济合作部”）发布了《在各类经济贸易展览会期间加强商标管理工作的通知》，对会展期间的商标管理工作作了明确的规定。2006 年，商务部（中华人民共和国商务部，简称“商务部”）、国家知识产权局（中华人民共和国国家知识产权局，简称“国家知识产权局”）、国家商标局（中华人民共和国国家工商行政管理总局商标局，简称“国家商标局”）、国家版权局（中华人民共和国国家版权局，简称“国家版权局”）等部门联合出台了《会展知识产权保护管理办法》，对会展知识产权保护起到积极推动作用。

2. 提高管理水平，树立品牌保护意识

维护会展品牌，提高会展品牌的管理水平，建立企业知识产权的战略与策略十分重要。会展企业首先要树立品牌保护意识，要把品牌的知识产权视为品牌资产的核心。这样，企业才能在品牌经营过程中密切关注市场发展动向，不断进行创新，增强品牌的竞争力，从而维护企业自身的利益。

3. 培育核心竞争力，创造不可模仿的品牌价值

企业对会展品牌的保护，最重要的是利用各种资源，提供优质的产品和服务，实行差异化战略，培育核心竞争力，使品牌具有不可模仿性。企业一旦形成不可模仿的会展品牌，不仅能够有力地排斥其他企业的模仿，抑制会展的侵权现象，而且还可以保护与提升会展的品牌竞争力。

4. 发挥行业协会作用，营造会展品牌保护的良好环境

行业协会是一种社会中介组织，是行业管理的主体。行业协会作为非营利社团组织，主要职能是根据国家法律和协会内部的规约，制约和协调会员个体行为，为企业提供信息、研究、培训等方面的服务，充分发挥政府和企业之间的桥梁作用，以促进产业的整体健康发展。虽然我国目前仍无统一的会展行业协会，不过在会展经济发达的北京、上海、广东等地已相继成立了会展行业协会组织。据会展业发达国家的经验，行业协会在审定会展内容、监督会展服务、核查会展信誉，以及会展品牌保护等方面具有重要作用。

第四节　会展的管理模式与组织架构

一、会展的管理模式

随着会展经济的发展，以往“国有国营”的展馆建设和经营模式正在逐渐改变，会展场馆呈现国建民营、民建民营、合资建管、国建外管等多样化的建设经营模式。

（一）政府投资，委托或授权经营管理模式

政府投资，委托或授权经营管理模式一般是由政府部门直接设立一个事业单位来管理会展场馆。会展场馆投资大，投资周期长，私人资本一般不愿承担如此大的投资风险，所以，世界上大多一流的展览中心都是由政府投资兴建的。例如，德国的法兰克福、科隆等地一些著名的会展中心，均由政府投资建设，产权归政府所有，政府不直接参与会展中心的日常运作，而是以长期租赁或委托经营等形式把会展中心的经营管理权授让给德国大型的会展公司。会展公司在授让国有会展中心后，既从事会展中心经营又组织会展项目，但一般又将会展服务委托给各会展服务公司实施，通过合同形式，以专业化服务能力为参展商、观展商提供周到的会展及配套服务。

我国的广交会场馆所采取的就是政府主导型经营管理模式，这种管理模式就是地方政府不惜投入巨额财政资金，直接参与展馆与会展的运营管理。广交会迄今为止仍是中国规模最大、层次最高、商品种类最全、到会商客最多、成交效果最好的综合性国际贸易盛会，成为中国外贸出口的“晴雨表”。但大而全的展览格局、过度的政府媒体宣传、对市场信号反应迟钝、产权模糊等管理“软肋”亟待改进。

（二）提高效益，“民营公助”的管理模式

由于会展场馆的利用率普遍不是很高，大多数会展场馆处在低于30%利用率的“吃不饱”状态。因此，大多数展览场馆都难以做到自负盈亏。“民营公助”的管理模式有助于节省开支。

“民营公助”的管理模式，并不是说政府放手不管，因为展览场馆自身的赢利能力毕竟有限，所以，采取适当的政府补贴手段和社会资助政策还是非常必要的。例如，英国政府在确定补贴项目和规模时，主要考虑的因素是就业，一个场馆或展览项目得到资助数额的多少往往取决于其解决就业的能力。

（三）协调发展，发挥行业协会作用的管理模式

依靠各专业行业协会进行管理和协调的模式在发达国家比较流行。例如，法国依托海外会展委员会技术、工业和经济合作署（CFME-ACTIM）对会展经济进行行业协调和管理。另外，法国国际专业展促进会规定：同一个专题的会展只接纳一个，条件必须是法国质量最好的会展。促进会为了向这些会展提供国际促进业务，在近50个国家和地区建立办事处。这些办事处的任务是在各自负责的国家和地区为这些会展开发形式多样的促进业务。

（四）借助外力，合资合作管理模式

我国许多城市支持和鼓励国外著名展览公司在当地投资，设立独资经营或合资合作经营公司。例如，上海新国际博览中心就是由德国汉诺威、杜塞尔多夫、慕尼黑三家展览公司与上海浦东开发区合资建成，德方拥有50年的经营管理权。中国国际贸易中心也是中外合资企业，由合资公司投资并负责经营管理。

（五）拓展空间，场馆经营与自办展结合的模式

德国展览场馆经营管理模式代表了世界先进水平。德国的展馆经营模式为：展览场馆不仅可以经营场地出租及其相关业务，而且还能从事自办展。展览馆既是主办者，也是展览场地的经营者。这种制度安排使德国的展览会场成为名副其实的展览“百货公司”，陈列和出售各种最新、最专业的“商品”，如各种展览商品、展览信息、展览评估、展览策划等，并在展览会场提供全方位服务，包括银行、邮局、海关、航空、翻译、日用品、商店、餐馆，整个服务体系成为一座“城中城”。这些先进的经营管理方法和管理理念也使德国成为世界第一会展强国。

二、会展的组织架构

场馆的组织结构是指场馆内部的信息沟通、权力分配、产品或服务流的相互连接方式，也就是场馆内部如何分配人员角色、处理好人员关系，以满足实现场馆使命与要求的正式结构。

（一）常见的组织结构类型

1. 职能式组织结构

职能式组织结构授予各职能部门一定的指挥和指导权，允许他们在自己的业务范畴内对下属部门实施此项权力。一般来说，以运营某单一会展为业务基础的会展企业适于采用此种模式。其优点是加强了各部门之间业务监督和专业性指导，使各职能部门注意力集中，便于高效率完成本部门职责；缺点是常常出现多头指挥而出现执行部门无所适从的情况，难以适应多项目的协调安排。

2. 事业部制组织结构

当会展项目增加、经营范围多元化，事业部制组织结构被会展企业采用，此种组织结构强调分权管理。多产品、多项目经营有利于分散企业风险，提高会展企业经营的稳定性，也有利于各部门进行专业化分工，提高工作效率。但同时也具有一定的局限性，如需要雇佣更多的专业人才，进而会增加经营成本。各事业部也可能过分强调本部门利益而影响整个会展经营的统一指挥。

3. 区域型组织结构

在区域型组织结构中，会展企业产品或者服务的生产所需的全部活动都基于地理位置而集中在一起，此结构的设置一般针对企业主要目标市场的销售区域图来建立。区域型组织结构有较强的灵活性，它将权利和责任授权于基层管理层次，能较好地适应各个不同区域的竞争情况。但同时也可能增加了企业在保持发展一致性上的困难，有些机构的重复设置可能导致成本的增加。

（二）会展场馆组织结构划分

会展场馆组织结构按照其功能可划分为：行政部、财会部、人力资源部、项目协调部、工程部、组织部、保安部、内务部等。这些部门有着不同的职责，为场馆的顺利运行服务。

行政部是场馆的首脑部门，负责规划各种远景和目标及其实现的政策。营销部的主要任务是说服展览经理在自己的场馆举办展览会。人力资源部是负责员工的招募、培训与管理的部门，为场馆的运作提供基础人力条件。工程部负责场馆的建设，维护场馆内外的建筑物，保证所有会展的安全、顺利进行。项目协调部必须与展览经理保持密切的联系，了解他们的需

求，并在遵守相关规定与协议的条件下尽可能地满足他们的要求。财会部主要负责协调处理场馆所有的财务事务。保安部要负责保证所有的出席者、参展者和其他员工的安全，防止展品的失窃或人为的损坏。内务部主要负责清理建筑物的垃圾和维修工作。

（三）会展场馆组织创新

1. 管理层次的创新

每层管理者都有其最佳的管辖人数与范围，即管理宽度。超过了管理宽度，就要考虑增加一个管理层次，即通过委派工作给下一级主管而减轻上层主管的负担。这样便形成了有层次的结构。

管理层次和管理宽度有关。较大的宽度意味着较少的层次，较小的宽度意味着较多的层次。这样，按照管理宽度的大小及管理层次的多少，就可以形成两种结构：扁平结构和直式结构。这两种结构各有利弊。

扁平结构有利于缩短上下级距离，密切上下级关系，信息纵向流通快，管理费用低。而且，由于管理幅度较大，被管理者有较大的自主性、积极性、满足感，同时也利于更好地选择和培训下层人员。但由于不能严密地监督下级，上下级协调较差。管理宽度的加大，也加重了同级间相互沟通联络的困难。直式结构具有管理严密、分工明确、上下级易于协调的特点。但层次增多，带来的问题也增多了。一般会导致从事管理的人员增加，在管理层次上所花费的各种开支也增加，上下级的意见沟通和交流受阻，还会影响上下级人员的主动性和创造性。

2. 组织创新的主要工具

组织创新的主要工具有三个：组织结构图、职权系统图和职位说明书。

组织结构图是用来描述场馆的管理职位及其相互关系，反映组织的正式职权及其联系网络。

职权系统图是用来说明场馆的职权配置的一种图表，主要说明场馆的决策权力与参谋权力的配置情况，在图表上要列出场馆授予的各种职权。职位说明书是对场馆各级主管人员的职位名称、主要任务、工作关系，以及任用资格的最低标准作出详细说明的职权设计文件。组织结构图、职权系统图和职位说明书三种形式都是进行职权设计的有效工具，具有清楚、简单、比较规范的优点，因而经常使用。此外，在场馆进行职权设计时还可以利用职务权限表、工作关系表或组织手册等形式，它们也是在进行职权设计时可供选用的工具。

第七章 会所物业管理

早期的会所，仅对入会的会员及会员的亲友和客人提供服务，也就是同一阶层、同一圈中人士的固定活动聚会场所。现在，随着高档居住物业配套发展的需要，会所已经成为当今房地产商在投资规划高档居住物业时不可忽略的一部分。因此，在国外偏重于康乐类的俱乐部式会所，在中国逐渐演变成除了必须有康乐设施之外，还提供其他方便的生活配套设施，如便利店、洗衣店、美发美容、邮政储蓄等。可以说，会所是现代物质文明发展的产物，也是人们精神文化生活提高的必然要求。

第一节 会所概述

一、会所的含义

“会所”英文为“club”，音译即为俱乐部。早期的会所是上流社会贵族的社交场所；现在会所的含义已经延伸为以所在物业业主为主要服务对象的综合性高级康体娱乐服务设施。

现代的会所，严格上来说就是实行封闭管理，仅对入会的会员及会员的亲友和客人提供服务的场所，也就是同一阶层、同一圈中人士的固定活动聚会场所。国外的会所管理内容偏重于康乐类；但在国内，除了必须有康乐设施之外，客户更希望提供方便的生活配套设施，如便利店、洗衣店、美容美发、邮政储蓄等。

现在，会所已经延伸到房地产业，一些开发建设单位把小区内一些娱乐性质的场所集中在一起，形成社区会所。因此，会所也已经成为当今房地产商在投资、规划高档居住物业时不可忽略的一部分(表 7-1)。

表 7-1 世界知名会所

会所名称	简介	特色	地址
Grand Havana Room, New York	顶尖商务雪茄会所	雪茄藏品丰富，有西半球最大的恒温室	纽约第五大道 666 号 39 层
Metropolitan Club, Chicago	汇聚了芝加哥全城金融精英	会员享有在芝加哥地区所有高尔夫球场打球的特权	芝加哥 Sears 大厦 66 和 67 楼
National Club, Toronto	多伦多乃至加拿大最成熟的私人商务会所	有深厚的历史传承和精致的服务，享有“国家俱乐部”的美誉	多伦多海湾大街 303 号
White's Club, London	伦敦历史最悠久、最豪华的私人会所	会员入会条件非常高	伦敦圣詹姆斯街

资料来源：http://style.sina.com.cn/life/2007-10-25/14111220.shtml

二、会所的产生与发展

会所(俱乐部文化)起源于15世纪的英国,它是英国上层社会的一种民间社交场所。当时的英国绅士、豪商及贵族们由于需要兼具排他性及私密性的社交空间,因而诞生了专门为上层社会服务的会员制的绅士俱乐部。早期有名的俱乐部之一“美人鱼俱乐部”,由沃尔特·雷利爵士创立,总部设在英国伦敦的美人鱼酒店,其成员包括如莎士比亚等知名人士。1758年在苏格兰创建的圣安德鲁皇家高尔夫俱乐部通常被认为是乡村俱乐部的雏形。俱乐部提供的服务主要有:定期组织社交活动、向会员提供餐饮、银行保险、联系和接洽等。这种贵族的沙龙聚会到17世纪时已盛行于整个欧洲大陆,并很快在美国流行开来。因这种俱乐部提供的是一种私密性的社交环境,故也被称为私人会所。会所的会员身份,也演变成财富的象征与身份的标签。

会所的迅速发展使会所业发生了转型与革新。由于在不同的历史阶段,会所有着不同的文化传播和社会功能,今天会所的发展与20世纪70年代现代商业会所的诞生有着密切的关系。1971年,美国俱乐部公司(Club Corp)开办了世界第一家商业俱乐部,这成了现今会所的鼻祖。早期的商业俱乐部形态其实更像是只对内部开放的餐饮俱乐部。随着科技的发展和商业文化的演变,如今的商业俱乐部以创造更和谐的人文环境为理念,设施和服务得到了更长足发展。

在中国第一个把这个概念引入的城市是1931年的上海。但之后的中国私人会所陷入了长达半个多世纪的湮没。然而,在20世纪90年代初,私人会所在北京与上海等地再一次悄然出现。如今,会所渐渐成为特定人群间商务往来、沟通交流和健身娱乐的最佳场所。有人说,私人会所代表了上流生活的风向标和时尚先锋。而且,私人会所有一个特别重要的功能性:突破文化障碍、挖掘商业机会、整合资源、实现合作双赢。围绕这个相互交流的平台,实力相当、文化背景相似、志趣相投的人群共同打造了一个“家外之家”,这不得不说是一种生活模式的创新。

中国从1990年开始,由境外投资,引进了国外高档俱乐部的经营与管理模式的会所,如皇家俱乐部;1994年,出现了会员制俱乐部,如京城俱乐部。它们的特点都在城市的中心位置,俱乐部内豪华、高档,休闲娱乐一应俱全。1996～1997年,以俱乐部为主的会所开始转型,大型的高档社区出现了私家会所,如中国会、长安俱乐部。

会所之所以能在几百年的历史中长盛不衰并不断发展,其原因首先是与有同样阅历、同样社会地位和同样兴趣的人聚在一起,会感到更安全、更舒服,他们可以互相保护,互相提供机会和分享信息;其次,可以享受诱人的环境和设施,更重要的是能拥有极高的荣耀感和成就感。

三、会所的类型

会所从本质上来说既是一种物业,也是一种组织。作为物业,它是一种具有特别形态、特定经营方式和运营规律的特殊物业产业;作为组织,它具备非常个性化的特点,并成为其成员或相关消费者的归属选择。由于个性化丰富多彩,会所的类型也多种多样。

（一）按使用性质来划分

1. 度假健康类会所

度假型会所主要是为企业度假、会议服务的企业会所，多以休闲、娱乐为主，会所像酒店一样。健康类会所是指包括运动健身会所、医疗保健会所、美容水疗(SPA)会所在内的，以维护和促进身心健康为主题的会所或俱乐部。

2. 商务会所

商务会所是以企业首脑、政界要员和少数文化人士为特定会员对象，采取极为严格的会籍资格审查制度，收取高额会籍费用和年费，并实行封闭式运营的俱乐部组织形式。它通常有豪华的会议及会谈场所，相当甚至超过星级酒店水准的餐厅、酒吧、咖啡厅设施及服务。

商务会所的最初存在形式是专门针对最高端消费群体的私人会所，它们多为会员制并且收费较高，且多为国际集团式管理。表7-2和表7-3展示的是一些较著名的商务会所及其会所功能。

表7-2　中国大陆部分代表性私人会所基本情况一览表

俱乐部名称	开业时间	入会费	会员构成
京城俱乐部	1994年	个人会籍10万元人民币，公司会籍12.5万元人民币，每月月费1350元	现约有1 000余人，多为海内外大公司的总裁、外国驻华使馆官员。“京城”的会员享有上海证券总会、九龙会等多家协议俱乐部的会员权益，并享用十几个国家的250多个高尔夫俱乐部和度假村
北京中国会	1996年	每人1.5万美元	现约有1 000余人，会员大多为来自世界各地的知名人士，包括政治家、知名企业家、艺术家以及外企的高级行政人员等
长安俱乐部	1996年	个人会籍6 000美元，公司会籍18 000美元	现约有1 000余人，国际、国内知名企业的高层经理；另外还有140多个使馆人员入会
证券总会	1997年	3万元人民币以上	证券、银行、保险等行业老总
北京美洲俱乐部	2000年	每人1.6万美元	目前人数达数百人，多来自美国企业和与美国相关的机构和企业的人士，其中500强企业驻大陆代表多为俱乐部会员
银行家俱乐部	2001年	人民币5万元起	金融界资深人士以及陆家嘴附近的金融、证券人士
鸿艺会	2002年	2.88万元人民币	各国外交官、外籍商务人士
雍福会	2004年	2万元人民币	各国领事、企业家、金融家、设计师、艺术家、影视明星
西郊庄园国际俱乐部	2004年	10.4万元人民币	西郊庄园别墅业主，是目前国内最大的私人俱乐部
达生堂	2004年	0.6万元人民币	企业家、高级白领、文艺时尚界人士、外籍人士

资料来源：http://www.doc88.com/p-674168380112.html

表 7-3　国内外部分代表性私人会所功能情况一览表

会所功能＼知名会所	芝加哥大都会俱乐部	京城俱乐部	长安俱乐部
大堂和前台	接待客人、客人短暂逗留、提供饮品和商务处理	接待客人、报刊浏览、360度景观、商务处理	接待客人、客人短暂逗留、提供饮品和商务处理
俱乐部酒吧	商务会晤、鸡尾酒会、配酒商务快餐	社交、非正式会议、鸡尾酒会、自助午餐	会员酒吧可容纳70人，用于社交会晤、商务快餐
中西餐厅	分为正式餐厅和非正式餐厅，及一个专门烹饪世界各地菜肴的餐厅	香港及苏格兰厨师的中西餐厅	提供粤菜和中国各地特色菜、日本桥餐厅、欧陆宴会厅
多功能厅	提供各种商务会晤、会议功能的场地和先进的视听设备	音乐厅、图书馆、董事厅、北京厅……特别派对、商业会议及宴会	会议功能，还可以举办50人的晚宴
独立单间	可以提供私人餐厅，举办私人聚会、婚礼等各种规模大小的宴会和活动	趣味性、教育性活动，如早餐论坛、鸡尾酒派对、主题演讲等	贵宾厅(11间不同规格的贵宾厅)，供会员作为客房、接待
康乐中心	提供私人教练服务，制订各种健身计划和按摩理疗，同时也提供饮品和出售健身用品	室内泳池、六道保龄球馆、壁/网球场、台球厅、乒乓球台、健身房和音响室	游泳池、壁球场、健康舞室、健身酒吧、桑拿室、运动专卖店、按摩室、水疗美容

资料来源：http://www.doc88.com/p-674168380112.html

3. 社区会所

社区会所是指建立在特定住宅区域内，以社区住户作为主要服务对象，满足其运动、健身、游泳、桑拿、美容美发、餐饮及文化活动等需求，并为其提供彼此交往机会和条件的俱乐部设施。

社区会所往往作为住宅小区配套设施之一，大多只面向社区业主，也有采用会员制的，其中部分社区会所为确保经营持久，也对外服务。社区会所大多以主题形式存在，可分为：生活型、健康休闲型、文化型。目前，越来越多的小型社区，也开始出现了为小区居民提供较全面的娱乐休闲活动的综合性康体娱乐服务场所，为居民日常生活提供便利，创造和谐、舒适的小区环境，承载小区文化建设的任务。

（二）按所处的地理位置划分

1. 城市会所

城市会所狭义地称为健身俱乐部，如附设在酒店的健身俱乐部，以某些特定企业人士或阶层为对象的独立俱乐部，以及设在商务大厦、高尚住宅小区的社区会所等。早期的城市俱乐部可追溯到15世纪初英国的"美人鱼俱乐部"，以及1785年在波士顿创建的"无忧俱乐部"，它们是权贵集聚的场所。1986年1月建成的维也纳城市俱乐部，则代表了人们越来越喜欢将紧张的商务工作与轻松愉快的休闲娱乐活动结合起来的趋势。

2. 乡村会所

乡村会所往往也被称为高尔夫俱乐部。因为国外一般的乡村俱乐部，往往都有一个符合奥林匹克比赛的游泳池，一个18穴的高尔夫球场，一个网球场，以及餐厅、酒吧等设施。后来也有一些面向新闻、文学、绘画、摄影创作类的专业人士的俱乐部，为寻求郊野的宁静，给会员带来创作的灵感，也把会所建在郊野。

（三）按经营的经济目标划分

1. 以盈利为目的的会所

此类会所也称经济式会所。在经营理念上把会所作为酒店经营的一种特殊方式，以其管理上的全封闭、人员上的严格限制、格调上的高标准而有别于普通的服务模式。这类会所可以与其他房地产配套设施并列存在，也可以独立存在，设立的目的偏向经济利益。这类会所也包括两种类型：一种是只对内开放，即它只面向业主和会员；一种是既对内又对外开放。

2. 以完善服务项目为目的的社区会所

往往把业主与会员资格等同起来。由于其不同于会员俱乐部的模式，也不可能是无偿服务或长期靠开发建设单位补贴，因此，其经营与管理成为物业管理中一个值得研究和迫切需要解决的问题。这类形式的会所不是以盈利为目的，而是为适应整个物业规划的需要而设立的，以便适应市场，保证整个项目的运营。这类形式的会所包括住宅小区所属会所和综合大厦所属会所。

（四）按会所的所有权来划分

1. 公共会所

公共会所的使用者不作任何限定，面向所有人开放，但绝大部分采用会员制的形式存在。

公共会所又分为商业类会所和度假类会所。商业类会所是以商业为主的俱乐部会所（包括住宅会所），它们多为会员制。度假型会员俱乐部多以休闲、娱乐为主，会所像酒店一样为会员提供一个放松休息的场所。

2. 主题会所

主题会所指一般由共同爱好的人员或为了共同价值目标的人群组成的一个团体，一般采用会员制。主题会所在市场比较常见，大多有一个醒目的标题，如健身会所、潜水俱乐部、音乐会所、艺术会所、银行家俱乐部，甚至还有宠物会所。

3. 私人会所

私人会所只面向指定的人群，为了保证为会员提供真正的私密空间，通常私人会所不接纳陌生客户，新会员入会必须有老会员引荐方可入会。私人会所又称为寡头俱乐部，通常由上流社会的固定人员组成。

（五）泛会所

这类会所的经营范围不再局限于本小区业主，而是通过销售会员卡的方式，适当地向社会开放，从而增加会所的利用率。泛会所主要按三种模式实行。其一为联合式，主要是指除了集中设置中心会所外，将其他配套设施设置于社区各部，或与自然景观融合在一起，以中小尺度的“零件式”形式为住户提供服务。也有些是在中心会所基础上与周边相邻的餐饮、娱乐等商业合作，组成“TOTOL-LIFE”式的消费网络，业主不用支付物业费且不会被干扰，就可以享受较好的折扣。其二是半开放式，将游泳池、健身房、儿童乐园、老年活动中心等消费人员少、服务要求高的室内设施仍设在社区内部会所中，将餐厅、酒吧、美发厅、超市等大众化设施置于小区边缘生活街的底层商网，形成半开放格局。这样用外部赢利来弥补内部设施的亏损，用以保证业主的生活需要与私密要求，对社区安全非常有利，会所运营的良性循环也得以延续。其三是分建式，指在小区不同部位根据不同使用功能设计几个小型会所，分别侧重于健身、商业和文化等，把健身运动型消费与咖啡餐饮等静态型消费分开，将小超市、美容美发等商业性消费放在小区边缘，阅览、棋牌等文化型消费放在小区内部，以保证业主生活氛围的安静和便利。

四、会所管理的要求

（一）创设舒适而放松的环境，实现时尚化理念

会所项目是人们利用一定的设备和环境，通过服务人员的服务进行消费，使消费者达到消除疲劳、满足身心需求的目的。会所设计与布局的好坏直接影响到消费者，进而影响到会所整个物业的经营。舒适轻松是现代人追求的一种生活的方式、一种生活的态度、一种生活的节奏、一种生活的品位，因此也是会所力求营造的环境，体现时尚追求的理念。

（二）提供尊贵而贴心的服务，强化会员的归属感

由于会所提供了维系、创建和重组人际关系的网络，是社会交际的有利平台，因此，提供尊贵而贴心的服务既是会所管理的基础，也是会所持续发展的关键，要把诚、信、情、礼寓于服务之中，且注重个性服务，以增加核心服务的价值，提高核心服务质量，从服务的深度上给客人带来惊喜。会所通过使客人享受充分的服务，也使服务为企业创造出最大价值。

（三）凸显服务个性，实施多方位的经营

随着人们物质文化水平的提高，需求也随之变化，在健身、娱乐之余，更追求享受感与新奇感，时尚化、个性化已成为一种会所消费的潮流。因此，会所必须根据目标需求的变化来调整自己的经营理念，确立自己的服务项目，以加强自己的竞争力。同时，竞争将迫使会所在环境、设施设备、技术、服务项目创新，以及市场营销等方面奋力拼搏，实施环境、管理、技术、服务的多方位经营。

（四）加强促销宣传，提高回头率

一方面通过报纸、广播、电视、网络等媒体的报道宣传和策划炒作，提高会所物业的知名度和美誉度；另一方面，通过服务与促销，把客人引进来。通过稳定大客户、开发新客户、签订优惠协议的方式，留住客人，让客人满意。只有提高了回头率，才能保证相对稳定和较高的客流量。

第二节　会所物业基本管理

会所日常运营保障系统，主要包括环境管理、设施设备管理和安全消防管理等。

一、环境管理

会所的环境管理工作是评价会所管理水准的最直观的项目之一。因此，有关管理工作必须根据会所实际营运需要，进行组织和实施。

会所环境管理主要包括以下几个方面：清洁卫生、标志与文字、温度与湿度、空气质量、照明、背景音乐、工作人员着装等。

会所的清洁卫生可以自行组建保洁部，也可以将其分包给专业保洁公司。绿化是美化会

所的重要手段之一。根据会所对环境美化要求的程度不同,可考虑由会所单位自管,也可聘用专业绿化服务公司代管,还可以支付租金由专业公司负责养护、更换。别出心裁的视觉识别设计,是会所整体形象、氛围、文化的一种体现。因此,在确定会所标志及文字时,需要形成统一风格,而且这一风格必须服从于会所的主题和设计思想或理念;同时,在进行标志及文字张贴或安装时,在规格、材质、色彩、字体等方面,遵循一致的规律和原则。会所还有较高的舒适要求,因此需要控制好会所内的系列环境参数,如温度与湿度、空气质量和照明的合理控制。背景音乐也是会所环境管理的重要环节,它要提供营造会所氛围;放松宾客情绪,调节其心理状态;具有激发动力和潜能,增强动感和运动节奏等作用。此外,要求会所工作人员统一着装,这对树立企业形象,提高企业凝聚力,创造独特的企业文化,规范员工行为起着积极的作用。

二、设施设备管理

(一) 建立保养制度

会所物业的设施设备主要实行三级保养制度。

1. 日常保养

日常保养的部位比较少,大部分在设备的外部。保养方法包括:保洁、润滑、紧固易动的螺丝,检查零部件的完整等。通常以每天或每星期为周期。

2. 一级保养

一级保养的主要内容包括:对部分零件进行清洗;对设备的某些配合间隙进行适当调整;清除设备表面油污,检查调整润滑油路,保证畅通不泄露;清扫电器箱、电动机、电器装置,做到固定整齐、安全防护、装置牢靠;清洗附件和冷却装置。通常按月或500小时运行为保养周期。保养的方法是对设备进行普遍的扭紧、保洁、润滑,并作部分调整。

3. 二级保养

二级保养的主要内容包括:根据设备使用情况对设备进行部分解体检查;对各种传动箱、液压箱、冷却箱清洗换油,油质和油量要符合要求,保证正常润滑;修复和更换易损件;检修电器箱、电动机、整修线路;检查、调整、恢复精度和校正水平。保养时间一般是一年进行一次或累计运转2500小时后进行一次。保养方法是对设备进行内部保洁、润滑,局部解体检查修理。

(二) 能源的有效利用与节约

能源的有效利用和节约,对会所经营有较大的经济意义,因此,能源的管理与控制已经日益成为物业设施管理与运行中的最重要的方面之一。

1. 电力资源

照明用电和动力用电是会所物业最基本的用电形式。电力资源的使用虽然与建筑物的电力系统设计有重要的联系,但在会所投入运营以后,通过有计划的管理和控制,仍然可以实现节约电力消耗的目的。具体措施包括:定时控制开关、选择合适功率设备、减少无功损耗等。

2. 热力资源

建立在公共配套系统比较完善区域的会所设施,可以享受到由市政系统或大物业系统提供的热力资源,以保证其热水供应和北方地区冬季采暖的需要;还有一些会所项目需要通过直接投资建立独立的供热系统来解决热水和冬季采暖问题。特别是具有可控型供热条件的会所项目,热力资源同样可以通过管理来实现节约。例如,最大限度地实现系统热平衡,实施保暖措施,作好温度曲线管理。

3. 水力资源

水资源的消耗也是会所运营的重要成本之一，也应该采取有效的节约措施，如合理利用市政中水、使用节能型洁具、杜绝跑冒滴漏。

三、安全消防管理

（一）盗窃与殴斗案件处理

1. 盗窃案件

防范盗窃案件的发生，具体措施包括：第一，增加技术防范能力，对重要区域实施监控录像；第二，在重点位置作出必要的安全提示；第三，安排必要的巡视人员，发现隐患及时排除；第四，如果不幸发生盗窃事件，则应先了解事件基本情况，如果是巨额财务或重要文件失窃，则还应当立即组织力量进行出入控制和现场保护工作，并建议事主立即报警。

2. 争吵殴斗事件

大众运动会所或会所的餐饮经营场所也是酗酒、争吵或殴斗多发之地，这类事件往往会对会所环境和氛围带来很大的负面影响，必须得到及时有效地处理。但是物业处理这类事件的重要原则是不可以介入过深，应努力避免成为事件的当事一方，而应恪守中立态度，积极调和劝解。对于不能进一步平息和控制的事态，或双方虽然停止了过激行动但仍不能就纠纷解决达成一致时，则应立即报警或建议当事人报警。

如果争吵殴斗事件的当事人涉及会所员工，则会所管理者必须立即介入。首先约束员工行为，努力避免事态恶化。如果是客人一方的责任，可以通过调解解决时，应立即调解；如果调解不成，则在控制事态不继续发展的同时，可用适当方式取证，然后报告警方或通过诉讼解决。如果事件的责任方是员工，则应判断性质和给客人方面所造成的损失，以及由于员工的行为可能给会所自身所带来的影响，必要时也应当报警处理。

（二）火灾防范与处理

会所任何位置出现火灾，首先发现火情的工作人员务必保持镇静，切勿惊慌。如火势很小有把握自己直接能将其扑灭，应先灭火后报警；如火势较大或起火原因及燃烧性质难以判明时，则应采取最快的方式向会所当值负责人报告。在扑救人员未到达火警现场时，应使用火警现场最近处的灭火器进行扑救；关闭火警现场附近门窗及电闸；引导火警现场附近的会员或客人从安全通道撤离。工作人员在接到会所负责人发出的向消防局“119”报告火警的指示时立即执行。消防队到后，及时向消防队总指挥准确提供火灾情况，引导消防队进入火灾现场，接受消防队现场指挥官的命令，协助消防队员灭火。在火场上救下的受伤会员、客人及员工应立即转移至安全地区，进行简单护理后，送医院救治。

会所值班人员应详细报告火灾扑救全过程，包括：火灾发生的时间、地点、规模；火灾原因分析，燃烧物描述；扑救过程；损失评估；善后措施；经验总结。

会所根据损失情况，在规定时限内联系保险公司办理定损和理赔手续。

（三）捡拾物品处理

在会所区域捡拾到物品的情形会经常发生，因此需要形成合理高效的处理程序，以使会员或宾客的损失降低，并最大限度地维护会所的管理形象。

（四）病者、受伤者紧急救护

在健身房、游泳池、桑拿室等区域，应张贴明显提示文字，劝阻身体状况不佳的人士进入。

对于意外事故跌伤、碰伤等的伤害类事件，会所工作人员在提供力所能及协助的同时，应当立即通知医疗部门进行专业处置和抢救，不得擅自作出任何涉及医疗责任的举措。除此之外，还应立即将出险情况知会保险公司，以便日后根据会员/客人伤势及损失情况申请保险赔偿。

四、会所管理软件

会所管理系统一般包括会员管理、项目管理、前台管理、场地租赁管理，以及会所企业管理等功能模块。通过使用会所管理系统，可以提高会所整体工作效率，特别是可以充分发挥会所前台的信息处理作用，及时发现和弥补各种管理漏洞和欠缺，提升会所管理形象。

会所管理系统的会员管理功能，可以进行会员构成分析，帮助相关部门向会员提供个性化服务，彰显会员尊贵身份；系统的会所前台管理功能，可以自动进行业务信息的处理，提高服务及时率；系统企业管理功能，可以实现对会所前台收银、会员管理、各种统计报表、消费频率、营业提成、员工提成等项目的有效控制，对设备、材料、商品的进货、销售、库存全面监控；对所有日报表、月报表实现全自动统计模式；系统还可以对会员消费给予多种灵活的折扣方式，加入会员卡设定方案以及多种提成方案，可以无限扩展，不受时间限制。

第三节　会所的经营策略

一、会所的经营方式

会所的经营应在“客户第一”的社会效益宗旨下，采取灵活多样的方式，兼顾物业服务的经济效益。就其经营方式来看，主要有会员制和多方位经营两种方式。

（一）会员制

会员制是指由会所组织的一个团体，对新加入者有选择权，成员必须交纳会费，该团体必须向其成员提供娱乐、健身、社交等永久性设施。通常又把这种经营形式称为会员制俱乐部。

会员制会所可以提供同样经历、同样社会地位以及同样兴趣的人相聚，使成员得以提高自己的声望，获得一种荣誉感，因此成为众多成功人士乐于接受的一种交流方式。因此，如果会员制方案设计得好，会所就能成功地进行推广，为会所的进一步经营打下良好基础。方案设计的主要内容包括：合理设定会员的数量、确定会费、规定可转让性。

会员入会的程序不宜复杂，应本着简单明了的原则进行设计。赋予准会员对会所充分的知情权。最明了的方法就是设定入会申请书或会员登记表，明确终止会员和转让授权书的手续。

（二）会所的多方位经营

多方位经营是指会所在一定的管理、技术和服务的条件下，同时提供两种以上具有协同效应的服务，以求达到最佳社会效应、经营效应的一种经营方式。在经济上往往表现为综合投资报酬率高、成本低。因此，会所是否采用多方位经营是一个带有全局性、长远性的问题，必须通盘规划、巧妙布置。主要体现以下三种类型:第一,充分利用自己的资源对市场进行渗透,提高市场占有率。进行市场渗透是会所在利用现有市场的基础上,通过改善设施、设备和服务等经营手段、方法逐渐扩大会所的销售,以占领更大的市场面。其具体的实施方法主要是:扩大宣传与提高服务质量。第二,利用拥有项目开发市场。这是企业利用原有项目和原有资源衍生的项目来争取新的消费群,从而开拓新市场的一种经营方式。其目的是为拥有项目寻找新用户、新市场。第三,开发新项目。这是以不断改进原有项目或开发新项目的方法进入原有市场的一种经营方式,它是会所创新的一个基本战略。由于人们的需求不断变化和提高,会所只有不断改进项目,以新的外观形式、服务质量和享受感满足人们的需要,才能巩固原有市场,并进一步扩大市场占有率。

会所多方位经营是经营项目的扩展。扩展项目过程应科学地、理性地去发展,本着充分利用闲置资源,或利用营销能力,或充分利用现有的开发能力,或利用现有顾客为基础的原则,以该项目能否使自己充分发挥并增强竞争优势为指导思想,判断自身现有的竞争优势是否能够延伸扩展至目标行业。切忌:不顾自身条件,盲目开发项目;无所侧重,一窝蜂似地发展;主观确定项目。

二、会所物业的经营项目

会所的经营活动,除了主题或主营项目以外,通常还会有一些配套经营服务项目,这些项目一般包括会议服务、餐饮服务、客房服务、康体服务和休闲娱乐服务等。

(一) 会议服务

会所的会议设施是附属性的,因而通常需要根据会所规模和可能的服务对象来决定会议设施的安排。一般商务会所包括报告厅、多功能厅、会议室、会谈间等。有的社区会所则比较简单,只设有一个多功能厅。会议的专用设备以满足传统会议和现代会议的需求为主。专业性较强、投资较大的设备,在会所利用率不高,故一般不建议在会所安装。

(二) 餐饮服务

虽然某些高档的健身或社区会所由于设计和场地方面的原因,不能为会员提供餐厅服务,但是从一般意义上讲,餐饮项目经常是高档会所的重要组成部分。是否提供餐饮服务,提供什么样的餐饮服务,核心问题在于要从会所的整体定位、会员群落、运作形式等方面进行精确分析,然后再作出决定。因为会所的总体经营成本通常比较大,所以在进行会所餐饮项目的策划时,必须遵循效益原则。对没有足够营业额预期的餐饮项目,应慎重处置。

(三) 客房及商务中心

在国外的会所或城市俱乐部,许多会设计客房供会员或临时客人使用,这在中国内地及香港、台湾地区尚不多见。会所的客房服务总体上与酒店的客房服务要求和规范相类似,不过客房数量较少,有的甚至只有几套,所以其提供的服务有时比正规酒店要简单一些。

商务中心的设立,除了从配套服务的角度来考虑之外,还需要从经济利益和管理成本角度加以斟酌,并非所有高档会所一定要提供商务中心服务。

(四) 康体服务

康体项目是人们借助一定的康体设施设备和环境,为人们锻炼身体、增强体质而设的健身项目。康体项目有别于专业体育项目，它不需要有专业体育项目那么强的专业性、技巧性，人们参与康体项目，只为达到锻炼目的，并从中享受到一定乐趣。

因此，康体项目的设置类型主要有：心肺功能训练项目，如跑踏步类运动、骑车运动、划船运动等；力量训练项目，如举重运动、健美运动等；戏水运动项目，如游泳、潜水、嬉水等；攀岩运动项目，如室内模拟大自然中攀爬岩壁的运动等；球类运动项目，如网球、羽毛球、乒乓球、壁球、桌球等。

（五）休闲项目

休闲项目是人们以趣味性的、轻松愉快的方式，在一定的设施环境中进行的既有利于身体健康，又放松精神、陶冶情操的活动项目。这种项目往往可以提高人的智力、锻炼毅力、培养兴趣，同时又能达到放松身心、恢复体力、振作精神的目的。休闲项目的设置一般包括主动式休闲项目，如室内高尔夫、保龄球运动、武术等；参与式休闲项目，如桑拿浴、按摩、美容、美发等。

（六）娱乐项目

娱乐项目是指利用一定的环境设施和服务，使人们能积极主动、全身心投入、得到身心快乐和精神满足的活动项目。娱乐项目往往由许多人聚在一起，在一定的环境气氛中体验个人乐趣。娱乐项目的设置，一般包括：歌舞类娱乐项目，如跳舞、卡拉OK、KTV等；游戏娱乐类项目，如电子游戏、棋牌游戏等；文艺类娱乐项目，如文艺表演、时尚讲座、晚会派对等。

三、会所的经营策略

（一）会所的宣传策略

广告在市场营销活动中扮演着重要的角色，它是现代营销中不可缺少的一个有机构成部分。

1. 会所广告的运作原则

由于会所的广告具有自己的特点，在操作过程中应遵循一定的原则。首先，要以明确的词语传达信息。会所经营项目由于自身的特点，对于能够给消费者带来的利益和享受都只有靠文字辅以图片来描述和宣传。因此，会所的广告词必须明确、形象而贴切，以便达到最好的效果。第二，确定会所广告的目标。会所在与目标市场潜在消费者进行交流时会出现认识、感觉、行动三个方面的问题，所以广告的目标也可以设定为认识目标、感觉目标和行动目标。第三，尽量提高有形的线索。例如，会所富有特色的建筑外观、内部场景、会所项目中先进的设备设施，以及名人光临情景等，这些图片在广告中作为无形产品的有形表示会起到较好的作用。第四，突出消费者能得到的实惠。会所广告应强调本企业产品的创新点或特异点将给消费者带来新的利益，而不应该只限于描述这些特点的技术细节。第五，以说服消费者消费为根本出发点，并提供联络方式。会所做的广告应该设法说服消费者，使之作出会所消费决策，而不能在内容上只单纯地介绍会所经营项目及服务。第六，鼓励回头传播。在会所消费市场竞争激烈，会所经营项目购买选择余地较大的今天，使现有的消费者满意本企业的产品质量并鼓励他们将满意的感觉宣传出去，是会所广告的重要目标之一。第七，要注意适当的承诺，切忌夸张。会所经营项目是一种无形的产品，会所消费者对产品内容和质量的期望和评价，往往依据会所广告的描述。为避免消费者期望过高而造成的失望和不满，也为了避免纠纷，会所的广告中对产品的内容和质量的描述应切合实际，而不能搞虚假，不能设圈套引诱消费者上当，广告所表达的内容和作出的承诺应不折不扣地履行，不能附加任何条件。

2. 会所的 POP 宣传策略

会所的宣传除使用常规的报纸广告、杂志广告、广播广告、电视广告、电话号码簿广告、网络广告等宣传手段外，还经常采用现场宣传。POP(pointing-out paper)广告就是其中一种。

会所内部，可以采用多种 POP 广告进行宣传。吧台 POP 广告，对吸引消费者的注意，引起消费冲动起着重要作用；悬挂 POP 广告，这是从天花板、梁柱上垂吊下来的展示物，如吊牌、饰物、彩条、旗帜等，也能起到引起注意和增强会所的装饰效果；墙面广告，即利用墙面张贴海报、招贴、装饰旗等，对会所环境也有重要影响。

会所外部的 POP 广告，主要形式为路牌广告，如设置招贴海报牌。这种海报牌通常用木条或铝合金来做边框，玻璃板内镶嵌平版印刷的会所广告。海报牌常见于市区街道内侧或公共汽车站、地铁站内或建筑物墙上及屋顶上。

3. 会所的 DM 宣传策略

在会所的实际经营中，还会大量利用被称为 DM(disseminate menu)广告的宣传单张。会所中 DM 广告发送的时机主要有：会所开业或重新装修时，寄发开业通知、邀请函、优惠券给亲朋好友和潜在消费者；会所举办活动时，如周年店庆、圣诞活动、情人节以及其他特殊活动时，运用广告宣传单可以有效地传递信息；会所推出新项目、新服务时，要采取快捷的方式告知消费者，这也是运用广告宣传单张的好机会；会所向消费者问候时，如时令的问候、节日的祝贺，可以寄发问候卡，对联络和稳定常客可以起到非常好的效果；向消费者致谢，如对开业惠顾的消费者或参加活动的消费者，应于寄发 DM 时表示道谢，或当时过境迁，消费者几乎要忘记的时候忽然接到会所追踪而来的谢函，消费者一定会对这个会所留下较深的印象。

（二）会所的价格策略

会所行业经营的产品与生产企业、流通企业不同，它经营的是一种特殊的服务产品，因此会所行业产品的定价也呈现出不同于其他行业的一些特点。

1. 社区会所价格制定的因素

会所经营人员在制订产品价格时要考虑许多因素：第一，行业竞争因素。市场竞争状况直接影响着会所的定价，在会所行业经营产品差异较小，市场上存在着多个竞争者的情况下，社区会所在价格方面的活动余地也相应缩小。会所行业经营产品差异较大时，价格如高于竞争对手，则消费者数量减少，营业额降低，无法吸引高层次的需求；价格如低于竞争对手，则可能会引起同行业的价格大战。第二，市场需求及消费水平。任何会所经营项目都必须经过市场运营，被消费者认可、消费后才能实现企业的利润和经营的目标。所以，社区会所在进行定价时必须要考虑到目标消费者的需求状况及支付能力。若定价太高，则易使消费者认为价格与社区会所提供的会所经营项目不相匹配而不愿再光顾该会所，从而使社区会所失去获利的机会；若定价太低，又不足以补偿会所经营中成本及费用开支。第三，市场环境及市场发展状况。不同的市场发展阶段应制订不同的经营价格。在会所投入的初期缓慢增长阶段，一般应制定较低的价格策略，以便在市场中确立其竞争优势；而在快速发展阶段，则可适当调高经营价格，以便获得较高的利润。另外，经营的环境因素也是影响社区定价的一个重要因素。例如，通货膨胀会影响消费观念，从而对社区会所的定价产生相应的影响。

2. 社区会所定价的基本方法

会所经营项目的价格受市场需求、成本费用和竞争情况等因素的制约，其中成本费用是定价的基础。具体常用的定价方法包括：第一，目标收益定价法，即首先确定一个目标收益率，再根据消耗的总成本和目标收益率来确定价格的定价方法。第二，目标利润定价法，是指按照与投入的资本成一定的比例进行利润附加的定价方法。确定目标利润时还要考虑给股东的报酬、通货膨胀等其他因素。第三，竞争导向定价法，是以竞争者的价格水平为定价基础的定价方法。当竞争者变更价格时，会所经营者也应变更价格。第四，需求导向定价法，是估计在不同价格水平上的需求量状况，再作出相应的定价。一般会所项目价格高则需求量小，价格低则需求量大。此外，还可以针对不同的需求特性来制定价格，如声望定价法、需求压抑定价法等。第五，消费者导向定价法，是依照消费者的感受价值来定价的方法。此方法关键要了解消费者愿意接受的价格水平。

3. 社区会所定价常用技巧

针对不同的会所经营项目、消费者、经营条件、消费数量及不同的经营方式而灵活地变动价格，是保证社区会所价格策略成功的极为重要的手段。一般常用的定价技巧包括：第一，心理定价法，是针对顾客心理而采用的一类定价策略，主要包括："一口价"定价法、尾数定价法、整数定价法、习惯定价法、统一定价法等。第二，折扣、折让定价法，是社区会所为达到鼓励消费者增加消费数量和消费额的经营目标而采用的定价法。一般是当消费者的消费达到一定数量或金额之后给予其折扣优惠，消费量越大、金额越多，折扣比率也就越高。通常的折扣折让定价方法包括：累计型数量折扣、非累计型数量折扣、团体消费折扣、消费时段折扣等。第三，差别定价法，是一种依消费者支付意愿而制定价格的定价方法。其主要形式有：价格/时间差别、消费者支付能力差别、会所经营项目的品种差别、地理位置差别等。第四，吸脂定价法，是指在一个新的会所经营项目推出后，对其制订一个大大高于成本的价格进行销售与经营。其目的在于立即取得丰厚的市场回报，从中获得高额的利润。第五，短期优惠定价法，是指在较短时间内，会所项目的经营以相对较低、足以吸引消费者的价格来把消费者引入会所，然后在场所内再进行各种单向消费；或者以低价将消费者引入，在他们了解、熟悉和喜爱上会所经营项目后再逐渐提升价格。这种方法的目的在于快速而有效地提高市场占有率，而销售的利润仅是次要目标。第六，渗透定价法，是指社区会所开发新的经营项目时一开始就将其价格定得很低，以便能迅速被消费者接受，从而迅速打开、扩大和占领市场，尽早在会所消费市场上取得领先地位。

（三）会所会员制促销

会员制可以使会员享受低价优惠，通常持有会员卡的消费者在会所进行消费时可以享受比非会员更大的折扣；此外，会员还可以享受优质全面服务及特殊服务，如优待消费日、会员联谊活动等。所以，会员制是社区会所为了能争取到长期、稳定的消费者而采用的一种促销方式。会员制有助于培养社区会所的忠实消费者，而且也可以给社区会所带来可观的会费收入。

（四）私人会所

私人会所是一种商业模式，它兜售一种生活方式，让那些富人们有一个最佳交流场所。早在 17 世纪，英国就成立了世界上第一家会员制俱乐部，由于这种俱乐部为相同社会层次的人提供了一种排他性的私密社交场所，因此大受欢迎并延续至今。

中国最早的私人会所成立于 20 世纪 90 年代中期，以长安俱乐部、京城俱乐部为代表的北京会所的成立，拉开了高级私人会所登陆中国的序幕。

【案例】 “私人领海”俱乐部，史上最牛游艇俱乐部

“私人领海”被誉为“终极富豪俱乐部”，它以顶级游艇、尊贵的马球会和乡村俱乐部作卖点。游艇俱乐部不仅有自己的专用海港，而且与全球各地最豪华的娱乐休闲设施有合作关系，一旦成为会员，全球最豪华的酒店、马球场和乡间俱乐部等便会为你打开大门。俱乐部会员可从数十艘豪华游艇中任意挑选租用，游艇上停满了迷你潜艇、直升机、水上摩托车……各项设施都顾及会员的安全及私隐。

“私人领海”俱乐部的会员包括各国王室、国家元首、资深政客、企业家和摇滚巨星等。“私人领海”是入会制度最严格的俱乐部。以个人名义申请入会至少要等八年，名额只限100个，会费10万英镑至80万英镑不等。

【案例】 M1NT，看看人家的会所是怎么让你一边在会所消费，一边赚会所的钱

亿万富翁(M1NT)俱乐部，目前有250名股东会员，包括亿万富翁、名人、运动明星、王室贵族和商人。富豪俱乐部不是什么稀奇事，但M1NT俱乐部敢说自己是最特别的，这里的股东制经营方式实在太巧妙了，因为这就意味着他们在自己的俱乐部里吃得越多、喝得越爽、玩得越狂，他们也就赚得更多。一旦成为股东会员后，除了平日消费能够享受到优惠价格外，还有一年一清算的年底分红。这份分红肯定相当丰厚，要知道在这里一杯饮料的平均价格就高达140美元。250位股东会员总共投资了80万英镑买下了50万份股，股价一直在看涨。2005年底，M1NT股份的净值就高达380亿英镑，它之所以能越来越值钱，很大程度上是依靠那一长串亿万富翁的名单。

第四节　会所经营的模式

一、会所的管理模式

会所的管理团队通常有三类。第一类，由会所投资方直接组建，专门负责经营本会所的管理团队，从形态上是投资—建设—管理一条龙。第二类，由社区楼盘开发商投资建设作为附属配套设施的会所项目，由开发商聘请物业管理公司负责日常的经营管理。第三类，由会所投资方或产权方聘用专业会所管理公司管理。因此形成以下四类主要管理模式。

（一）会员制会所

会员制会所是由专业的会所服务商为会所提供服务，业主购买“会员卡”进行消费，会所为会员所专有；且会员除享受本社区会所服务外，也可享受同一会员制体系下的其他会所所提供的资源。会员制会所将成为一种主流发展。

【案例】 “麦德龙”会员制

“麦德龙”仓储式卖场的服务对象首先是零散的小零售业主和餐饮业主。所以，它只办理企业单位的会员卡，不办理个人的会员卡。该卖场的办卡条件：凭企业营业执照、法人代表身份证、办卡人身份证就可入会。会员能得到的利益有：①以低廉的商品价格吸引会员加入，卖场内的商品价格要比在其他地方购买低许多；商品品种涵盖广泛，家电、服装、工具、运动器械、日用品、食品等；会员身份不受时间限制；②没有购买条件限制，会员可完全依据自己的需要决定购买与否。商场与会员们的联系是通过每周定期寄发的商品信息广告宣传单，详细刊列商品照片和价格，这样，那些有需要的顾客便可前往购买。

点评：“麦德龙”设置会员卡限制，更多的是为了获得消费者的个人资料，便于有针对性地开展宣传沟通。定期寄发的会员资料还能为消费者有针对性地选择商品，甚至为消费者货比三家作出购物决定提供帮助。不过，商场购物设置会员卡，有时会使消费者产生一些不便，如没有会员卡不能进场，或是会员申请的程序复杂。实际上现实中的“麦德龙”并非每件商品都很便宜，只有少数有针对性的商品特别便宜，这样便有了标志性的吸引力，这点值得相关企业借鉴。而且，周期性地推出若干诱惑力强的商品，是维系会员的较佳手段。

（资料来源：苏伟伦，2001）

（二）委托经营式会所

委托经营式会所是将会所经营委托给其他服务商，实现运营的社会化与市场化，接纳来自市场的公共消费。对业主保留、赋予优先权、优惠权，但否定或部分否定业主的无偿消费权。

（三）独立运营式会所

独立运营式会所是会所的独立运营商以专业的服务水准、独立的法律地位、自负盈亏的经济责任承接会所的运营。

（四）加盟运营型会所

加盟运营型会所，即是一个楼盘有多个会所加盟，或一个会所服务于多个楼盘。业主凭一张卡就可在多个不同类型、远近距离不等的会所享受优惠服务。

二、会所的经营方法

不同类型的会所往往有不同的成功经营的举措。

（一）商务会所及俱乐部

第一，要进行会员发展和会籍推广。商务会所经营最敏感和最具长期影响的因素之一是会员问题。一方面有会员数量不足的压力，另一方面又有会员成分和质量的考验。基本的做法是严格按照市场基本定位组织会员发展工作，适当发展“类聚”的新会员，一般会采用鼓励会员推荐新会员的方法，并向成功推荐新会员的老会员以适当的奖励。第二，发展亲情化服务。让会所成为会员的第二个家，让会员及其权益约定内的家人、朋友，能够同样享受到热诚的服务和尊贵的待遇。还可以通过增加亲情化的服务方式，如定期举办各种小型沙龙和关于健身、美容、厨艺、花艺、亲子、家庭关系等主题活动，以间接方式增加会所的向心力。第三，提供差异化服务。在个性化张扬的今天，差异化的服务是一种重要的无形引力。第四，塑造 VIP 文化。让每一个会员感受到在会所享受到的尊敬，同时也启迪会员的那种自豪、尊贵、宽容、儒雅的感觉，令 VIP 不仅是一种待遇，更是一种精神和文化。第四，让会所成为会员的生活场所和生活方式的一部分，让会员进入会所以后，如同是进到自家的客厅一般，非常亲切自在。第五，举办商务活动为会员提供商务联络。例如，邀请政府官员、企业领袖、专家学者等举办各种沙龙、讲座，解析政策，共研对策，通过会所这个非正式平台，加强会员之间的沟通，促进彼此间的联络。

（二）社区会所

社区会所第一要重视的是处理好个体权利与公共权益的关系，特别是那些免费的社区会所项目，存在着一个权益是否公平的具体问题。因为对于权益拥有者来说，对任何一个会所权益的使用都不会是平均的或完全公平的，而作为社区会所的成员在使用会所的时候，其行为应当受到某种限制。第二，把社区会所打造成大客厅，以满足社区会所权益拥有者利用会所设施接待宾客的需要。社区会所的咖啡厅、茶座区或自由接待区域，经常可以成为待客场所；会所餐厅、多功能厅也使举办规模较大的私人聚会成为可能。第三，传递文化。成功的社区会所对于社区文化的形成可以发挥重要影响。通过会所特定的公共环境，可以设定一些带有文化意义的主题活动，以此达到某些文化引导、宣扬或教化的目的。第四，开设培训教学活动。社区会所在组织培训教学活动方面，有着得天独厚的优势，可以操作的培训题材也多种多样，如舞蹈、健身、书法、绘画、乐器、健康讲座、家庭投资理财等。第五，开展文娱竞赛。在增进社区住户之间的友谊，加强社区服务单位与住户之间的感情联络方面，社区会所可以通过文娱竞赛活动而获得收益。

（三）健身会所

经营健身会所首先需要广泛开发和利用商业资源以获得广告效应，如参加特定产品发布会或促销活动，以优惠券、免费券的形式，加入某些适当产品的宣传活动，以扩大会所的影响。其次，实行组合套票、免费体验卡等形式促销，特别是在会员卡销售遇到瓶颈的情况下，或是在冬天的营业淡季，多种形式的促销活动可以维持会所人气。再次，充分利用场地，实现纵向资源组合，如组合儿童舞蹈训练课程，女子形体、健身操课程，瑜伽功课程，私人教练课程等。最后，根据实际营运需要，对会所活动项目及功能设置作适当调整。

三、会所管理的组织架构

在会所投资者或专业会所管理公司安排会所管理工作时，针对不同的会所类型，合理安排不同的组织架构。

（一）商务会所组织架构

商务会所的管理架构是一个独立完整的管理机构，因此它具有职能部门多且齐全的特点，如图 7-1 所示。其优点是：结构简单、权责分明、命令统一，职能部门只对下级对口业务单位进行业务指挥，并监督其他部门执行管理职能的情况，而不能指挥其他部门的本身业务，比较适宜高度集中、统一指挥和建立严格责任制度的要求。

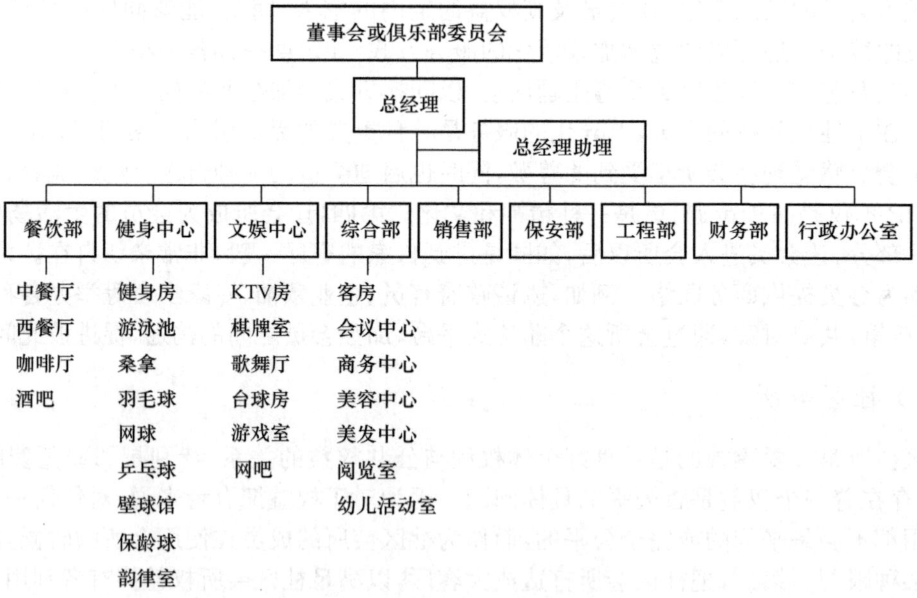

图 7-1　商务会所的管理架构

然而，职能部门繁多，各部门之间的横向联系复杂，加上受上下级间权责关系的影响，致使组织程序与业务程序繁杂，信息迂回时间长，效率不高。

（二）社区会所组织架构

社区会所的管理架构实际上只是社区物业管理架构的一部分，一般是附属于社区物业管理而存在，如图 7-2 所示。因此，社区会所的物业管理可以依靠社区物业的管理大平台，可以不必分心安排安保、卫生、工程、财务等基础物业管理，而把重点放在社区会所所提供的服务项目的管理及其营销推广上。

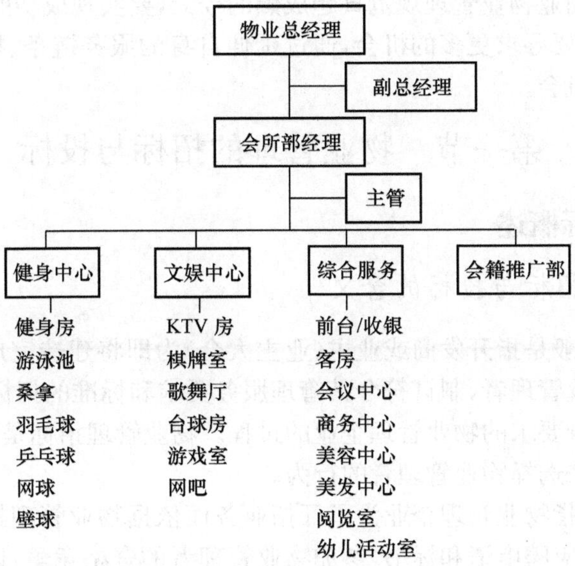

图 7-2　社区会所的管理架构

虽然安保、卫生、工程、财务等基础物业管理也是社区会所物业管理的必需任务，但它们又不与社区会所管理直接产生权责关系，在某种程度上会影响社区物业管理的效率以及整体协调程度。

第八章　商业物业的拓展管理

扩张是企业发展壮大的必经之路，商业物业管理企业需要通过不断占领市场份额，来显示其强大的生命力。在商业物业管理规范日趋成熟的今天，要实现成功的扩张，除了要不断完善自身的管理能力外，还要寻求更多的机会，通过延伸自身的服务链条、提升自身的管理素质来扩大企业拓展管理的机会。

第一节　物业管理的招标与投标

一、物业管理招投标概述

（一）物业管理招标与投标的含义

物业管理招标，一般是指开发商或业主（业主大会）为即将建造完成或已经建造完成并投入使用的物业寻找物业管理者，制订符合其管理服务要求和标准的招标文件，向社会公开招聘并最终确定最符合自身要求的物业管理企业的过程。物业管理招标是开发商或业主利用市场竞争机制和价值规律来选择物业管理者的行为。

物业管理投标，是指物业管理企业为了开拓业务而依据物业管理招标的要求组织编写标书，并向招标单位递交应聘申请和标书，参加物业管理者的资格竞争，以通过竞争获得物业管理权的过程。

物业管理招标与投标不是孤立存在的，二者有机结合。有招标才会有投标，投标也是针对某个特定的招标要求进行的，物业管理招标与投标是一个过程的两个方面，其实质是一种市场双向选择行为。

（二）物业管理招投标的基本原则

1. 公正原则

公正原则主要是指要用同样的准则、同一把标尺来衡量所有的投标书，或者说评标、验标、决标的规则及计分方法对所有的投标方、投标书都是统一的、公正的。

2. 公平原则

公平原则是指招标文件中向所有拟参与投标的物业管理企业提出的投标条件都是一致的，即所有投标者都在相同的基础上进行投标。由此可见，公平原则的关键是要体现出投标的起点公平。

3. 公开原则

公开原则是指招标过程中的各项程序都要公开发布，从而便于行业和社会的监督，增加物业管理招标与投标的市场透明度，保护招投标双方的合法、正当权益。

4. 合理原则

合理原则是指招投标双方都要接受一定的约束原则。对招标方来说，合理原则是指招标方在评标、议标、验标时要以合理的原则为指导，认真分析投标书和物业管理方案，审查和慎重考虑投标方的承诺和建议是否符合本物业区域的情况和可行程度。对投标方来说，合理原则就是要求物业管理企业要从自己的管理能力和经营项目出发，综合考虑各种情况，通过仔细的分析和预算费用后再来决定是否选择某投标项目。

当然，规范高效的物业管理招投标离不开有关法律法规的约束，物业管理招投标活动必须在合法的前提下进行，也只有这样，才能真正达到物业管理招投标的目的，才能真正体现公平竞争、优胜劣汰的市场经济规律。

二、物业管理招标

（一）物业管理招标的主要方式

物业管理招标的方式主要有公开招标、邀请招标和协议招标三种。

1. 公开招标

公开招标是指由招标单位通过报纸、广播、电视、互联网等媒体发表招标信息，让所有符合招标条件并愿意参加投标的物业管理企业都可以参加投标的一种招标方式，也是市场化程度较高的一种招标方式。

公开招标是国际上最常见的招标方式，其最大的优点是能够最大限度地体现招标的公平、公正、公开和合理的原则。我国大型基础设施和公共物业的物业管理一般都要求采用向社会公开招标的方式。

2. 邀请招标

邀请招标是指由招标单位自行选择有承担能力的若干物业管理企业，向它们发出招标通知，邀请它们参加招标。

邀请招标主要适用于标的规模较小的物业管理项目。招标人采取邀请招标方式的，应当向至少三个以上的物业管理企业发出招标邀请书。

3. 协议招标

协议招标又称谈判招标，主要是由招标单位直接邀请自己选中的物业管理企业进行协商，确定物业管理的有关事宜。协议招标实质上可以看做是更小范围的邀请招标。

公开招标和后两种形式相比，具有市场化程度高、选择范围广、社会监督面宽等优点，但是它同时也存在着耗时长、费用高、过程或环节复杂等不足。邀请招标具有针对性强、耗时短、费用相对较低等特点。而协议招标虽然是最简单的一种招标方式，但是它很容易产生暗标等腐败行为。一般来说，后两种招标方式适用于小规模的非收益性或者有特殊要求的物业的管理，而第一种适合大范围、大规模的物业。

（二）物业管理招标的程序

物业管理招标过程中涉及大量的人力、物力等，应当严格按照程序来完成，按时间的先后顺序可以将整个招标程序大致划分为招标准备、招标实施和招标结束三个阶段。

1. 招标准备阶段

招标准备阶段是指从开发商或业主决定进行物业管理招标到正式对外招标，即发布招标公告之前的这一阶段所做的准备工作。主要任务包括：成立招标机构、编制招标文件、确定标底等。

2. 招标实施阶段

招标实施阶段是整个招标过程的实质性阶段。主要包括以下几个具体的步骤：发布招标公告或投标邀请书；组织资格预审；开标、评标和定标等。

3. 招标结束阶段

招标人在最后选出中标人时，招标工作便进入结束阶段。这一阶段的最大特点是招标人与投标人有一对多的选拔和被选拔关系逐渐转移到一对一的合同关系。这一阶段的具体内容包括合同的签订与履行、资料的整理与归档等。

（三）物业管理招标文件的编制

物业管理招标文件是物业管理招标人向投标人提供的指导投标工作的规范性文件。招标文件编制的好坏，直接关系到招标人和投标人双方的利益，因此招标文件的内容既要做到详尽周到，又要做到合理合法，以体现招标公平公正的原则。

招标文件的内容大致可以概括为三部分。第一部分是投标所需了解并遵循的规定，具体包括投标邀请书、投标人须知、技术规范及要求；第二部分，投标人（物业管理企业）必须按规定填报的投标书格式，这些格式将组成附件作为招标文件的一部分；第三部分是中标的物业管理企业应签订的合同的条件及应办理的文件格式。

三大部分的具体内容可归纳为组成招标文件的六要素：投标邀请书、技术规范及要求、投标人须知、合同的一般条件、合同的特殊条件、附件（附表、附图、附文等）。

（四）物业管理招标标底的确定

所谓标底是指招标项目的预期价格水平，是物业招标人所期望的物业管理服务水平和所能承受的物业管理服务费的最高限额的统一。标底的作用，一是使招标单位预先明确自己将要招标的物业管理目标，即招标单位将要选择什么层次管理水平的物业管理公司来管理物业；二是作为衡量投标单位标价的依据和准绳。标底也是评标的主要尺度之一。

1. 确定的标底要与拟招标的物业的档次相一致

物业的档次不同，其管理服务水平与要求也不同。相应的，其物业管理服务费也将不同。

2. 标底要反映业主、使用人的经济承受能力及消费意向

标底直接影响着物业管理服务的项目、水平和管理质量，也直接影响着业主和使用人的工作和生活质量。另外，标底的不同也直接反映出业主或使用人将来要为物业管理相关费用所支付的多少。因此，确定标底时，也要考虑业主和使用人的经济收入、消费水平和消费意向等方面的情况。

3. 标底的确定要以招标文件中的管理目标为依据

管理目标的货币表现形式就是招标标底。投标企业若想中标，它的投标报价必须尽量接近标底，而要做到这点，投标企业对管理目标就必须有透彻的理解。而招标单位要想选聘到自己满意的物业管理公司，其制订的标底也应接近管理目标。

此外，确定招标标底还要严格遵循国家及地方城市政府颁布的有关法规，同时也应与物业管理的市场行情相协调，只有这样，招标单位才能制订出合理科学的标底。

三、物业管理投标

（一）物业管理投标的基本目的和原则

物业管理投标是和物业管理招标相呼应的，没有投标就完不成招标；同样，没有招标，投标也就失去了基础。

物业管理投标是物业管理企业针对特定的物业管理项目招标文件的相关要求，在充分分析项目情况及自身的发展目标和实力的前提下，组织相关资源，拟写投标文件，参与争夺物业管理项目的活动过程。其主要的目的就是争取新的物业管理项目的管理权和更多的物业管理市场份额。

一般情况下，拟投标的物业管理企业在投标过程中，应当遵循以下几个原则。

1. 集中实力，重点突破

在众多的招标物业中，物业管理公司不可能面面俱到，每个项目都参加。物业管理项目招标是一项既花费时间精力，又花费金钱的事情，因此，物业管理公司应当寻求那些符合自身经营目标的物业进行投标。

2. 客观分析，趋利避害

企业投标前就必须对所投标的物业进行仔细而客观的分析，考虑自己是否能够满足招标文件提出的方案、计划及技术要求，及时要求招标方澄清可能出现的差错或不够明确的地方。物业管理在承接任何物业项目时，相应也就承担了风险，如果预计风险大于可能获得的利润，物业管理公司就应当打消参加该项物业投标的念头。

3. 精益求精，合理估算

拟投标的企业对成本的估算应尽可能地细致、精确，但是现实中很难做到。标价估算过高导致报价过高，结果竞标失利；估算过低又可能导致利润减少，甚至无利可图。因此，投标时应尽可能按严密的组织计划计算标价，做到不漏项、不出错。

4. 适当加价，灵活报价

标价的确定是投标过程中至关重要的一步，而在成本上加价多少也是估价人员最难把握的。当自己的单位在某项特殊服务上具有较大优势时，投标时可略微提高报价；当竞争者较少，且自身行业优势较大时，则可考虑适当增大加价幅度。总之，应谨慎从事。同一项目报价中，单价高低应视具体情况而定。

此外，物业管理投标报价还应在以下几个方面引起注意。

（1）以价格取胜。价格取胜是指分析出竞争对手的价格，然后再以低于对方的价格报价。这种报价是相对低价，有一定取胜的可能，但也有一定的风险。

（2）以服务质量取胜。消费者在选择商品时主要看质量价格比，价格相同的条件下，优质者必然获胜，企业可以在投标文件中宣讲自身的优势，取得评委的信任而中标。

（3）以特色取胜。这里所说的特色要有针对性，不同物业有不同的客观条件，投标人应针对某一物业的特殊情况，提出管理和服务的特色。

（4）以资信取胜。资信程度也是一种评标因素。资信因素主要是从企业的资质等级、业绩、获优项目的数目和投诉率等方面反映出来。

（5）以优惠条件取胜。业主和评委比较注意的另一个问题就是投标人提出的优惠条件，投标人经常提到的优惠条件有增加履约保证金，设置免费服务项目以及改善某些设施等。

除此之外，参与竞标公司还应做好与报价有关的工作，必须清楚地认识到投标报价并非纯技术性问题，而是集合了技术与信息等多方面的商业活动。竞标公司应该通过各种途径尽可能多地了解投标信息，争取在激烈的竞争中得到更多的机会。

5. 加强调查，了解市场

客观分析市场竞争形势，有利于物业管理公司选择投标项目，确定报价。从公司的长远经营目标来看，这样的调查分析有利于内部资源的优化配置，有利于其获得丰厚的回报。

（二）物业管理投标的基本策略

1. 攻势策略

这是一种主动进攻性策略。采用这类策略的投标公司通常对投标物业与业主已有足够了解，并在以往的管理中积累了大量的类似经验。同时，在所有的投标公司中，它无论是从规模还是从技术上都有较大优势，不仅能满足招标物业的服务要求，而且可以提供更为全面的特殊服务，也就是说其竞争优势甚为突出。在这样的分析结果下，公司会以行业强者身份参与竞争，并在标价的计算中确定一个高于平均的加价幅度，而在谈判中则尽可能利用其雄厚实力争取有利于自己的条件。这些通常都是一些在物业管理行业存在已久，并占据了较大市场份额，其资金与技术都较强大的大公司。

2. 守势策略

投标公司在投标物业管理项目的过程中已经积累了一定经验，或具有某些特殊优势，但在众多竞争者中其优势并不突出，此时如采取攻势策略显然会使自己陷入不利境地。投标公司此时的做法应当是尽可能地突出自身特殊优势，避免在自身弱点上与其他公司发生正面冲突。它们会尽可能与其他竞争者接触，获取更多信息，找出其他竞争者的弱点，伺机出动或联合出动，以获取胜利。

3. 低成本策略

投标公司在制订报价时，尽可能压低报价以争取中标。这一策略可以是纯报价策略，也可以结合其他策略进行。采用这种策略的投标公司既可能是实力强大的大公司为实现其扩大市场份额的目标，也可能是小公司进入市场的先行步骤。但投标公司应注意报价的确定不应过低，更不能低于成本而降低服务质量，因为在物业管理这样的服务行业中，服务质量是首要的决定性因素度，以降低服务质量为代价争取中标，其结果只能是得不偿失。

4. 差异化策略

由于不同物业性质的差异，其要求的服务内容重点也不同，各物业管理公司也可能在不同物业的管理上各具优势。投标公司则可利用这些差异，扬长避短，争取在自己熟悉擅长的领域中获得成功，但这一策略的成功应用，应当建立在公司对市场和竞争对手正确和充分了解的基础之上。

5. 谋求发展策略

有时物业管理公司接管某项项目，就其本身来说没有多少利润，甚至可能亏本，但为了争取将来的优势，如为了掌握某类型的物业公司管理经验或为了进入某一领域，建立信誉，占领市场，就可以采取这种策略。这种策略通常都是低报价或类似低报价（如附带优惠条件），但总的来说是一种有远见的投标策略。

6. 广告宣传策略

这种策略是在物业管理公司明知道自己不可能中标的情况下采取的一种积极应对措施，其基本目的是物业管理公司抛开中标的念头，采取开放的心态，以宣传本公司、扩大本公司的影响为目的，为公司将来的发展打下坚实的基础。

7. 形象包装策略

良好的企业形象是占领市场的有力武器。物业管理公司平时就应该通过各种媒体做广告，建立公共关系网，定期刊登企业名录，对企业的信誉进行宣传，对自己企业的形象定期包装，给招标单位留下一个良好的印象。

此外，在实际的投标过程中还应该注意以下几个方面。

(1) 组织保障。在决定参加投标后，应立即成立投标工作小组，尽快制订工作计划，有重点地分头开展工作，并及时沟通，使投标工作可以有条不紊地顺利进行下去。

(2) 市场调查。通过各种渠道，尽可能多地了解相同物业类型在物业管理过程中的做法、经验等，以别人的先进成熟的做法为我所用，也要调查此次物业和使用人的要求，做到对将来的服务对象心中有数。

(3) 了解对手。在对自己的投标准备的同时，要设法了解招标的其他物业管理企业的情况，对比自身的情况，以争取主动，扬长避短，出奇制胜。

(4) 规范及时。投标是公平参与竞争的行为，在操作时不可以违反国家的法律和法规为代价，以免损毁企业的声誉，投标书的编写要符合规范合乎要求，尽量争取先声夺人。

(三) 物业管理投标的程序

物业管理投标按照时间的先后顺序可以划分为投标前期工作、投标实施和定标后的工作等步骤。

1. 投标前期工作

(1) 取得从业资格。从业资格是物业管理公司从事正常营业活动所必须具备的首要条件，也是物业管理公司参与投标前必须考虑的基本因素。通常具备的从业资格证书有营业执照、资质等级证书等。

(2) 筹措资金。物业管理公司的财力状况也是衡量其实力的重要因素，它必须能满足公司投标全过程及中标后的管理资金的需要。投标公司应根据自己的财务状况及招标物业管理所需的资金，做好资金筹措准备，以使自己有足够的资金通过投标资格预审。投标企业可以考虑的资金来源渠道主要有自有的资金积累和银行贷款。投标公司可以根据招标物业规模、自身收益情况及成本分析决定资金来源的构成。

(3) 收集招标物业的相关资料。招标物业的相关资料是物业管理公司进行投标可行性研究必不可少的重要因素。这些资料的范围不仅包括招标公司和招标物业的具体情况，还应包括竞争对手的情况等。

(4) 进行投标可行性分析。一项物业管理投标从购买招标文件到送出投标书，涉及大量的人力物力支出，一旦投标失败，其所有的前期付出都将付之东流。因此，物业管理投标公司在确定是否进行竞标前要作出必要的可行性研究，不可贸然行事。

第一，对招标物业分析。主要涉及：①物业性质，了解并区分招标物业的性质非常重要，不同性质的物业要求的服务内容不同，所需的技术力量、物业管理的相对优劣性也差异明显。②特殊服务要求。某些物业可能会由于其特殊的地理环境和某些特殊功用，需要一些特殊服务。这些特殊服务很可能会成为某些投标公司的优势，物业管理公司必须认真对待。要慎重考虑这些特殊服务的支出费用及自身的技术力量，或可寻找到分包伙伴等，从而形成优化的投标方案；反之则应放弃竞标。③物业招标背景。在决定投标前，还需要对拟招标的项目及招标机构在招标文件中没有提及的招标背景进行了解，以使得本单位的投标活动具有针对性和主动性。④物业开发商状况。这一层面的分析包括开发商的技术力量、信誉度等。物业的质量取决于开发商的设计和施工质量，而有些质量问题只有在物业管理公司接管后才出现，这必然会增大物业管理公司的维护费用和与开发商交涉的其他支出，甚至可能会影响物业管理公司的信誉等。因此,物业管理公司应尽可能地选择信誉度好、易于协调的开发商所开发的物业,以便于日后的管理等。

第二,自身条件分析。①以往类似的物业管理经验。投标者应当针对招标物业的情况,分析本公司以往类似的经验,确定公司的竞争优势。②人力资源优势。公司是否在以往接管物业中培训人员,是否具有熟练和富有经验的管理人员,是否与其他在该物业管理方面有丰富经验的专业服务公司有密切的合作关系等。③技术优势。公司能否利用高新技术提供高品质服务和特殊服务,如智能大厦等先进的信息管理技术、绿色工程以及高科技安全防盗设施等。④财务管理优势。公司在财务管理分析方面是否有完善的核算制度和先进的分析方法,是否拥有优秀的财务管理人员,是否能多渠道筹集资金,并合理开支等。⑤劣势分析。这主要体现在与竞争者的优势对比方面所显示出的本公司的弱势条件。

第三,竞争者分析。①潜在竞争者。主要是指那些刚具有物业管理资质的物业管理公司,它们可能几乎没有成熟的管理经验,但有可能在某一方面具有绝对或垄断优势,这样的竞争对手不仅隐蔽,而且威胁巨大,必须认真对待。②同类物业管理公司的规模及其现接管物业的数量与质量。通常大规模的物业管理公司就意味着成熟的经验、先进的技术和优秀的品质。③当地竞争者的地域优势。当地的物业管理公司可以利用其对当地文化、风俗的熟悉提供令业主满意的服务,同时它们还可能由于与当地的有关部门的特殊联系而具有某些关系优势。④经营方式的差异。具体分析投标公司的经营方式,权益从事。

第四,风险分析。风险分析主要包括通货膨胀风险、政治风险、经营风险、自然条件风险,以及其他风险等,如分包公司不能履约等。此外,当物业管理公司从事国际投标时,还可能面临国际风险。

2. 投标实施阶段

在对决定是否参与投标进行细致调研论证后,应及时按照招标机构公示的有关招标文件的要求,呈递相关文件或资料,接受投标资格的预审。预审合格后,才真正进入投标的具体实施过程。

(1) 购买、阅读招标文件。物业管理公司要想取得招标文件必须向招标机构购买招标文件,购买后应本着仔细谨慎的原则阅读,并尽可能找出不太清楚或不明白的地方,再按其不同性质及重要性,将这些问题标注出来,以待召开标前会议时向招标机构提出。

(2) 召开标前会议,考察现场。如果有必要,通常开发商或业主委员会会根据具体情况组织所有参与投标的物业管理公司召开标前会议,现场回答参加竞标的各单位对招标文件的项目的相关问题,并可安排统一到拟招标的物业现场进行实地参观,向他们作出相关的介绍,以帮助投标公司了解物业的情况,合理计算标价。

(3) 制订管理服务方法及工作量。投标公司可以根据招标文件的物业情况和管理服务范围、要求,详细列出完成所要求管理服务任务的方法及工作量。

(4) 制订资金计划。资金计划应当在确定了管理服务内容及工作量的基础上,制订资金计划应以资金流量为依据进行测算。一般来说,资金流入应当大于资金流出,这样的资金计划安排对评标委员会才有说服力。通常物业管理公司经营的主要现金流入和流出项目为标书规定的预付款和保证金;接管其间费用支出;接管其间收入,以及其他资金来源等。

(5) 标价试算。在对标价进行试算前，投标者应确保做到以下几点：明确领会了招标文件中的各项服务要求；计算和复核过服务工作量；掌握了物业现场基础信息；掌握了标价计算所需的各种单价、费率、费用等；拥有分析所需的、适合当地条件的经验数据等。

(6) 标价评估与调整。对于上述试算结果投标者必须进一步评估才能最终确定标价。现行标价评估内容大致包括两方面：一是价格类比，二是竞争形势分析。分析之后便可以进行标价调整。通过这一步骤，投标公司便可以确定出最终标价。

(7) 办理投标保函。由于投标者一旦中标就必须履行受标义务，为防止投标单位违约给招标单位带来经济上的损失，在递交物业管理投标书时，招标单位通常会要求投标单位出具一定金额和期限的保证文件，以确保在投标单位中标后不能履约时，招标单位可以通过出具保函的银行，用保证金额的全部或部分对招标单位进行经济损失的赔偿。投标信函通常是由投标单位开户银行或其主管部门出具。

(8) 编制标书。投标人在作出投标报价决策之后，就应当按照招标文件的要求正确编制标书，即投标人须知中规定的投标人必须提交的所有文件。

(9) 封送标书和保函。投标文件全部编好后，投标人就可派专人或通过邮寄将标书投送给招标人。投标人应将所有的投标文件按照招标文件的要求，准备正本和副本，并分别包装密封。

所有投标文件都必须按招标人在投标邀请书中规定的投标截止时间之前送至招标人手中。

3. 定标后的工作

(1) 中标后合同签订与履行。经过评标与定标之后，招标方将及时发函通知中标公司。中标公司自接到通知之后，就要做好准备进入合同的签订阶段。通常，物业委托管理合同的签订需要经过签订前谈判、签订谅解备忘录、发送中标函、签订合同协议书等几个步骤。由于在合同签订前双方还将就具体问题进行谈判，中标公司应该在准备期间对自己的优劣势、技术资源条件以及业主状况进行充分分析，并尽量熟悉合同条款，以便在谈判过程中把握主动，避免在合同签订过程中利益受损。同时，物业管理公司还应着手组建物业管理专案小组，制订工作计划，以便合同签订之后及时进驻物业。物业委托管理合同自签订之日起生效，业主与物业管理公司均应依照合同规定行使权利、履行义务。

(2) 未中标的总结。竞标失利不仅意味着前期工作白白浪费，而且还将对公司的声誉产生不利的影响。因此，未中标的公司应在收到通知后及时对本次失利的原因作出分析，避免重蹈覆辙。分析可以从以下几方面考虑。第一，准备工作是否充分。投标公司在前期收集的资料是否不够充分，致使公司对招标物业的主要情况和竞争对手了解不够，因而采取了某些不当的策略，导致失利等。第二，估价是否准确。投标公司还可以分析与中标标价之间的差异，并找出根源，是工作量测算得不准，还是服务单价确定偏高或计算方法不对等。第三，报价策略是否有失误。这里包含的原因很多，投标公司应具体情况具体分析。对以上分析得出的结果，投标公司应整理并存档，以备下次招标借鉴参考。

(3) 资料整理与归档。无论投标公司是否中标，在竞标结束后都应该将投标过程的一些重要文件进行分类归档保存，以备核查。这样一来可为中标公司在合同履行中解决争议提供原始依据；二来可为竞标失利的公司分析失败的原因提供资料。通常这些资料主要包括：招标文件及其图纸；对招标文件进行澄清和修改的会议记录和书面文件；投标文件及标书；同投标方来往的信件；其他重要文件资料等。

（四）物业管理投标书的编写

物业管理投标书是对投标工作全面准备工作的总结，是投标公司的投标意图、标价策略与目标的体现，其编制质量的优劣直接影响着投标竞争的成败，因此，投标公司要认真编写投标书。

1. 物业管理投标书的组成

（1）投标致函。投标致函实际上就是投标者的正式报价信，其主要内容如下：表明投资者完全愿意按投标文件中的规定承担物业管理服务任务，并写明自己的总报价金额；表明投标者接受物业整个合同委托管理期限；表明本投标如被接受，投标者愿意按招标文件规定金额提供履约保证金；说明投标报价的有效期；表明本投标书连同投标者的书面接受通知均具有法律约束力等内容。

（2）附件。附件的数量及内容按照招标文件的规定确定。各种商务文件、技术文件等均应依据招标文件要求备全，缺少任何必需文件的投标将被排除在中标人之外。这些文件主要包括：公司简介，概要介绍投标公司的资质条件、以往业绩等情况；公司法人地位及法定代表人证明，包括资质证明文件（营业执照、税务登记证、企业代码，以及行业主管部门颁发的资质等级证书、授权书、代理协议书等），资信证明文件（保函、已履行的合同及商户意见书、中介机构出具的财务状况书等）等；公司对合同意向的承诺，包括对承包方式、价款计算方式、服务款项收取方式、材料设备供应方式等情况的说明；物业管理专案小组的配备，简要介绍主要负责人的职务、以往业绩等；物业管理组织实施规划，说明对该物业管理运行中的人员安排、工作计划、财务管理等内容。

2. 物业管理投标书的主要内容

物业管理投标书除了按规定格式要求回答招标文件中的问题外，最主要的内容是介绍物业管理要点和物业管理服务内容、服务形式和费用等。

(1)介绍投标公司自身的概况和经历。除了介绍本公司的概况外，主要介绍本公司以前管理过或正在管理物业的名称、地址、类型、数量，要指出类似此次招标物业的管理经验和成果，并介绍主要负责人的专业、物业管理经历和经验等。

(2)分析投标物业的管理要点。主要指出此次投标物业的特点和日后管理上的特点、难点，可列举说明。还要分析租用户对此类物业及管理上的期望、要求等。例如，写字楼作为办公场所，要求环境应保持宁静、清洁、安全；在商业大厦的管理中，公司形象、居民购物方便程度是考虑的首要因素。应该针对不同类型商业物业列举其物业管理中普遍的重点和难点，并在编写投标书时，作详细分析。

（3）介绍本公司将提供的管理服务内容及功能。主要包括：①开发设计建设期间的管理顾问内容。简要介绍物业管理公司前期介入所应考虑的问题及其意义，并对先前分析到的管理难点有针对性地提出施工建议，以利于日后管理等。②物业竣工验收前的管理服务内容。制订员工培训计划，详细说明员工培训的内容以及经培训后员工应具备的素质；制订租约条款、管理制度和租用户手册等；列出财务预算方案，指出日常运作费用支出，确定日后收费基础等。③用户入住及装修期间的管理服务内容。该内容包括住户入住办理移交手续的管理服务、住户装修工程及物料运送的管理服务、迁入与安全管理制度等。④管理运作服务内容。该内容包括物业管理人员安排，编制物业管理组织运作图，说明各物业部门职责及相互关系。⑤说明将提供的服务形式、费用或期限。

第二节　物业管理的早期介入与接管验收

一、物业管理的早期介入

（一）物业管理早期介入的含义

物业管理早期介入是指物业管理公司在接管竣工物业之前，就参与物业的规划、设计和施工建设，从物业管理的角度提出建议和意见，使建成后的物业更好地满足业主和使用人的需求和有利于之后的物业管理。

物业管理企业进行物业管理早期介入具有自身的优势。

1. 信息优势

物业管理企业在长期的物业管理实践中，对业主和使用人在物业使用过程中产生的对物业的意见、想法和建议非常熟悉，同时在自己实施管理的过程中，也充分了解由于规划设计施工阶段的不足给物业带来的种种问题，这些宝贵的第一手信息是其他任何企业所不易获得的。

2. 人才优势

物业管理企业由于管理、维修、运行的需要，集中了一批房屋结构、建筑施工以及电器设备、通信、机械电子、供热制冷及通风等方面的专业人士，他们拥有长期房屋设备设施使用的宝贵经验，这些都是物业管理企业不可替代的人才优势。

3. 动机优势

早期介入对于物业管理企业来说具有利益导向优势。物业管理企业早期介入主要是为了能通过早期介入获得先入为主的优势。对人员的熟悉，对房屋及设备特别是隐蔽工程的了解，为物业管理企业获得管理委托权打下一个良好的基础。

（二）物业管理早期介入的意义

无论对开发商，还是物业管理企业，以及对今后方便业主使用而言，物业管理早期介入都具有很重要的作用和意义。

1. 减少或避免先天性缺陷，完善物业使用功能

物业管理企业因为在实际管理中直接与房屋的业主和使用人接触，了解他们的需要，所以可以根据自己的经验，在项目设计、施工时，从业主或使用人以及方便日后管理的角度，对物业进行审视，就房型设计、供水供电、污水处理、道路、绿化、服务配套等方面提出建设性意见，对于一些不适当的设计也予以纠正和改善，使物业的设计更加优化、完善。物业管理企业还应在施工过程中参与监督，提高房屋建造质量及设备安装质量，减少返工。这样，才能尽可能避免日后工作难以解决的“先天性”问题，使建成的物业具有完善的实用功能。

2. 加强施工监理力度，保证施工质量

物业管理企业作为物业建成投入使用后的管理者，建成的物业的质量好坏，不仅影响管理工作能否顺利开展，也影响其自身的物质利益。因此，从经济利益出发，物业管理企业具有参与施工工程监督的客观要求。同时,开发商有了物业管理企业的参与监督,可以使物业的施工质量得到进一步的保证,极大地避免物业保修期中出现问题所带来的烦恼,也利于开发商房地产的营销。这使得物业管理企业参与施工监督有了必要性和可能性。物业管理企业参与施工工程的质量监督,可以强化物业建造过程中的施工质量的监控,确保物业的施工质量。

3. 全面掌握物业情况,利于接管验收

物业管理企业早期介入的过程,也就是物业管理公司熟悉物业、了解物业的过程。通过早期介入,物业管理企业能够全面掌握物业的土建结构、材料特性、管线走向、设施建设及设备安装等方面的第一手资料,为物业的接管验收以及物业管理方案的制订和实施,打下了坚实的基础,也为日后的管理、养护、维修带来便利。

4. 重视物业品位与价值,有利于促进物业的销售

物业管理早期介入,能够考虑和重视人性化的需求,把方便人们生活、工作和休息的需求放在第一位,全面考虑和重视人们的需求,从而杜绝开发商的短期行为,提高企业形象。尽管物业管理的早期介入有可能增加一些开发成本,但物业管理的介入使得物业的品位和价值得到提高,可以极大促进物业的销售。这一点,已经在物业开发和销售的实践中得到验证。

"物业管理早期介入"制度,能够保证物业管理的一致性和连贯性,减少很多不必要的损失。

(三)物业管理早期介入的主要内容

物业建设是一个系统工程,因此物业管理的早期介入应该贯穿开发建设的全过程。在投资决策、规划设计、施工建设和竣工验收各阶段都有很多内容可以参与。

1. 投资决策阶段

该阶段的主要任务是进行项目投资分析,作出是否开发以及开发周期、开发规模等有关问题决策,并向政府申请建设用地,编制综合开发计划。同时,物业管理人员从专业的角度及便于日后管理对该项目的市场定位,潜在业主的构成以及消费水平,周边物业管理概况及日后的物业管理内容、管理标准及成本、利润测算等方面为开发商提供参考建议,减少决策中的盲目性、主观随意性和风险性,提高投资决策的科学化水平。

2. 规划设计阶段

该阶段的主要任务是进行规划设计,编制设计文件,确定建设方案,完成规划设计、勘察设计和施工图设计工作。同时,通过招投标方式选择施工队伍,作好施工准备。物业管理公司通过参与规划设计,可以全面细致地了解物业管理得以顺利实施的各种需要,以及在以往管理实践中发现的规划设计上存在的种种问题或缺陷,并可把这些情况以咨询报告的形式提交开发商和设计单位,建议设计单位在设计中予以纠正。

3. 施工建设阶段

该阶段的主要任务是现场实施项目工程建设。施工方(建筑公司)负责工程施工,监理方(监理公司)负责工程监理,作为房地产开发商主要是按照合同检查监督和配合施工建设单位及监理单位工作,以保证房地产顺利开发。

4. 竣工验收阶段

该阶段的主要任务是对竣工项目进行验收,开始出租、出售物业,并开展售后服务工作。

二、物业竣工验收

（一）物业管理企业在竣工验收中的职责

工程竣工验收是工程建设过程的最后一个程序，是检验设计、施工质量的重要环节，也是物业由建设转入使用的标志，物业管理企业也即将由幕后顾问正式走向台前，接管物业进行物业管理。所以，物业管理企业在竣工验收工作中担任着重要的顾问角色。

(1) 认真参与竣工验收，严把质量关，对影响将来业主使用和物业管理的，即使是细微问题也应及时要求整改，确保能接到一个质量合格的物业，为前期物业管理打下良好的物质基础。

(2) 通过参与竣工验收，进一步熟悉物业，为物业的接管验收以及将来的维修养护做好准备。

(3) 细心查验竣工验收资料，保证资料齐全、准确，这样才能在接管物业时建立详尽的物业档案，为物业管理企业维修养护、物业保修、物业装饰等方面提供凭证和参考。

（二）竣工验收的实施

1. 竣工验收的工作程序

竣工验收是全面考核建设工程是否符合设计要求和工程质量好坏的重要环节。一般是根据国务院《建设工程质量管理条例》及《房屋建筑工程和市政基础设施工程竣工验收暂行规定》(建设部建(2000)142 号文)等的要求，结合本地区的实际情况，来制订竣工验收办法和基本程序。

验收的主要程序是：检查、核实竣工项目所有准备移交的技术资料的完整性、准确性；检查每一项工程建设标准及施工质量，对工程隐患和遗留问题提出处理建议；排解验收中有争议的问题；督促返工和补做部分工程，以及收尾工程的完工；检查“三废”治理措施的情况等。

竣工验收由开发单位会同设计单位、施工单位和政府工程质量监督部门组成验收委员会或验收组共同进行。经验收合格后，施工单位和开发单位签订交接验收证书，逐项办理固定资产移交和资料移交，并根据合同规定办理工程结算手续。

2. 竣工验收需移交的资料

物业竣工后，在组织竣工验收之前，施工单位应将有关技术资料进行系统整理，分类立卷，在竣工验收时交开发单位归档保管，以适应使用维修的需要。验收时移交的技术资料包括以下几个方面。

(1) 竣工工程项目一览表，包括竣工工程的名称、位置、结构、层数、面积、装修标准、开工竣工日期等。

(2) 设备清单，包括设备名称、规模、数量、产地、主要性能、单价以及随机工具、备品备件等。

(3) 工程项目竣工图。

(4) 材料、建筑构件、外协件、各种设备、检测仪器的出厂合格证书、说明书和验收记录，预制件的荷载试验记录，自动控制仪表的调试记录等。

(5) 隐蔽工程验收记录。

(6) 土建施工记录。

(7) 设备安装调试记录，如管道系统的试压、试漏检查记录，暖气、卫生、空调、电气、电信、通风、供水、消防、防爆报警、电视监控等工程的检查和实验记录等。

(8) 建筑物、构筑物的沉降、变形、防震、防爆、绝缘、密闭、净化、隔音、隔热等指标的测试记录,重要钢骨结构焊接探伤检查记录。

(9) 工程质量事故的发生和处理记录。

(10) 图纸会审记录,设计变更通知和技术核定单。

(11) 关于建筑物、构筑物的使用注意事项说明。

(12) 有关工程项目的其他重要技术决定和文件等。

3. 竣工验收的依据

竣工验收的依据因项目性质的不同各有差别,一般应当依据下列条件进行。

(1) 初步施工图设计(及其补充文件)及其说明,包括设计单位和监理工程师签发的设计变更通知单。

(2) 国家颁布的施工验收规范,各专业设计规范、施工规范和现行质量检查评定标准。

(3) 地方政府颁布的有关规程和标准。

(4) 上级主管部门的有关建设文件。

(5) 开发企业与施工单位签订的工程合同要求。

(6) 批准的设计任务书及有关设备说明书等。

(三) 竣工验收后的物业保修

物业质量保修,是指物业竣工验收并交付使用后,在保修期限内出现不符合工程建设强制性标准以及合同约定的质量缺陷的应予以修复。物业在保修范围和保修期限内出现质量缺陷,施工单位应当按照建设部 2000 年 6 月 30 日颁布的《房屋建筑工程质量保修办法》的规定履行保修义务。

1. 保修的范围和期限

建筑工程的保修范围一般包括地基基础工程、主体结构工程、屋面防水工程和其他土建工程,以及供热、供冷系统工程,电气管线,给排水管道,设备安装工程和装修工程等项目。但因使用不当或者第三方造成的质量问题,以及不可抗拒力造成的质量缺陷不属于保修范围。

物业管理企业接受房地产开发商委托接管物业后,要注意同开发单位和施工单位签订保修协定,在保修期限内出现保修范围内的质量缺陷,可以享受保修服务。

2. 保修责任

房屋建筑工程在保修期限内出现质量缺陷,房地产开发商或者委托的物业管理企业应当向施工单位发出保修通知。施工单位接到保修通知后,应当到现场核查情况,在保修约定的时间内予以维修。发生涉及结构安全或者严重影响使用功能的紧急抢修事故,施工单位接到保修通知后,应当立即到达现场进行组织抢修。在保修期内,因房屋建筑工程质量缺陷造成业主、使用人或者第三方人身、财产损害的,受损害人可以向房地产开发商提出赔偿要求。房地产开发商向造成物业质量缺陷的责任方追偿。

保修结束后,由房地产开发商或者物业管理企业组织验收。涉及结构安全的,应当报当地建设行政主管部门备案。

施工单位不按工程质量保修书约定保修的,房地产开发商可以另行委托其他单位保修,由原施工单位承担相应责任。

因保修不及时造成新的人身、财产损害,由造成拖延的责任方承担赔偿责任。建设单位和施工单位应当在工程质量保修书中约定保修范围、保修期限和保修责任等,双方的约定必须符合国家有关规定。

三、物业接管验收

（一）接管验收及其重要作用

接管验收是物业管理过程中一个重要环节，是指物业管理企业接管开发企业、建设单位或个人委托的新建房屋或原有房屋时，以物业主体结构安全和满足使用功能为主要内容的再检验。

物业管理企业从建设单位手中接过物业，开始对物业实施经营管理，至此，物业管理的风险责任就从建设单位转移到了物业管理企业。物业的接管验收，直接关系到今后物业管理工作能否正常开展，物业管理一定要认真做好接管验收工作。

1. 物业接管验收的重要作用

（1）物业的接管验收，可以明确交接双方的责、权、利关系。在市场经济条件下，交接双方是两个独立的经济实体，通过接管验收，签署交接文件，实现权利和义务的互相转移，从而在法律上界定清楚交接双方的权责关系。

（2）搞好物业的接管验收，可以确保物业具备正常的使用功能，充分维护自身和业主的利益。通过接管验收，物业管理企业能督促开发或施工企业按标准进行设计和施工的改进，最大限度减少日后管理中不必要的工作量和开支。同时，物业管理企业能弥补业主专业知识的不足，从整体上把握整个物业的质量。

（3）物业的接管验收，还可以为后期管理创造有利条件。一方面在接管验收中物业管理企业可以利用接管验收的权力使工程达到要求，利用争取质量补偿的权力为某些工程争取更多的维修费用，这样可以减少日常管理过程中的维修、养护工作或经费开支；另一方面在接管过程中，根据有关物业的文件资料可以摸清物业的性能、特点，预防管理事务中可能出现的问题，计划安排好各项管理事务等。

2. 物业接管验收与竣工验收的区别

（1）验收的目的不同。物业接管验收是在竣工验收已经合格的基础上，以主体结构安全和满足使用功能为主要内容的再检验。而竣工验收则是为了检验房屋工程是否达到国家质量标准，是否达到设计文件所规定的要求。

（2）验收的对象不同。接管验收的对象是已经通过竣工验收的新建的物业或原有物业。而竣工验收的对象则是新建、扩建和改建的物业。

（3）交接的主体不同。接管验收是开发商或业主把通过接管验收的物业移交给物业管理企业。而竣工验收则是施工企业把通过竣工验收符合相关要求的物业移交给开发商。

（4）验收的条件不同。接管验收的首要条件是竣工验收合格，并且附属设备已完全能正常使用，房屋的编号已得到确认等。而竣工验收的首要条件是工程按照设计要求和国家相关规定全部完工，设备均已落实等。

（二）物业接管验收的实施

1. 物业接管验收的准备

商业物业接管验收前要准备的工作很多，概括起来，主要有以下几项。

（1）成立物业管理机构。成立物业管理公司或设置管理处，设立各级管理机构及各岗位，草拟各级管理员工岗位职责，招聘所需员工及进行岗前培训，建立一支优良的专业物业管理队伍。管理机构一般应在物业接管前三个月建立，各级管理人员和员工应该到位。

(2) 草拟各种规章制度。物业管理的规章制度分为物业管理公司内部的规章制度和公司对外(业主、租户)的规章制度两类。内部的规章制度主要由公司的宗旨、纪律、经营方针、工作程序、岗位职责等构成,如保安员守则、工具的使用及保管规定、制服管理规定、考勤规定等。公司也可以将各种规章制度综合成一本《员工手册》,方便员工全面了解和遵守公司的规章制度。对外的规章制度,包括公司向业主、租户解释公司的宗旨、权利和义务,以及公司管理服务范围、管理服务方式,还有要求业主和租户共同遵守的行为准则等方面的文件,如《业主公约》《用户手册》等。

(3) 组成验收小组。由物业部牵头,组织工程部及公司有关人员组成物业验收小组。

(4) 财务方面的准备。筹措物业管理维修基金;制订财务预算方案,提交开发单位审批;建立完善的财务制度,有效控制管理费及基金收支;制订第一年的管理收支预算,拟定收费标准,包括管理按金及其他管理款项的建议。

(5) 协助开发单位购买所需用具及设备,保质保量,以保证物业管理顺利进行。

(6) 编制验收计划。验收小组依据开发单位、承建单位提供的竣工图、设备清单等文件,按设计及施工要求编制验收计划。验收计划应包括项目概况、接管原则、验收标准、职责分工、日期安排、工作内容及验收要求等。

2. 物业接管验收应提交的资料

(1) 新建房屋接管验收应提交的资料:第一,产权资料,包括项目批准文件;用地批准文件;建筑执照;拆迁安置资料等。第二,技术资料,包括竣工图(总平面、建筑、结构、设备、附属工程及隐蔽管线的全套图纸);地质勘察报告;工程合格及开、竣工报告;工程预、决算;图纸会审记录;工程设计变更通知及技术核定单(包括质量事故处理记录);隐蔽工程验收签证,沉降观察记录;竣工验收说明书;钢材、水泥等主要材料的质量保证书;新材料、构配件的鉴定合格证书;水、电、采暖、卫生器具、电梯等设备的检验合格证书;砂浆、混凝土试块试压报告;供水、供暖的试压报告等。

(2) 原有房屋接管验收应提交的资料:第一,产权资料,包括房屋所有权证;土地使用权证;有关司法、公证文书和协议;房屋分户使用清册;房屋设备和定、附着物清册等。第二,技术资料,包括房地产平面图;房屋结构平面图;房屋及设备技术资料等。

四、配套工程完善和遗留问题改造的管理

工程完善是指开发建设单位在房屋本体工程竣工并进行竣工验收后,才进行的部分公共配套设施的工程完善,如游泳池、网球场等娱乐设施的完善或楼道灯饰的改造等。

工程遗留问题是指竣工验收和楼宇使用过程中,发现的安全隐患、使用的建筑材料不合格、设计无法达到使用要求、保修无法解决的设计缺陷等方面的工程质量问题。

物业部对完善配套工程执行监督职责,指定专人做好协调工作。对发现的遗留问题,及时向管理处经理汇报,并做好与开发建设单位的联系工作。

五、验收接管手续

(一) 办理交楼手续

1. 办理交楼手续前的准备工作

物业部文员在为业主办理交楼手续前,要做好以下工作。

(1) 向业主发出收楼通知书。通知书应包括以下内容:办理收楼手续的时间、需携带的证件、需缴纳的款项及需办理的手续和程序等。

(2) 移交业主的售楼合同、身份证明及《承诺书》。从开发建设单位手中接受以上文件。

(3) 准备好收楼及装修时所需填写的表格。

(4) 备好房屋钥匙,搞好收楼前的清洁工作。

2. 办理交接手续的程序

(1) 核对业主身份及收楼通知后,发放《用户手册》给业主,并要求业主填写《业主登记表》。同时要求业主与物业管理处签署《安全防火责任书》,该责任书一式两份,业主和物业管理处各存一份。

(2) 向业主收取首期管理费、管理费基金、维修基金、水电费按金。

(3) 通知工程部人员会同业主一起登记单元内水电表底数,检查单元内设施、设备,如没问题,双方在《单元验收登记表》上签字并将表格返回物业部。

(4) 物业部把单元钥匙移交给业主。

(5) 把《收楼通知书》《业主登记表》《承诺书》、业主售房合同,以及有效身份证明一同存入业主档案保存。

(二) 办理入伙与退伙手续

1. 办理入伙手续

办理租户入伙程序与办理业主收楼程序基本一致,不同之处在于向租户收取的款项中,只收取首期管理费、水电费按金,不收取管理费基金、维修基金。

2. 办理退伙手续

租户退伙时,则一般要求走以下程序。

(1) 租户合同期满退租,可直接到物业部办理结清租金、水电费、电话费以及管理费等手续;如租户是提前退伙,则需事先告知开发商售房单位,并由开发商售房单位发出提前退伙通知单给物业管理部,租户持售房单位开出的提前退伙通知单于三日内到物业部办理结清租金、管理费等手续。

(2) 租户退场时,物业部、工程部及开发商售房单位人员应按《退场单元验收表》的细目检查租户单元内设备设施的完好情况,记录单元内水电表读数,记录在《退场单元验收表》中,并经租户签名认可。

(3) 租户结清水电费等费用后,由物业管理处发出《退款通知书》,退回租户所交的水电费按金,然后发出《退场通知书》给开发商,告知该单元已结清有关费用,并已退场,可办理有关退租手续,并在《退房租户情况登记表》中登记。

(三) 制订《用户手册》

《用户手册》是物业管理公司将业主(租户)需要详细了解的情况和需要熟悉的规章制度,以及日常注意事项等汇编成小册子,发给业主和租户。它可以使业主、租户更多地了解物业的情况和物业管理公司的各项工作及各项规章制度,可以增进物业管理公司与业主(租户)之间的沟通和联络,提醒业主和租户遵守各项规章制度,从而促进物业管理公司各项工作的开展。(用户手册)一般包括以下内容。

(1) 物业的基本情况及提供各种服务概况。

(2) 物业的管理规定及常用的规章制度。

(3) 业主(租户)须知、安全指南及常用电话号码等。

(四) 建立用户档案

用户档案的主要内容包括以下几个方面。

(1) 用户的资料,包括业主(租户)姓名、单元编号、公司名称、联络人、联络电话,以及有效身份证明。

(2) 用户签署或填写的各种公约和表格,如《业主公约》《承诺书》《收楼通知书》《业主(租户)登记表》等。

(3) 用户交缴租金、管理费、管理费基金、维修基金、水电费按金等情况。

(4) 用户更改合同资料。

(5) 用户租用房屋的维修情况登记表等。

物业管理处应该从业主购房或用户租房时开始收集和掌握业主和租户的第一手资料。例如,业主向开发商购房或用户租房时,就应该把他们签署的《业主公约》《承诺书》以及用户的有效身份证明等资料收集起来。到用户收楼入伙时,应把《收楼通知书》《业主(租户)登记表》等资料以及用户的基本情况收集起来。

资料收集后,要进行整理,并进行分类归档。

第三节　物业管理企业的选择与评价

一、物业管理企业的视觉形象

(一) 视觉形象的含义

在当今的市场竞争中,竞争的焦点已经不再是具体的实物商品,而是以品牌为核心的无形资本。企业的品牌,也就是企业给予公众的形象,或称 CI(corporate identity),它是企业有意识地将自己企业的各种特征向社会公众主动地展示和传播,并由此使公众在市场环境中对某一特定的企业有一个标准化、差别化的认识,以便更好地识别并留下良好印象。企业的形象设计一般包括三方面的内容:企业的理念识别——MI(mind identity)、企业的行为识别——BI(behavior identity)和企业的视觉识别——VI(visual identity)。

视觉识别(形象)系统是企业理念识别和行为识别的具体化与视觉化。它以企业理念为核心,以视觉传播为途径,以传递企业特点个性,提升企业形象,获取公众认同,是社会公众识别企业和企业向外展示风貌的一座桥梁。

物业管理企业“VI”设计的主要内容包括以下几个方面。

(1) 公用品:名片、信封、信纸、工作证、手提袋、包装纸、会员卡等。

(2) 广告媒体用品:报纸等各类新闻媒体广告、招牌、气球广告等。

(3) 交通工具:客车、轿车、手推车、自行车等。

(4) 制服饰品:管理者制服、普通员工制服、工程部人员制服、衬衫、领带、领夹、帽徽等。

(5) 室内布置及办公装饰:灯光、指示牌、天花板、橱窗、盆景、休闲椅等,以及办公设备、桌椅、墙饰、装饰画、标志牌、考勤卡等。

(6) 建筑环境:停车场、厕所、路面、栏杆、建筑外观等。

(7) 展示陈列：霓虹灯、灯箱、模型、会场指示牌等。

物业管理企业通过进行视觉识别系统的设计，可以帮助客户直观地了解企业、识别企业和监督企业行为。

(二) 实施视觉形象体系的意义

物业管理公司的产品就是其服务，因此，服务的质量就是产品品质的体现。管理公司在为业主服务的过程中，利用视觉形象系统可以强化企业理念、规范员工行为、传播企业形象。视觉形象设计的意义表现在以下几个方面。

(1) 它能把企业理念与精神文化运用统一的整体传播系统(特别是视觉传播设计)传达至企业的周边关系、企业内部以及企业的服务对象，使其对企业产生一致认同，从而提升企业的形象。

(2) 它是公司质量理念的视觉化、标志化，可以让员工在统一的形象、统一的标志下去对内认同、对外传播。

(3) 它使企业的信息传播更具经济性、实用性，从而较易取得业主及社会的认同。

(4) 它较好地使企业文化与质量管理并行，互相配合，使管理手段更趋完善。

(5) 它为管理公司的业务拓展打下良好基础。

(三) 物业管理企业良好品牌的建立

对于客户而言，企业形象——品牌的存在代表了市场对这一企业的认同，它给客户信心，让客户在对类似的产品进行比较时有更直观的判断标准。客户的信心，来源于品牌能够比它的竞争对手更好地满足他们的需求或解决他们的问题。品牌不仅仅是知名度，它还代表了品牌美誉度、品牌忠实度和品牌联想，因此它更多地体现是一种企业与客户的关系，正是这种关系，才使得客户乐意使用或购买某一品牌的产品，并使企业在竞争中获得优势。由此可见，企业形象设计发展到今天，其实质是追求“如何让客户满意”。

物业管理企业在进行 VI 设计时，也应紧紧围绕这一主题。在实施时，可以从以下几个方面着手。

(1) 培养全体员工“让业主/租户满意”的观念，树立以“业主/租户为核心”的经营思想，并据此调整企业的组织架构和运作方式。

(2) 重视研究业主/租户的需求心理和对服务的要求，尽最大努力为他们提供优质的服务。

(3) 不仅要从降低成本入手，还要从便利业主/租户、降低他们获得服务的精神负担方面来为其提供高素质的服务。

(4) 树立客户及全社会公众心中的良好形象，这种形象包括企业形象和服务形象。

(5) 及时、妥善地处理好业主/租户的质询和批评，建立客户意见和建议系统，鼓励他们多提意见，并尽快制订相应的改进策略。

(6) 随着客户需求的变化不断提高经营服务水平，定期开展客户意见调查，保持企业在市场中的主动性。

物业管理公司是一个为业主提供整体服务的综合性企业，在工作中它更强调群体合作性，而视觉形象需要每个员工共同树立和维护。在实施企业视觉形象设计的过程中，员工应注意下列规范：

(1) 树立团队精神，把维护企业的声誉和利益作为全体员工行为的基本准则，牢固地树立“我是公司的一员”的观念，荣辱与共。

(2) 每个员工都要明确自己的工作职责，有强烈的责任感和质量意识。

(3) 要注意个性与共性相结合，共同营造企业的视觉形象，共同经营好企业的这一无形资产。

(4) 每个员工的工作要做得更细致、更周全，体现出物业管理企业“为业主服务”的宗旨，把“让客户满意”作为服务的指南。

(5) 认清本企业与其他企业的区别所在，以企业为荣。

二、选择物业管理企业的指标

商业物业管理对物业管理企业的选择，通常要求有较高的营销策划水平、专业素质较高的工程技术人员，以及熟悉服务规范和法律知识的管理人员。对物业管理企业选择的标准通常包括以下几个方面。

(一) 能否令业主满意

物业管理企业提供管理服务，令业主满意是首要的条件。然而，在选择物业管理企业的过程中，还没有接受物业管理企业所提供的服务，因此，只可能从一些间接的材料来进行判断。这些材料包括投标中的经营管理计划、业内的口碑、管理业绩等。

正如上述，在经营管理计划中，对业主目标进行分析定位是否正确，实际上就已经反映了业主的意图与期望值。很难想象，如果连业主目标都把握不准的物业管理企业所提供的管理服务能让业主满意。

管理业绩可以查阅行业协会内的记录，在受托管理的其他物业中是否有获得“国优”、“省优”等名誉称号；也可以到该物业管理企业受托管理的其他商业物业中，亲自体验该企业的管理服务水平，了解租户对该企业提供的管理服务工作的评价。

(二) 专业服务水平

物业管理企业中，专业人员的素质，知识结构的合理性，在行业的知名度等都从不同的侧面反映出一个企业的专业水平。从事商业物业管理的企业，专业性比较强，很多都是以管理商务物业为主，如香港的第一太平戴维斯物业管理公司、广州珠江物业酒店管理有限公司等，在行业内已经有一定的知名度。

(三) 管理服务收费标准

在以上两个条件基本相近的情况下，物业管理企业所提出的管理服务费标准和管理酬金比例是否合理，是否与管理服务内容和服务深度相适应，显然是业主需要考虑的一个重要问题。应该指出，选择物业管理企业和当初选择物业时一样要小心谨慎，因为良好的物业管理极大地影响着业主投资目标的实现。业主能否达到预期权益的目标，投资成功还是失败都与物业管理有着直接的关系。

【资料】 物业管理企业的等级划分

物业管理企业按资质等级分为一、二、三级。

(一) 一级资质

(1) 注册资本人民币 500 万元以上。

(2) 物业管理专业人员以及工程、管理、经济等相关专业类的专职管理和技术人员不少于30人。其中，具有中级以上职称的人员不少于20人，工程、财务等业务负责人具有相应专业中级以上职称。

(3) 物业管理专业人员按照国家有关规定取得职业资格证书。

(4) 管理两种类型以上物业，并且管理各类物业的房屋建筑面积分别占下列相应计算基数的百分比之和不低于100%：①多层住宅200万平方米；②高层住宅100万平方米；③独立式住宅（别墅）15万平方米；④办公楼、工业厂房及其他物业50万平方米。

(5) 建立并严格执行服务质量、服务收费等企业管理制度和标准，建立企业信用档案系统，有优良的经营管理业绩。

(二) 二级资质

(1) 注册资本人民币300万元以上。

(2) 物业管理专业人员以及工程、管理、经济等相关专业类的专职管理和技术人员不少于20人。其中，具有中级以上职称的人员不少于10人，工程、财务等业务负责人具有相应专业中级以上职称。

(3) 物业管理专业人员按照国家有关规定取得职业资格证书。

(4) 管理两种类型以上物业，并且管理各类物业的房屋建筑面积分别占下列相应计算基数的百分比之和不低于100%：①多层住宅100万平方米；②高层住宅50万平方米；③独立式住宅（别墅）8万平方米；④办公楼、工业厂房及其他物业20万平方米。

(5) 建立并严格执行服务质量、服务收费等企业管理制度和标准，建立企业信用档案系统，有良好的经营管理业绩。

(三) 三级资质

(1) 注册资本人民币50万元以上。

(2) 物业管理专业人员以及工程、管理、经济等相关专业类的专职管理和技术人员不少于10人。其中，具有中级以上职称的人员不少于5人，工程、财务等业务负责人具有相应专业中级以上职称。

(3) 物业管理专业人员按照国家有关规定取得职业资格证书。

(4) 有委托的物业管理项目。

(5) 建立并严格执行服务质量、服务收费等企业管理制度和标准，建立企业信用档案系统。

三、物业管理工作的评价

良好的物业管理并不仅仅意味着百分之百的出租率，实际上，没有空置可能预示着租金低于市场租金，所以要结合目标标准对物业管理工作进行评价，而不能只凭主观的感觉。当然，对物业管理工作进行评价的主要目的是要令物业管理企业为业主和租户提供更好的服务，而不是意味着决定是否保留还是辞退当前的物业管理企业。

物业管理工作的评价应着重从以下几个方面考虑。

(1) 与租户有良好的沟通。

(2) 及时地收取租金。

(3) 及时地处理好租户的有关抱怨。

(4) 较好地达到出租率的目的。

(5) 物业维修状况良好。

(6) 物业经营服务费用没有突破事先的预算。

(7) 及时提供有关的物业报告。

(8) 能为业主的利益主动地提出建议。

(9) 对业主和租户的批评或建议反应迅速。

需要考虑的因素可能还有很多，可以通过对每一项因素打分的方式来作出综合评价。当然，评价的最后一步就是将评估结果与物业管理企业见面，这是物业管理企业改进与业主的关系，提高管理服务水平的绝好机会。

第四节　商业物业管理常用文书的撰写方法及范本

一、物业管理文书写作常识

（一）物业管理文书的写作要求

1. 必须规范

规范就是要求文书格式、语言表达、标点符号使用等均符合有关规定，符合语法规则与逻辑，不能标新立异、与众不同。

2. 尽量严谨

文书的结构必须严密有序，用语务必周密准确。因此，文书的内容必须精确，保证其意思的唯一性，不能引起歧义。文书从准备撰写到制作成文，都有严格的程序。

3. 语言简明

文书的文字要求很高，要尽量做到用语简洁，顺畅而有条理地表达要说明的内容，做到言简意赅。"简"而"明"的文书可以带来提高工作效率，使文书能在有效的时间内充分发挥作用。

4. 准确无误

文书的写作要求对每项内容的表达不允许有任何欠缺、失当或失真。因为文书的影响是直接的，失误一旦形成，将很难改变。哪怕是一点微小的失误，都将给物业管理工作带来意想不到的麻烦。

5. 实事求是

文书的性质决定了文书的内容必须从实际出发，有客观针对性，有利于解决实际问题；要忠实地反映情况和问题，不作任何的夸大、缩小和虚构；各种判断要合乎实际，杜绝主观臆想、臆断；各种解决问题的方法措施应切实可行，具有操作性。

6. 内容完整

文书的结构要完整，不能遗漏任何必要的内容，这样才能保证有效地消除对特定问题认识上的不确定性，减少沟通次数，提高沟通效率。

（二）物业管理文书的写作方法

1. 明确主题

主题是文章的灵魂，写文章就是要表达一定的主题。所以，主题要求做到正确、鲜明、深刻、新颖。正确就是内容要反映客观实际，符合政策、法律法规；鲜明就是倡导什么、反对什么，要旗帜鲜明；深刻就是能透过现象揭示事物发展的规律；新颖就是要有新意、有特点、与时俱进。

同时，表现主题需要掌握适宜的表现手法，不同体裁文章其主题的表现手法是不同的。因此，表现主题时，首先要做到鲜明，就是对主题要有明确地认识和鲜明的观点；其次是集中，使文章紧贴主题。

2. 准确表达

文章的表达方式是多种多样的，有叙述、描写、抒情、说明、议论等。在写作中，有的是单独使用，有的是交互使用，常用的表达方式主要是叙述、说明、议论。

二、常用文书的撰写方法及范本

（一）岗位工作计划

物业管理过程中制订岗位工作计划，是做好物业管理的重要环节，也是一种科学的工作方法。

1. 岗位工作计划的结构

一般的岗位工作计划属于普通计划，在写法上比较灵活，一般由标题、正文、结尾三部分组成。

计划的标题常常由单位、时间、事由和文种组成。开头要简明扼要地说明计划的目的和依据；主体部分分条说明计划的内容、步骤、方法、措施、时限等。这部分应当写得具体、明确和周密。结尾一般要表明态度和决心或说明注意事项及检查执行计划的方法等。

2. 岗位工作计划的要求

（1）服从大局，有明确的预见性。岗位工作计划应纳入物业管理企业的工作计划之中，应正确处理好整体和局部、当前与长远、个人与集体的关系。由于计划针对的是尚未进行的工作，如果这一计划符合了物业管理企业正确的发展方向，就能充分发挥积极作用，并且对行动具有指导意义和较强的约束力。

（2）实事求是，有明确的目的性。制订岗位工作计划，一定从本岗位的实际出发，既要与上级的计划保持一致，又要切忌照抄照搬上级主管部门的计划。在一定的时间内完成什么任务、实现什么目标、达到何种预期的效果，都应在计划中表明，这是计划类文书的核心内容。没有目标、没有任务和要求，计划类文书也就失去了价值。

（3）明确具体，有可行的措施和步骤。计划是要执行的，写得越具体明确，就越具有操作性。无论是任务、要求、指标，还是措施、办法、步骤，都应当写得清清楚楚、切实可行。一旦目标定得过高、跨度过大，计划无法执行，就会变成空想，不利于工作目标的实现。因此，制订计划时能量化的指标尽量量化，以便于执行和检查，提高工作效率。

3. 物业管理计划范本

某商场2007年物业管理计划

2007年是某商场调整、改造的一年，也是商场为实现新的增长点打基础的一年。为此，我们要以招商调整、抓经济效益为中心；以人为本，以抓好两个队伍建设为核心；以商场为重点，以商户为主体，走出一条适合我商场新型业态的管理模式，以商场物业管理为基础，全面做好物业管理工作，以消防安全为大事，杜绝大小事故发生。以“观念创新、强化服务、爱岗敬业，真抓实干”为宗旨，全面完成2007年商场制订的各项任务和经济指标。

（一）计划内容

（1）按《客户入驻手续办理要求》做好新客户的入驻手续办理及安全宣传工作。

（2）做好商场的安全防盗防火工作，按商场服务手册的内容要求进行日常巡逻，隐患排除，并填好《商场日常巡逻记录》。

（3）做好商场的统一对外宣传工作，使商铺的出租率达到98%以上。

（4）做好日常管理工作，提高商户满意率，争取满意率比去年同期提高5%以上，达到95%以上。

（二）具体措施

（1）每天保证对整个商场巡逻达到10次以上，每周对消防设施检查一次，做好记录。

（2）在有影响的电视台作三次统一宣传。

（3）加强公共部位管理，创造一个良好的购物环境。

（资料来源：任长江. 2007. 写字楼商业物业规范化管理制度范本.）

（二）岗位工作总结

1. 岗位工作总结结构

总结一般由标题、正文和落款三部分组成。

标题一般由单位、时限、文种组成。正文的开头部分可以简要介绍总结的背景，包括时间、地点、基本情况等。基本情况可以是所取得的成绩，也可以是主要内容的要点。

正文的主体部分一般可以采取两种结构方式。一种是纵式结构，即介绍基本情况、说明指导思想、叙述具体成绩、概括成功经验、指出存在问题和今后努力的方向等，这是常见的总结方式。另一种是横式结构，即把成绩、经验、教训、问题、措施等因素综合起来，按照内容的不同性质分成几个问题来写，结尾时作归纳总结。

2. 岗位工作总结范本

某商厦物业管理中心 2006 年工作总结

在公司总体发展规划的引导及统一管理下，某商厦物业管理中心稳步走过了 2006 年。其间，物管中心有目标、有计划地开展管理工作，顺利完成了商厦评优的工作，使整个商厦的经营环境得到了改善，客户满意率和商厦出租率得到了明显提高。回顾 2006 年，我们的工作较上一年有了较明显的提高。

（一）协助成立商厦商会，共同配合开展商厦管理工作，加强与客户的沟通

今年 8 月份，物管中心积极与商厦客户配合，协助成立了某商厦商业联合会。

通过商会加强了客户与物管中心的沟通，通过商会监督促使物管中心管理水平得到了提高，最终赢得了客户的满意。（略）

（二）按计划完成 2006 年创优工作

2006 年年初，物管中心将商厦评选某省优秀商厦作为本年度的工作重点，为此物管中心按照工作计划的要求，根据创优标准对各项工作进行了认真的整改。经过全体人员的共同不懈努力，最终使某商厦顺利通过"某省优秀管理商厦"的评选，为公司明年的发展奠定了良好的基础。

（三）注重对客户意见的回复，体现了以人为本的管理理念

为了能更好地收集客户对我们的意见建议，我们制作了意见箱，由办公室每天负责收集客户来信，并指定相关人员对提出意见的客户进行及时回访。（略）

通过总结，我们感觉到要管理好一个商厦，首先必须做好服务工作，把客户当做自己的朋友，尽量替他们着想，并加强与他们之间的沟通，及时了解他们在想什么、需要什么、有什么困难，然后及时帮他们解决困难，这样才能够得到他们的理解，即使有些做不到位的工作，他们也会给他们一定时间去整改，而不会与你站在对立面。其次要加强集体的凝聚力，任何一个集体都必须做到团结一致才能很好地发挥每个人及集体的力量，这样方能很好地完成各项工作任务。

（资料来源：任长江，2007）

（三）物业管理有关通知

通知是用于批转下级机关的公文、转发上级机关和不相隶属机关的公文、发布规章、传达要求下级机关办理和有关单位需要周知或共同执行的事项的一种公文。

1. 通知的结构

通知一般由标题、正文、落款和日期构成。

通知标题一般由发文部门、事由和文种组成。有的还要根据具体情况写明"紧急通知"、"重要通知"等。

通知正文包括通知缘由、通知事项和通知要求。不同种类通知的正文写作要求有所不同。

(1) 发布性通知的正文一般很简短，写明发布的意义和目的，提出执行的要求。如果在题目和正文中已指明所发布的文件名称，可直接将所发布的文件附在通知后面。

(2) 指示性通知的正文包括两部分。开头部分写明通知的缘由，可以写当前存在的问题，发本通知的意义，也可以写“特发本通知”或“特通知如下”转入通知的内容。通知的内容大多采用分条法，具体地提出要求和措施、办法。指示性通知一般不单独结尾，以正文的完结而结束。

(3) 会议通知的正文要具体全面，一般包括：召开会议的部门、会议名称、会议开始时间地点、会议内容和任务、参加会议的人员范围和人数、入场凭证、报到时间及地点、参会人员需要带的其他材料。

(4) 一般性通知所涉及的事项比较具体，正文主要交代要办什么事、什么时间完成和要求等。

最后在正文右下方写上发文单位和发文日期。

2. 通知范本

停水通知

尊敬的客户：

接到自来水公司通知，由于供水管道出现故障需要停水检修，某写字楼停水时间为 2007 年 3 月 16 日上午 9:00 到 9:30。请各有关客户做好停水准备工作。

由此给贵单位带来的不便，敬请谅解。谢谢合作！

某写字楼物管中心

2007 年 3 月 12 日

(资料来源：任长江，2007)

(四) 物业管理合同

商业物业管理过程中经常用到的合同有两类，一类是服务合同，另一类是租赁合同。

1. 商业物业服务合同

物业管理公司接受开发商(或业主大会)的委托从事物业服务，应当与委托人签订物业服务合同。物业服务合同属于合同分类中的提供劳务类合同，也属于委托合同。物业服务合同既可以发生在法人之间，也可以发生在公民与法人之间；既可以因房屋维修养护的需要发生，也可以因日常租赁管理的需要发生。合同的主要内容包括以下几个方面。

(1) 合同当事人(委托方、受托方)的名称和住所，物业服务的范围，包括物业类型、坐落、建筑面积、占地面积及委托管理物业的细目等。

(2) 委托管理事项，包括房屋建筑共用部位的维修、养护和管理，公用设施设备的维修、养护、运行和管理，配套设施的维修、养护和管理，绿化、环卫、交通管理、物业服务费等。

(3) 委托管理期限。

(4) 双方的权利和义务。

(5) 物业服务质量。主要说明物业管理公司应在委托管理项目上所达到的服务质量标准，也是委托方对物业管理公司的服务要求。

(6) 物业服务费用。物业服务项目的收费标准、收取方法，物业管理区域内公用设施和服务性设施的收费标准等。

(7) 专项维修资金的管理与使用。

(8) 违约责任。

(9) 合同终止和解除的约定。

(10) 当事人双方约定的其他事项。

在签订服务委托合同时，应参照政府行政主管部门制订的《前期物业服务合同》示范文本或《物业服务合同》示范文本。

2. 商业物业租赁合同

参见第一章第三节。

主要参考文献

戴玉林,王穗玲,汪启东.2010.商业物业的物业服务与经营.北京:化学工业出版社.

丁霞,张晓娟.2006.会展策划与管理.北京:高等教育出版社.

冯晖,刘浩.2004.中国商业地产运营.广州:暨南大学出版社.

付洁茹,谭善勇.2000.写字楼物业管理.北京:中国林业出版社.

国际购物中心协会.2010.购物中心管理.袁开红译.北京:中国人民大学出版社.

金辉.会展营销与服务.2003.上海:上海交通大学出版社.

金永生,王正选.2004.零售企业经营与管理.北京:北京工业大学出版社.

科特勒.2001.营销管理.北京:中国人民大学出版社.

李冰.2010.经济型酒店连锁经营模式的探析.中国商贸,19:9～10.

刘圣欢.写字楼物业管理.2008.武汉:华中师范大学出版社.

马勇,王春雷.2003.会展管理的理论、方法与案例.北京:高等教育出版社.

迈克尔·利维,巴顿·韦茨.2004.零售管理.俞利军,王欣红译.北京:人民邮电出版社.

彭星波.2007.会所(俱乐部)经营管理实务.北京:化学工业出版社.

彭学强.2006.现代饭店经营与管理.长沙:湖南大学出版社.

秦树洪,王荣耀.2003.中国经销商.成都:四川人民出版社.

仇学琴.2010.现代饭店经营管理.北京:北京师范大学出版社.

任长江.2007.写字楼商业物业规范化管理制度范本.北京:人民邮电出版社.

宋建阳,陈锦锋,郑淑玲.2002.商业物业管理.广州:华南理工大学出版社.

苏伟伦.2001.商务楼与会员制俱乐部管理.北京:中国纺织出版社.

唐少清.2008.现代会展操作实务与案例.北京:清华大学出版社.

王学东.2004.商业房地产投融资与运营管理.北京:清华大学出版社.

谢凯.2002.商场物业管理.广州:广东人民出版社.

谢凯.2002.写字楼物业管理.广州:广东人民出版社.

许传宏.2010.会展服务管理.北京:北京大学出版社.

曾华.2008.会展场馆管理.北京:机械工业出版社.

张兆福.2007.关于拓展会展物业管理的若干思考.企业经济,321(5):101～103.

张作祥.2006.物业管理实务.北京:清华大学出版社.

赵剑锋.2012.经济型酒店连锁经营模式关键要素分析.东南大学学报(哲学社会科学版),14(2):112～115.

郑建瑜.2008.会展场馆经营与管理.上海:上海人民出版社.

中国物业管理协会培训中心.2007.物业经营管理.北京:中国建筑工业出版社.